BIBLIOTHÈQUE DES MEILLEURS ROMANS ÉTRANGERS

1 FRANC

H. RIDER HAGGARD

Jess

Épisode de la Guerre du Transvaal

— 1881 —

ROMAN

TRADUIT DE L'ANGLAIS AVEC L'AUTORISATION DE L'AUTEUR

PAR

Mme MARIE DRONSART

NOUVELLE ÉDITION

PARIS
LIBRAIRIE HACHETTE ET Cie
79, BOULEVARD SAINT-GERMAIN, 79

Librairie HACHETTE et Cie, 79, boulevard Saint-Germain, Paris.

BIBLIOTHÈQUE
DES MEILLEURS ROMANS ÉTRANGERS

ROMANS ANGLAIS, ALLEMANDS, ESPAGNOLS, ITALIENS ET RUSSES

TRADUCTIONS FRANÇAISES, FORMAT IN-16 BROCHÉ

TROISIÈME SÉRIE A 1 FR. LE VOLUME

Alexander (Mrs) : L'erreur de Catherine.
— Aveugle destin. 1 vol.
— Le choix de Mona. 1 vol.
Anonyme : Autrefois, la guerre des paysans. 1 vol.
Barrett (F.) : Le mystère du Grand Hesper.
Beecher-Stowe (Mrs.) : La case de l'oncle Tom. 1 vol.
— La fiancée du ministre. 1 vol.
Belloc-Lowndes (Mrs) : Jusqu'au bout. 1 v.
Braddon (Miss) : Lady Lisle. 1 vol.
Bulwer Lytton (Sir Ed.) : Les derniers jours de Pompéi. 1 vol.
— Alice ou les mystères. 1 vol.
— Ernest Maltravers. 1 vol.
Conan Doyle : La marque des quatre. 1 vol.
— Le drame du Korosko. 1 vol.
— Le chien des Baskerville. 1 vol.
— Un crime étrange. 1 vol.
Cummins (Miss) : L'allumeur de réverbères.
— Mabel Vaughan. 1 vol.
— La rose du Liban. 1 vol.
Currer-Bell (Miss Brontë) : Jane Eyre. 2 vol.
Curwood (J. O.). Mélissa, trad. de l'angl. 1 v.
Dickens (Ch.) : M. Pickwick. 2 vol.
— Bleak-House. 2 vol.
— Contes de Noël. 1 vol.
— David Copperfield. 2 vol.
— Dombey et fils. 3 vol.
— La petite Dorrit. 2 vol.
— Le magasin d'antiquités. 2 vol.
— Les temps difficiles. 1 vol.
— Nicolas Nickleby. 2 vol.
— Olivier Twist. 1 vol.
— Martin Chuzzlewit. 2 vol.
— Les grandes espérances. 2 vol.
— L'ami commun. 2 vol.
— Le mystère d'Edwin Drood. 1 vol.
Dickens et Collins : L'abîme. 1 vol.
Durford-Delannoy : L'appartement du mort.
Ebner-Eschenbach (Mme de) : Un incompris. 1 vol.
Eliot (G.) : Adam Bede. 2 vol.
— La conversion de Jeanne. 1 vol.
— Le moulin sur la Floss. 1 vol.
— Silas Marner. 1 vol.
Esterre Keeling (Elsa d') : Trois sœurs.
Fleming (W.) : Les chaînes d'or. 1 vol.
Fullerton (Lady) : Hélène Middleton. 1 vol.
— L'oiseau du bon Dieu. 1 vol.
Gogol (N.) : Les âmes mortes. 2 vol.
Goldsmith : Le vicaire de Wakefield. 1 vol.
Gray : Le silence du doyen. 1 vol.
Green (K.) : La dame au diamant. 1 vol.
— Le médaillon. 1 vol.
Hall-Caine : Jason. 2 vol.
Hardy : Tess d'Urberville. 2 vol.
Hauff : Lichtenstein. 1 vol.
Hedenstjerna (de) : Le seigneur de Halleborg, trad. du suédois. 1 vol.
Heimbourg : L'autre, traduit de l'allemand.
— Le roman d'une orpheline. 1 vol.
Hope (Anthony) : La carrière d'Alexandre Quisanté. 1 vol.
— Le Roman d'un Roi. 1 vol.
— [illegible] la reine. 1 vol.
Hornung (E. W.) : Raffles, cambrioleur pour le bon motif.
Hume : Les mystères d'un hansom-cab. 1 v.
— Miss Méphistophélès. 1 vol.
— La romance fatale. 1 vol.
— L'œil de Jade. 1 vol.
Hungerford (Mrs) : Molly Bawn. 1 vol.
— La conquête d'une belle-mère. 1 vol.
— Premières joies et premières larmes. 2 v.
Jokai (M.) : Le nouveau seigneur. 1 vol.
Le Queux (W.) : La dame en bleu. 1 vol.
Manzoni : Les fiancés, trad. de l'ital. 2 vol.
Marchi (E. de) : Demetrio Pianelli. 1 vol.
— L'accusateur imprévu. 1 vol.
Mayne-Reid : La piste de guerre. 1 vol.
— La quarteronne. 1 vol.
— Le doigt du destin. 1 vol.
— Le roi des Séminoles. 1 vol.
— Les partisans. 1 vol.
Neera : Thérèse, traduit de l'italien. 1 vol.
Ouida : Amitié. 1 vol.
Rider Haggard : Jess. 1 vol.
— Le colonel Quaritch. 1 vol.
Steele (J.). Un mari par procuration. 1 vol.
Savage : Un mariage officiel. 1 vol.
Schmitthenner : Une vie d'artiste. 1 vol.
Stevenson : Le naufrageur. 1 vol.
— Catriona. 1 vol.
Thackeray : La foire aux vanités. 2 vol.
Tolstoï : Les Cosaques. 1 vol.
— Souvenirs. 1 vol.
Tourgueneff (I.) : Mémoires d'un seigneur russe, traduit du russe. 2 vol.
— Scènes de la vie russe. 1 vol.
— Nouvelles scènes de la vie russe. 1 vol.
Trollope (A.) : Les tours de Barchester. 1 v.
Van Vorst (Mme J. et M.) : La fille de Bagsby.
Wilkie Collins : La morte vivante. 1 vol.
— La piste du crime. 2 vol.
— C'était écrit. 1 vol.
— La pierre de lune. 2 vol.
Williamson : Le mariage de Lord Loveland.

1160 13. — Coulommiers. Imp. Paul BRODARD — 8-13.

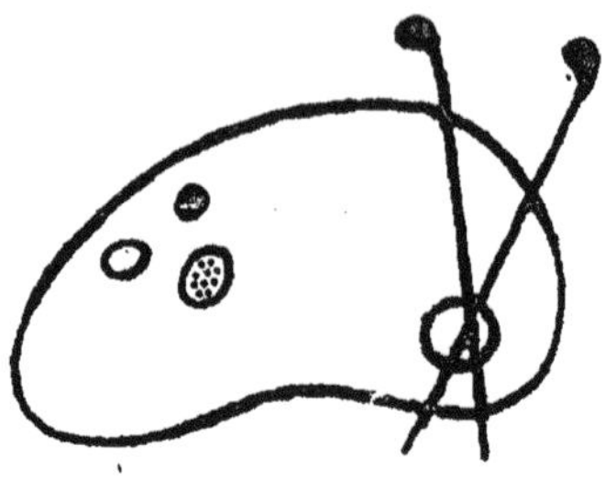

Fin d'une série de documents
en couleur

JESS

OUVRAGE DU MÊME AUTEUR

PUBLIÉ DANS LA BIBLIOTHÈQUE DES ROMANS ÉTRANGERS

PAR LA LIBRAIRIE HACHETTE ET Cie

Le colonel Quaritch. Un vol. in-16........................ 4 fr.

1160-13. — Coulommiers Imp. PAUL BRODARD. — 19-13.

H. RIDER HAGGARD

JESS

ÉPISODE DE LA GUERRE DU TRANSVAAL

— 1881 —

ROMAN TRADUIT DE L'ANGLAIS AVEC L'AUTORISATION DE L'AUTEUR

PAR

Mme MARIE DRONSART

NOUVELLE ÉDITION

PARIS
LIBRAIRIE HACHETTE ET Cie
79, BOULEVARD SAINT-GERMAIN, 79

1914

JESS

CHAPITRE I

JOHN A UNE AVENTURE

La journée avait été très chaude, même pour le Transvaal, où l'on sait ce que peut être la chaleur jusqu'en automne, lorsque, l'été fini, les orages ne reviennent plus que tous les huit ou quinze jours. Les lis bleus eux-mêmes inclinaient leurs fleurs en forme de trompette, écrasés par le souffle brûlant qui, depuis bien des heures, paraissait s'échapper d'un volcan. Sur les bords du large chemin qui s'étendait indécis et faiblement tracé, à travers la plaine, bifurquait en embranchements et revenait à la ligne principale, l'herbe était complètement recouverte d'une épaisse couche de poussière rouge.

Le vent tombait pourtant, ainsi qu'il fait toujours au coucher du soleil ; il ne se manifestait plus que par de petits tourbillons, qui s'élevaient subitement sur la route, tournaient avec force sur eux-mêmes et soulevaient une grande colonne de poussière, haute de cinquante pieds ou plus, et se maintenant longtemps suspendue dans l'atmosphère, avant de se désagréger lentement, pour retomber enfin sur le sol.

A la suite d'un de ces tourbillons capricieux et

inexplicables, un cavalier s'avançait sur le chemin. L'homme et le cheval étaient aussi poudreux et aussi las l'un que l'autre, car ils cheminaient par ce siroco depuis quatre heures, sans s'être reposés un instant. Tout à coup, le tourbillon qui s'était approché rapidement, s'arrêta, et la poussière, après avoir tourné plusieurs fois comme une toupie expirante, s'affaissa lentement. Le cavalier s'arrêta aussi et la regarda d'un air absorbé.

« C'est tout juste comme la vie d'un homme, Blesbok, dit-il à son cheval : venant on ne sait d'où, ni pourquoi, produisant une petite colonne de poussière sur la grande route du monde, puis disparaissant et laissant la poussière retomber sur le sol, pour être foulée aux pieds et oubliée. »

Notre personnage, robuste, bien bâti, plutôt laid que beau, malgré d'agréables yeux bleus et une jolie barbe roussâtre, taillée en pointe, paraissait avoir dépassé la trentaine. Il rit un peu de ses réflexions sentencieuses, puis donna un léger coup de cravache à son cheval épuisé : « Avançons, Blesbok, reprit-il, ou nous n'arriverons jamais chez le vieux Croft, ce soir. Par Jupiter! je crois en vérité que nous sommes au tournant », ajouta-t-il, en désignant de son fouet un petit sentier plein d'ornières, qui bifurquait de la grande route de Wakkerstroom, dans la direction d'une colline étrangement isolée, terminée au sommet par un large plateau et qui surgissait de la plaine onduleuse, à une distance d'environ quatre milles sur la droite. « Le vieux Boer a dit : le second tournant, continua-t-il, se parlant à lui-même, mais peut-être mentait-il? On m'a dit que plus d'un s'amusait volontiers à égarer un Anglais. Voyons! On m'a parlé d'une colline au sommet plat, située à une demi-heure environ de la grande route; ceci répond au signalement; j'en cours la chance. Allons, Blesbok! » Et il fit prendre à sa monture une sorte de petit trot à l'amble, qu'affectionnent particulièrement les chevaux de l'Afrique méridionale.

« La vie est une étrange chose, pensait le capitaine John Niel, en trottant doucement. Me voici à trente-quatre ans, sur le point de recommencer la mienne, en qualité d'associé d'un vieux fermier du Transvaal. C'est un joli dénouement à toutes mes ambitions et à quatorze années de service dans l'armée. Enfin! C'est comme ça, mon garçon! Le mieux est d'en tirer le meilleur parti possible. »

A ce moment ses méditations furent interrompues, car, au sommet d'une montée peu rapide, un spectacle extraordinaire s'offrit tout à coup à sa vue. A quatre ou cinq cents mètres devant lui, un poney monté par une femme s'avançait en galopant furieusement et, derrière lui, les ailes étendues, le cou allongé, une grande autruche mâle se précipitait, couvrant douze ou quinze pieds de terrain à chaque enjambée de ses longues échasses. Le poney avait encore à peu près vingt mètres d'avance, mais, quels que fussent ses efforts, il ne pourrait distancer la créature la plus vite du monde. Cinq secondes!... Le grand échassier rejoignait le cheval. Ah! John Niel sentit le cœur lui manquer et ferma les yeux, car il avait vu la grosse patte de l'autruche s'élever très haut et retomber comme un gourdin plombé!

Pan! L'échassier avait manqué l'amazone et frappé son cheval sur l'échine, derrière la selle; l'animal, momentanément paralysé, tomba comme une masse sur la plaine. En un instant, la jeune fille qui le montait, se releva et courut vers John, poursuivie par l'autruche. Le membre terrible se leva de nouveau, mais, avant qu'il pût frapper son épaule, la jeune fille s'était jetée à plat, le visage contre terre. Aussitôt l'autruche monta sur elle, la trépigna, se roula et sembla vouloir l'écraser, jusqu'à ce que mort s'ensuivit. John arrivait. Dès que l'échassier le vit, il laissa la jeune fille et s'avança vers lui, avec un mouvement de valse solennelle, que cet animal affecte souvent avant d'attaquer. Or le capitaine Niel ignorait les façons d'agir de l'autruche et son cheval, qui n'en savait pas davantage, se montrait fort disposé à déguerpir; le maître, en toute autre circonstance, n'aurait pas mieux demandé, mais comment abandonner la beauté en détresse? Ne pouvant plus maîtriser sa monture, il se laissa glisser à terre et, sa cravache en nerf de bœuf à la main, il fit vaillamment face à l'ennemi. Pendant quelques secondes, l'autruche resta immobile, clignant ses yeux brillants et balançant gracieusement son long cou. Puis, soudain, elle étendit ses ailes et fondit comme la foudre sur son adversaire. Celui-ci bondit de côté, sentit le frémissement des plumes et aperçut une grande patte qui frappait dans le vide, près de sa tête. Heureusement l'autruche le manqua et passa comme un éclair; mais, avant que l'étranger pût se retourner, l'ennemi revenait, lui lançait un de ses terribles coups dans le dos et l'envoyait rouler à terre. En une seconde, John se releva, ébranlé, il est vrai, mais non blessé et absolument fou de fureur et de souffrance. L'autruche revenait; il courut à elle et lui asséna son fouet sur le cou, de telle sorte qu'elle s'arrêta. Profitant du répit, il saisit l'échassier par une aile et s'y cramponna désespérément des deux mains. Alors ils commencèrent à tourner, lentement d'abord, puis de plus en plus vite, jusqu'à ce qu'il semblât à John Niel que le temps, l'espace et la terre ne fussent plus qu'une vision tournoyante, fixée quelque part dans les ombres de la nuit. Au-dessus de lui, comme un pivot stationnaire, s'élevait le long cou de l'oiseau; au-dessous de lui, tournaient les pattes semblables à de gigantesques totons et, devant lui, s'étalait une douce masse de plumes blanches et noires. Pan! Un coup et une nuée d'étoiles! John était sur le dos et l'autruche, qui ne semblait pas sujette aux étourdissements, lui infligeait un châtiment terrible. Heureusement elle ne peut frapper très fort un homme étendu; autrement c'eût été la fin de John Niel et nous n'aurions pas à conter cette histoire.

Pendant une demi-minute environ, l'échassier s'en donna à cœur joie, sur le corps de son antagoniste renversé, qui crut toucher au terme de sa carrière terrestre. Au moment où tout devenait indistinct à ses yeux, il aperçut tout à coup deux bras blancs qui se nouaient autour des pattes de l'autruche, et une voix lui cria : « Tordez-lui le cou, sinon elle vous tuera! »

Cet appel le fit sortir de sa torpeur et il se releva chancelant. Pendant ce temps, l'échassier et la jeune fille roulaient enlacés en une masse confuse, au-dessus de laquelle le cou élégant et le bec sifflant se balançaient, semblables au cobra qui va frapper. John se précipita, saisit ce cou des deux mains et, de toute sa force (qui était considérable), il le tordit jusqu'à ce qu'il se brisât. Un craquement, quelques bonds convulsifs et le grand oiseau resta étendu, mort!

Alors John Niel s'assit tout étourdi et embrassa d'un regard la scène du combat. La jeune fille restait sans mouvement comme l'autruche; avait-elle succombé dans la lutte? Trop faible pour aller s'en assurer, John se mit à détailler son visage. Elle avait la tête appuyée sur le vaincu, dont les plumes légères lui faisaient un doux oreiller. Lentement il reconnut que ce visage était très beau, malgré son extrême pâleur : front bas et large, couronné de soyeux cheveux d'or, menton très rond et très blanc, bouche délicieuse, bien qu'un peu grande. On ne voyait pas les yeux, car ils étaient fermés; la jeune fille avait perdu connaissance. Grande et très bien faite, elle paraissait avoir une vingtaine d'années. Bientôt John se remit un peu et, se traînant vers elle (car il était terriblement contusionné), il lui prit la main et essaya de la réchauffer dans les siennes. Elle était belle de forme, cette main, mais brunie, et laissait deviner qu'elle travaillait beaucoup. La jeune fille ouvrit les yeux et Niel remarqua, non sans plaisir, qu'ils étaient beaux et bleus. Puis elle s'assit, et avec un petit rire :

« C'est absurde! dit-elle; je crois vraiment que je me suis évanouie.

— Cela n'a rien d'étonnant », répondit John poliment, et il faisait le geste d'ôter son chapeau, quand il s'aperçut qu'il l'avait perdu dans la bagarre. « J'espère, ajouta-t-il, que vous n'avez pas de mal sérieux?

— Je ne sais trop, répliqua-t-elle incertaine; en tout cas je suis bien aise que vous ayez tué cette méchante bête. Elle était sortie du *camp*, il y a trois jours, sans qu'on pût la retrouver. Elle avait tué un jeune garçon l'année dernière et j'avais dit à mon oncle qu'il devrait lui tirer un coup de fusil, mais il n'avait pas voulu, parce qu'elle était trop belle.

— Puis-je vous demander, reprit John Niel, si vous êtes miss Croft?

— Oui, je suis une des demoiselles Croft, car nous sommes deux; quant à vous, je devine que vous devez être le capitaine Niel, attendu par mon oncle pour l'aider dans son exploitation.

— Si toutes les autruches ressemblent à celle-ci », répliqua John, en désignant le grand échassier mort, « je crois que mes nouvelles occupations ne me plairont guère. »

La jeune fille se mit à rire, ce qui lui permit de montrer deux charmantes rangées de dents blanches.

« Oh non! fit-elle; c'était la seule méchante parmi nos autruches; mais, Capitaine, j'ai grand'peur que ce séjour ne vous paraisse horriblement ennuyeux. Il n'y a que des Boers dans ce pays; vous ne trouverez pas un Anglais plus près que Wakkerstroom.

— Vous vous oubliez », répondit-il courtoisement, car, en vérité, cette fille du désert avait, dans toute sa personne, quelque chose de très charmant.

« Oh! dit-elle, je ne suis qu'une jeune fille, vous savez, et je n'ai aucune supériorité. Jess (c'est ma sœur), ah! Jess! c'est autre chose; elle a été en pension au Cap et elle a une intelligence supérieure. Moi aussi, je suis allée au Cap; seulement je n'y ai pas appris grand'chose. Mais, Capitaine, les deux chevaux sont partis; le mien a dû rentrer à la ferme et le vôtre l'aura suivi; je voudrais bien savoir comment nous rentrerons à Belle-Fontaine (Mooifontein). C'est le nom de notre résidence. Pouvez-vous marcher?

— Je ne sais pas; je vais essayer. Cette bête m'a étrangement secoué. »

Il se releva chancelant, pour retomber aussitôt avec un cri de douleur; une cheville était foulée et il se sentait si raide, si endolori par tout le corps, qu'il pouvait à peine bouger.

« La maison est-elle loin? demanda-t-il.

— A un mille environ, par là. Nous la verrons du haut de la montée. Regardez, moi, je n'ai rien du tout; je le répète, c'est ridicule d'avoir perdu connaissance, mais cette bête m'ôtait la respiration. » Elle se leva et sautilla un peu sur l'herbe pour se rassurer! « Aïe! fit-elle; je souffre de partout. Il faut que vous preniez mon bras, voilà tout; si cependant cela ne vous est pas désagréable?

— Oh! cela ne m'est pas désagréable du tout, je vous assure », répliqua-t-il en riant; et ils partirent bras dessus, bras dessous, comme de vieux amis.

CHAPITRE II

COMMENT LES DEUX SOEURS VINRENT A BELLE-FONTAINE

« Capitaine Niel », dit Bessie Croft (elle s'appelait Bessie), lorsqu'ils eurent fait péniblement et en boitant une centaine de mètres, « me trouverez-vous impertinente, si je vous adresse une question?

— Pas le moins du monde.

— Qu'est-ce qui a pu vous décider à venir vous enterrer ici?

— Pourquoi me le demandez-vous?

— Parce que je crains que vous ne vous en repentiez. Je ne crois pas, poursuivit-elle lentement, que cet endroit convienne à un gentleman anglais et à un officier. Les Boers vous seront odieux et vous n'aurez pour compagnie que mon vieil oncle et nous deux. »

John Niel se mit à rire.

« Je vous assure, miss Croft, que les gentlemen anglais ne sont pas si difficiles par le temps qui court, surtout quand il leur faut gagner leur vie. Jugez-en par moi, car je peux aussi bien vous dire tout de suite ce qu'il en est. Je suis dans l'armée depuis quatorze ans et j'en ai trente-quatre. J'ai pu vivre à l'armée, parce qu'une vieille tante me faisait une pension de 3 000 francs. Il y a six mois, elle mourut, me laissant le peu qu'elle possédait, car presque toute sa fortune était en viager. Après avoir payé tous les droits de succession, je me trouvai à la tête de 1 200 francs de rente; je ne peux pas vivre avec cela dans l'armée. Après la mort de ma tante, je vins de l'île Maurice à Durban, avec mon régiment qui est rappelé en Angleterre. Le pays me plut; je savais que je n'avais pas de quoi vivre dans le mien; je demandai donc un congé d'un an et je résolus de m'informer et de voir si je ne pourrais pas m'habituer à la vie de colon-fermier. Alors un habitant de Durban me parla de votre oncle, de son désir de céder pour 25 000 francs un tiers de ses intérêts dans son exploitation, parce qu'il devenait trop vieux pour y suffire tout seul; j'entrai en correspondance avec lui et promis de venir à l'essai pendant quelques mois; voilà pourquoi j'arrive juste à temps pour empêcher que vous ne soyez mise en morceaux par une autruche.

— Vous conviendrez en tout cas, répondit-elle en riant, que vous avez été reçu chaudement. Enfin, j'espère que vous ne vous déplairez pas ici. »

Comme le capitaine finissait son histoire, on arrivait au sommet de la montée d'où l'autruche avait poursuivi Bessie Croft, et nos deux personnages aperçurent un Cafre qui venait vers eux, tenant d'une main le poney de Bessie et de l'autre le cheval du capitaine. A quelque distance derrière lui, marchait une dame.

« Ah! dit Bessie, ils ont attrapé nos chevaux et voici Jess qui vient voir ce qui est arrivé. »

La personne en question était maintenant assez proche pour produire sur John une première impression. Elle était petite et plutôt maigre; une épaisse chevelure brune et bouclée encadrait son visage; certes, elle n'était pas charmante comme sa sœur, mais deux choses frappaient en elle : une pâleur extraordinaire et uniforme et les deux plus magnifiques yeux noirs que John Niel eût jamais vus. A tout prendre, et malgré sa petite taille, c'était une personne à remarquer et à ne pas oublier quand on l'avait vue. Avant qu'il eût le loisir de pousser plus loin ses observations, les deux nouveaux venus les avaient rejoints.

« Au nom du ciel ! qu'est-il arrivé, Bessie? » s'écria Jess, avec un regard rapide sur le compagnon de sa sœur, et un léger accent africain qui n'est pas sans charme chez une jolie femme. Bessie commença aussitôt le récit de l'aventure, faisant parfois appel à John pour corroborer son dire.

Pendant ce temps, Jess restait immobile et silencieuse et le capitaine se disait qu'il n'avait jamais vu figure si impassible; elle ne changea pas une fois, même aux péripéties les plus émouvantes du drame.

« Quelle femme étonnante! pensait John; elle ne doit pas avoir beaucoup de cœur! »

Mais, juste à ce moment, Jess leva les yeux et John vit où se réfugiait cette physionomie : c'était dans ces yeux extraordinaires. Si impassible que fût le visage, les yeux étaient pleins d'une vie et d'une émotion intérieure qui les faisaient resplendir. Le contraste entre cette figure immobile et ces yeux de feu avait quelque chose d'étrange et de presque surnaturel.

« Vous avez échappé à un grand danger, dit-elle, mais je regrette la pauvre autruche.

— Pourquoi? demanda John.

— Parce que nous étions très bons amis; moi seule pouvais la dompter.

— C'est vrai, reprit Bessie; cette méchante bête la suivait comme un chien; c'était la chose la plus drôle du monde. — Mais partons; il faut rentrer, car il va faire nuit. Mouti (médecine), ajouta-t-elle, en s'adressant au Cafre en zulu, aidez le capitaine Niel à monter son cheval et ayez soin que la selle ne tourne pas; les sangles sont peut-être desserrées. »

Avec le secours du Zulu, John se remit péniblement en selle; la jeune fille fit promptement de même et l'on repartit dans l'obscurité croissante. Peu après, le capitaine s'aperçut qu'on suivait une avenue carrossable, bordée de grands gommiers, et presque aussitôt l'aboiement d'un chien et l'apparition de fenêtres éclairées lui firent comprendre qu'on arrivait à l'habitation. A la porte, ou plutôt en face de la porte, car elle était séparée du chemin par une véranda, les nouveaux venus s'arrêtèrent et descendirent de cheval. En même temps une exclamation de bienvenue partit de la maison et, dans l'encadrement de la porte, se détachant sur le fond lumineux, parut un personnage d'aspect aussi agréable que peu commun : c'était un homme très grand, ou qui du moins l'avait été, mais dont l'âge et les rhumatismes avaient courbé la haute taille. Sa longue chevelure blanche, rejetée en arrière d'un front bombé, retombait sur son cou. Le sommet de la tête, chauve comme la tonsure d'un prêtre, brillait à la lumière des lampes et les mèches blanches formaient une couronne autour de cette calvitie. Le visage, ridé comme une pomme bien conservée, avait aussi la couleur rosée de ce fruit. Les traits étaient aquilins et bien modelés et, sous les sourcils encore noirs et touffus, brillaient deux yeux gris, aussi perçants que ceux d'un faucon; néanmoins il n'y avait rien de dur, ni de déplaisant dans cette physionomie accentuée, empreinte au contraire d'une grande bonhomie et d'une aimable finesse. Vêtu de gros drap gris, chaussé de grandes bottes à l'écuyère, le personnage tenait à la main un chapeau de chasse à larges bords. Tel était l'aspect de Silas Croft, l'un des hommes les plus remarquables du Transvaal, lorsque John Niel le vit pour la première fois.

« Est-ce vous, capitaine Niel? cria une voix de stentor; les naturels du pays m'ont dit que vous arriviez; soyez le bienvenu. Je suis heureux de vous voir, très heureux. Eh mais! qu'y a-t-il donc? » ajouta-t-il, en voyant le Zulu Mouti accourir pour aider John à descendre de cheval.

« Ce qu'il y a, monsieur Croft? Il y a que votre autruche favorite nous a presque tués, votre nièce et moi, et que j'ai tué ladite favorite. »

Alors suivirent les explications de Bessie, et pendant ce temps on fit entrer le capitaine dans la maison.

« Je n'ai que ce que je mérite, dit le vieillard. Quand j'y pense! quand j'y pense! Dieu soit loué, Bessie, ma chérie, de ce que vous avez échappé au danger! Et vous aussi, Capitaine. Holà! garçons! Prenez la charrette écossaise et une paire de bœufs, pour aller chercher la bête. Autant vaut lui enlever ses plumes avant que les vautours la mettent en pièces. »

Après s'être livré à ses ablutions et avoir appliqué un mélange d'eau et d'arnica sur ses contusions, John réussit à gagner la pièce où le souper attendait. Cette pièce, très confortable, était meublée à l'européenne; des peaux d'antilopes remplaçaient le tapis. Dans un coin se trouvait un piano et John devina que la bibliothèque, remplie des meilleurs auteurs, devait être la propriété de miss Jess.

Le souper se passa fort agréablement, puis les jeunes filles se mirent au piano, pendant que les hommes fumaient. Une nouvelle surprise attendait John Niel : après que Bessie, presque entièrement remise de sa secousse, eut joué très convenablement deux ou trois morceaux, Jess, qui jusque-là était restée assez silencieuse, prit sa place au piano. Ce ne fut pas de bon cœur, car elle n'y consentit que sur la demande réitérée, faite par son oncle le patriarche, de sa voix retentissante et joyeuse. Pendant quelques instants elle laissa errer ses doigts sur les touches, frappant de vagues accords, puis tout à coup elle chanta comme jamais le capitaine n'avait entendu chanter. Sa voix magnifique n'était peut-être pas très exercée; elle chantait en allemand, de sorte que John ne comprenait pas les paroles, mais il n'était pas nécessaire de les comprendre pour en deviner le sens. La passion désolée, gardant néanmoins un reste d'espérance, l'amour sans fin et sans bornes trouvaient un écho dans chacune des notes splendides et les pénétraient. La voix divine, ardente et douce à la fois, montait, planait, faisait vibrer les nerfs de l'auditeur comme les cordes d'une harpe éolienne, transportait son âme sur les ailes frémissantes de l'harmonie, jusqu'aux portes du ciel; puis elle retomba subitement, comme l'aigle retombe, et s'éteignit dans une dernière vibration.

John respirait avec peine et son émotion était si forte, qu'il s'appuya au dossier de sa chaise, énervé jusqu'à la faiblesse, par la réaction qui se produisit, lorsque la voix se tut. En levant les yeux, il surprit Bessie qui l'observait avec malice et curiosité. Jess, penchée sur le piano, caressait encore doucement les touches, la tête inclinée sous la couronne de son épaisse chevelure, aux boucles rebelles.

« Eh bien, Capitaine », demanda le vieillard, désignant sa nièce du bout de sa pipe, « que pensez-vous de mon oiseau chanteur? Hein! N'y a-t-il pas de quoi vous empoigner le cœur et vous pénétrer jusqu'aux moelles?

— Je n'ai jamais rien entendu de semblable, répondit John simplement, et j'ai entendu presque toutes les cantatrices célèbres. C'est vraiment beau! Je ne m'attendais certes pas à entendre chanter ainsi dans le Transvaal. »

Jess se retourna vivement et John remarqua que si ses yeux brillaient d'émotion, le reste de son visage était aussi impassible que jamais.

« Je ne sais pas, dit-elle, pourquoi vous vous moquez de moi, capitaine Niel »; et aussitôt, avec un « bonsoir » bref, elle quitta la chambre.

Le vieillard sourit, brandit sa pipe vers la porte par laquelle Jess était sortie et cligna des yeux d'une façon qui probablement en disait long, mais n'avait pas de sens pour son hôte, immobile et muet.

Alors Bessie se leva, lui souhaita le bonsoir de sa voix sympathique, s'informa, avec la sollicitude d'une bonne ménagère, si sa chambre lui convenait, combien de couvertures il désirait avoir sur son lit, lui dit que s'il était incommodé par le parfum des fleurs plantées près de la véranda, il ferait bien de fermer la fenêtre de droite et d'ouvrir celle de gauche.

Enfin, avec un coquet petit signe de sa tête dorée, elle sortit et le capitaine, la suivant des yeux, se disait qu'il était impossible de rêver une jeune créature plus fraîche, plus gracieuse et plus plaisante en tout point.

« Prenez un verre de grog, Capitaine », dit le vieillard, en poussant le flacon carré vers son hôte; « vous devez en avoir besoin, après avoir été roué de coups par cette brute. A propos, je ne vous ai pas assez remercié d'avoir sauvé ma Bessie; mais je vous en remercie de tout mon cœur, croyez-le; je dois vous avouer que Bessie est ma nièce favorite. Jamais il n'y a eu de jeune fille comme elle! Jamais! Elle a les mouvements d'une gazelle, et quels yeux! et quelle taille! et ce qu'elle travaille! Comme trois, je vous l'affirme. Et pas la moindre prétention, pas d'airs de belle dame, quoiqu'elle soit si belle.

— Les deux sœurs paraissent très différentes, dit John.

— Quant à ça, vous ne vous trompez pas; on ne croirait jamais que le même sang coule dans leurs veines. Il y a trois ans de différence d'abord : Bessie est la plus jeune, elle vient d'avoir vingt ans; Jess en a vingt-trois. Seigneur! penser qu'elle a déjà vingt-trois ans! Leur histoire est assez étrange, je vous assure.

— Vraiment? fit John, d'un ton interrogateur.

— Oui », reprit Silas rêveur, vidant sa pipe et la remplissant à nouveau de tabac boer, grossièrement coupé dans un grand pot de terre brune; « je vais vous la conter, si vous voulez; autant que vous la connaissiez, puisque vous allez vivre avec nous.

« Je suis certain, Capitaine, que vous la garderez pour vous.

« Vous savez que je suis né en Angleterre, et bien né même. Je suis du comté de Cambridge, du pays plantureux qui entoure Ely. Mon père était pasteur, peu riche, et quand j'eus vingt ans, il me donna sa bénédiction, trente guinées dans ma poche et le montant de ma traversée jusqu'au Cap; je lui serrai la main, Dieu le bénisse! je partis et depuis cinquante ans j'habite notre vieille colonie, car j'ai eu soixante-dix ans hier. Je vous en dirai plus long sur moi une autre fois; pour le moment, il s'agit des enfants. Environ vingt ans après mon départ, mon bon vieux père se remaria avec une femme encore jeune, assez riche et moins bien née que lui. De cette union il eut un fils, puis mourut. Le peu que j'appris sur le compte de mon demi-frère, fut qu'il avait fort mal tourné, s'était marié et adonné à la boisson. Enfin, il y a douze ans, une chose étrange m'arriva. J'étais assis dans cette même pièce, dans ce même fauteuil, car cette partie de la maison existait déjà (les ailes ont été construites depuis); je fumais ma pipe, écoutant la pluie battre les vitres par une nuit affreuse, quand, tout à coup, un vieux chien *pointer* que j'avais alors et qui s'appelait Ben, se mit à aboyer.

« Couche-toi, Ben, lui dis-je; ce ne sont que les « Cafres. »

« A ce moment il me sembla entendre un faible coup frappé sur la porte et Ben aboya de nouveau; je me levai donc, allai ouvrir et vis entrer deux petites filles enveloppées de vieux châles. Je refermai la porte, après avoir regardé s'il y en avait d'autres dehors et je restai planté là, les yeux et la bouche grands ouverts, devant les deux petites créatures. Elles étaient là, ruisselantes, la main dans la main; l'aînée paraissait avoir onze ans, la plus petite, huit environ. Elles se taisaient, mais l'aînée se détourna pour enlever le châle et le chapeau de sa petite sœur...; c'était Bessie, et je vis alors son doux petit visage et ses cheveux d'or tout mouillés; elle mit un doigt dans sa bouche et me regarda de telle façon que je me crus le jouet d'un rêve.

« S'il vous plaît, monsieur, dit enfin la plus grande, « est-ce ici la maison de M. Croft? M. Croft..., répu« blique de l'Afrique du Sud.

« — Oui, ma petite, c'est ici sa maison, et la répu« blique de l'Afrique du Sud, et je suis M. Croft. Et « vous, mes chères petites, qui pouvez-vous bien « être? répondis-je.

« — S'il vous plaît, monsieur, nous sommes vos « nièces, et nous sommes venues d'Angleterre pour « vous chercher.

« — Plait-il? m'écriai-je abasourdi, comme j'en « avais bien le droit.

« — Oh! monsieur, reprit la pauvre petite, joi« gnant ses menottes maigres et humbles, je vous « en prie, ne nous renvoyez pas : Bessie est si « mouillée! Elle a si froid et si faim! Elle n'est pas « en état d'aller plus loin. »

« Sur ce, elle se mit à pleurer et l'autre en fit autant, par sympathie et aussi de peur et de froid.

« Naturellement je les amenai près du feu, les pris sur mes genoux, appelai de toutes mes forces Hébé, la vieille Hottentote qui faisait ma cuisine, et à nous deux, nous les déshabillâmes, pour les envelopper dans de vieux vêtements; nous leur donnâmes un potage et du vin et une demi-heure après, elles étaient tout heureuses, leurs craintes absolument disparues.

« Et maintenant, jeunes personnes, leur dis-je, « embrassez-moi et contez-moi un peu comment « vous êtes venues. »

« Voici ce qu'elles me contèrent (je n'eus l'histoire complète que plus tard) et le récit fut étrange.

« Il paraît que mon demi-frère avait épousé une charmante jeune fille du Norfolk et l'avait traitée comme un chien. C'était un ivrogne et un gredin que mon demi-frère; il battait sa pauvre femme, la négligeait honteusement et souvent même maltraitait les enfants, de sorte qu'enfin, la pauvre créature, affaiblie par la souffrance et la mauvaise santé, ne put y tenir plus longtemps et conçut l'idée insensée de s'échapper, pour venir ici se placer sous ma protection. Ceci prouve jusqu'où allait son désespoir. Elle réussit à trouver assez d'argent pour payer trois places de secondes jusqu'à Natal et avoir encore quelques livres de surplus, et un jour que sa brute de mari était allé boire et jouer, elle parvint à se faufiler à bord d'un bâtiment à voiles, dans les docks de Londres, et elle était loin en mer avec ses filles, quand il s'aperçut de sa fuite. Mais ce fut son dernier effort, la pauvre âme! et elle en mourut. On n'était pas en mer depuis plus de dix jours, qu'elle prit le lit et succomba, laissant les pauvres enfants seules au monde. Ce qu'elles durent souffrir, du moins Jess qui était en âge de comprendre, Dieu seul le sait! Tout ce que je peux vous dire, c'est qu'elle ne s'est jamais complètement remise de ce coup; elle en porte la marque, monsieur. Mais, qu'on dise ce qu'on voudra, il y a une Puissance qui veille sur les faibles et cette Puissance prit sous son aile ces pauvres enfants errantes et sans abri. Le capitaine du navire fut bon pour elles et, lorsqu'on arriva enfin à Durban, les passagers firent une souscription et obtinrent d'un vieux Boer, qui venait de ce côté du Transvaal, de se charger d'elles. Le Boer et sa femme traitèrent les enfants convenablement, mais ne firent rien au delà de leur engagement. Au tournant de la route de Wakkerstroom, que vous avez suivie aujourd'hui, ils firent descendre les enfants (elles n'avaient pas de bagages) et leur dirent qu'en marchant droit devant elles, elles arriveraient à la maison de Meinheer Croft.

« On était alors au milieu de l'après-midi et ce ne fut qu'à huit heures du soir, qu'elles arrivèrent ici, les pauvres chéries, car le chemin n'était pas alors aussi bien tracé qu'aujourd'hui; elles s'égarèrent dans la plaine et seraient mortes de froid, sous la pluie glacée, si elles n'eussent aperçu, par hasard, les lumières de la maison. Et voilà comment mes nièces vinrent ici, capitaine Niel; elles y sont toujours restées depuis, excepté pendant deux ans que je les envoyai en pension au Cap; et je me sentis bien seul, quand elles furent parties.

— Et le père? demanda Niel, que ce récit avait profondément intéressé; avez-vous jamais entendu parler de lui?

— Entendu parler de lui, le coquin! s'écria le vieillard, bondissant de colère; oui, certes! Le croiriez-vous? Les deux mignonnes étaient chez moi depuis environ dix-huit mois, assez longtemps pour que j'eusse appris à les aimer de tout mon cœur, quand un beau matin, comme j'examinais le nouveau mur du *kraal* [1], j'aperçois un individu qui

1. Enclos, parc, ou tout autre endroit fermé.

s'avançait, monté sur un maigre cheval gris. Il vient vers moi et, comme il s'approche, je l'examine : « Toi, me dis-je, tu es un ivrogne et un gredin, c'est « écrit sur ta figure, et, qui plus est, je la connais, ta « figure. » Vous comprenez, je ne devinais cependant pas que je contemplais un fils de mon propre père; comment l'aurais-je pu?

« Votre nom est-il Croft? dit-il.

« — Oui, répondis-je.

« — C'est aussi le mien, répliqua-t-il, avec un « mauvais regard d'ivrogne sournois; je suis votre « frère.

« — En vérité! m'écriai-je, en me redressant, car « je commençais à comprendre de quoi il s'agis- « sait; et que pouvez-vous bien me vouloir? Je vous « dis en face, sans délai, ni ambages, que si vous « êtes mon frère, vous êtes un misérable et que je « ne veux ni vous connaître, ni rien avoir à dé- « mêler avec vous; et si vous n'êtes pas mon frère, « je vous demande pardon de vous confondre avec « un pareil drôle.

« — Ah! vous le prenez comme ça! répondit-il, en « ricanant. Eh bien! mon cher frère Silas, je veux « mes enfants. Elles ont un petit demi-frère à la « maison, car je me suis remarié, Silas, et il les « attend avec impatience pour jouer avec lui; donc, « si vous voulez avoir la bonté de me les remettre, « je les emmènerai de suite.

« — Vraiment! Vous les emmènerez si vite que « ça? dis-je, tout tremblant de rage et de crainte.

« — Oui, Silas, en vérité. Elles sont à moi de par « la loi et je n'entends pas mettre des enfants au « monde pour que vous jouissiez de leur société. « J'ai consulté, Silas, ajouta-t-il, avec un nouveau « ricanement sardonique, et la loi est pour moi. »

« Je me levai : je regardai cet homme, je me rappelai la manière dont il avait traité ces pauvres enfants et leur jeune mère, mon sang bouillonna et je devins fou. Sans un mot de plus, je sautai pardessus le mur à moitié bâti, j'attrapai ce vaurien par une jambe, car j'étais fort il y a dix ans, et l'arrachai de son cheval. En touchant terre, il laissa tomber sa lourde cravache ; je m'en emparai et lui donnai la plus belle volée qu'homme ait jamais reçue. Seigneur ! comme il hurlait ! Quand je fus las, je lui permis de se relever.

« Maintenant, m'écriai-je, partez, et si vous revenez, je chargerai les Cafres de vous reconduire à « Natal, avec leurs sagayes. Nous sommes ici dans « la république Sud-Africaine, où l'on se soucie peu « de la loi. » C'était vrai dans ce temps-là.

« — Très bien ! Silas, dit-il ; très bien ! J'aurai ces « enfants et, pour l'amour de vous, je ferai de leur « vie un enfer, comptez-y. République d'Afrique ou « non, j'ai la loi pour moi. »

« Il s'éloigna, jurant et blasphémant, et je jetai sa cravache après lui Ce fut la première et la dernière fois que je vis mon frère.

— Que devint-il donc ?

— Je vais vous le dire, rien que pour vous prouver qu'il est u[illegible] Puissance dont l'œil surveille de tels hommes. I[illegible]lla ce soir-là jusqu'à Newcastle, entra à la buvett[illegible] se mit à boire en me traitant de la belle façon et s[illegible]nivra si bien, qu'enfin le cabaretier appela ses garçons pour le mettre dehors. Or, les garçons ét[illegible]ent rudes, comme le sont volontiers les Cafres, av[illegible] un blanc qui est ivre ; il se battit et, au plus fort [illegible]e la lutte, un vaisseau se rompit dans sa poitrine, [illegible]l tomba mort et tout fut dit. Telle est l'histoire de mes deux jeunes filles, capitaine Niel, et maintenant je vais me coucher. Demain, je vous montrerai la ferme et nous parlerons d'affaires. Bonsoir, Capitaine, bonsoir ! »

CHAPITRE III

M. FRANK MULLER

John Niel s'éveilla de bonne heure le lendemain matin, aussi raide et endolori que s'il eût été bien battu d'abord, puis étroitement sanglé ensuite, à l'aide d'un bâton. Il parvint, non sans peine, à s'habiller, et sortit en boitant sous la véranda, par la porte-fenêtre de sa chambre, afin de contempler la vue qui s'offrait à ses yeux. C'était un endroit délicieux. Derrière la maison s'élevait la colline escarpée, plane au sommet et semée de roches rondes; elle s'étendait en demi-cercle, de chaque côté d'un vaste terrain en pente et verdoyant, au milieu duquel se trouvait l'habitation.

La maison proprement dite était construite en pierre brune et couverte d'un chaume épais, d'une belle couleur fauve et dorée. La toiture des remises, hangars et autres dépendances était en fer galvanisé, qui étincelait aux rayons du soleil levant, de façon à faire cligner des yeux aux aigles eux-mêmes. Sur toute la façade régnait une véranda gracieusement envahie, dans ses parties treillagées, par des vignes et des plantes grimpantes aux fleurs variées; au delà, se trouvait une large allée carrossable, tracée dans le sol rouge et bordée d'orangers touffus, chargés de fleurs, ainsi que de fruits, les uns verts, les autres couleur d'or. Au delà des orangers, s'étendaient les jardins entourés de murs bas en pierre brute, les vergers remplis d'arbres fruitiers, et, plus loin encore, les parcs ou *kraals* aux bœufs et aux autruches, ces derniers encombrés d'échassiers au long cou.

A la droite de la maison, s'élevaient des plantations florissantes de gommiers et autres arbres indigènes; à gauche, on voyait de vastes terres cultivées, irriguées pour les moissons d'hiver, au moyen de la puissante source qui s'échappait du flanc de la colline, à une grande hauteur au-dessus de la maison, et donnait à ce lieu le nom de Belle-Fontaine.

John Niel vit tout cela et bien d'autres choses encore, de son observatoire sous la véranda, mais, pour le moment du moins, tout se perdit dans la merveilleuse et sauvage beauté du panorama immense qui se déroulait à ses pieds, sur la gauche, jusqu'à la grandiose chaîne des montagnes du Drakensberg, couronnée çà et là de neige; panorama borné, sur la droite comme en face, par l'horizon vaste et indécis des plaines onduleuses du Transvaal. C'était une vue superbe, une de ces vues qui font courir plus vite le sang dans les veines d'un homme et font battre son cœur, joyeux de vivre pour la contempler. La terre couverte, à perte de vue, d'une riche verdure qui s'inclinait et frémissait comme un champ de blé au souffle de la brise matinale, le ciel d'un bleu profond, sans un seul nuage pour troubler son immensité et, entre les deux, le vif courant du vent chargé de parfums; sur la gauche, les montagnes imposantes, inspirant des pensées solennelles, élevaient leurs crêtes vers le ciel; couronnées de la neige des siècles, dont elles sont les monuments, elles contemplaient majestueusement les larges plaines et les éphémères fourmilières humaines qui les foulent et se croient, pendant leur courte existence, les maîtresses de leur petit monde. Et au-dessus de tout : montagnes, plaines et cours d'eau étincelants, la glorieuse lumière du soleil d'Afrique et l'esprit de vie passant en ce jour, comme il passait autrefois, sur les eaux plongées dans la nuit.

John, debout, regardait la beauté primitive de cette

nature, la comparait dans sa pensée, avec beaucoup d'autres paysages cultivés, et en arrivait à cette conclusion : que si désirable que puisse être la présence de l'homme civilisé dans le monde, on ne saurait affirmer que ses œuvres en augmentent réellement la beauté.

Ses réflexions furent interrompues par le pas ferme encore de Silas Croft, malgré son âge et sa taille voûtée, et il se tourna aussitôt vers lui.

« Eh bien! capitaine Niel, dit le vieillard, déjà levé! C'est bon signe, si vous voulez devenir fermier. Oui, c'est une jolie vue et un joli séjour! C'est moi qui l'ai fait. Il y a vingt-cinq ans, je vins ici à cheval et vis le site. Tenez, vous voyez cette roche, derrière la maison? Je couchai au-dessous, m'éveillai avec le soleil, contemplai cette belle vue et la grande prairie alors peuplée de gibier, et je me dis : « Silas, « il y a vingt-cinq ans que tu erres dans cette vaste « contrée et tu commences à t'en fatiguer; tu n'as « jamais vu un lieu plus beau, ni plus sain; sois sage « et restes-y. » Ainsi fut fait. J'achetai six mille arpents pour 250 francs comptant et un tonnelet de gin et me mis à l'œuvre pour faire ce que vous voyez. Oui, c'est bien l'œuvre de mes mains; il n'est pas une pierre, pas un arbre qu'elles n'aient touché, et vous savez ce que cela signifie dans un pays vierge. Enfin! quoi qu'il en soit, j'ai réussi et maintenant je suis trop vieux pour exploiter le domaine à moi seul; c'est pourquoi j'ai fait savoir que je désirais prendre un associé, comme vous l'a dit le vieux Snow, à Durban. Vous savez ce que j'ai dit à Snow : « Il me faut « un *gentleman*; l'argent m'importe peu; j'accepterai « 25 000 francs pour une part d'un tiers, si je peux « trouver un *gentleman*; pas de vos Boers, ou de vos « blancs inférieurs. »

« J'ai assez des Boers et de leurs façons d'agir; le plus heureux jour de ma vie fut celui où le vieux général Shepstone hissa le drapeau anglais à Prétoria et où je pus reprendre mon titre d'Anglais.

« Seigneur ! quand on pense qu'il est des hommes, sujets de la Reine, qui aspirent à être de nouveau les sujets d'une république! Fous! capitaine Niel! Ils sont absolument fous, je vous l'affirme. Enfin! tout cela est fini. Vous savez ce que leur dit, au nom de la Reine, sir Garnet Wolseley, là-bas, sur la rivière Vaal : « Que ce pays resterait anglais jusqu'à ce « que le soleil s'arrêtât dans le ciel, ou que la rivière « Vaal remontât vers sa source. » Cela me suffit; comme je le dis à ces frondeurs qui voudraient reprendre le pays, maintenant que nous avons payé leurs dettes et battu leurs ennemis : aucun gouvernement anglais ne dément sa parole, pas plus qu'il ne manque aux engagements pris solennellement par ses représentants. Nous laissons ces sortes de choses aux étrangers. Non, non, Capitaine, je ne vous demanderais pas de prendre un intérêt dans cette affaire, si je n'étais pas certain que ce pays restera sous la protection du drapeau anglais. Mais nous reparlerons de tout ceci une autre fois; allons déjeuner. »

Après le repas, comme John boitait trop pour faire le tour de la ferme, la belle Bessie lui proposa de venir l'aider à laver un lot de plumes d'autruche. Le lieu de l'opération était une petite pelouse située derrière un massif d'orangers. Là furent placés un baquet plein d'eau chaude et une bassine en fer battu, contenant de l'eau froide. Les plumes, couvertes, pour la plupart, d'une boue rouge, furent d'abord plongées dans le baquet d'eau chaude, où John les brossa avec du savon, puis les transféra dans la bassine d'eau froide; là, Bessie les rinçait et les étendait ensuite sur un drap, pour les sécher au soleil.

La matinée était délicieuse et John découvrit

promptement, qu'il y a au monde beaucoup d'occupations plus désagréables que le lavage des plumes d'autruche, en compagnie d'une charmante fille; car elle était charmante, il n'y avait pas à en douter; un type de vraie femme heureuse et fraiche. Assise sur un tabouret bas, ses manches relevées presque jusqu'à l'épaule, elle laissait voir deux bras qui n'eussent pas déparé une statue de Vénus, riait et babillait sans interrompre son travail. John n'était pas très vulnérable; il avait joué avec le feu; il s'était brûlé les doigts comme bien d'autres jeunes imprudents; néanmoins il se demandait, en face de cette belle jeune fille, qu'il comparait en lui-même à un superbe bouton de rose prêt à s'épanouir, combien de temps il serait possible de vivre avec elle, dans la même maison, sans tomber sous le charme de sa grâce et de sa beauté? Puis il se rappela Jess et le contraste que présentaient les deux sœurs.

« Où est votre sœur? demanda-t-il tout à coup.

— Jess? Oh! je crois qu'elle est allée à la Vallée aux Lions, pour lire ou dessiner. Voyez-vous, dans cet établissement, je représente le travail manuel et Jess l'*intellect* »; et, avec un joli signe de tête, elle ajouta : « Il y a eu erreur quelque part; elle a pris toute la supériorité d'esprit!

— En tout cas, dit John tranquillement, les yeux fixés sur elle, je ne pense pas que vous ayez à vous plaindre de la manière dont la nature vous a traitée. »

Elle rougit un peu, plutôt du ton dont il avait parlé que de ce qu'il avait dit, et se hâta de reprendre :

« Jess est la meilleure, la plus chère, la plus intelligente des femmes, voilà mon opinion; elle n'a, je crois, qu'un seul défaut : elle me gâte trop. Mon oncle m'a dit vous avoir conté que, lors de notre arrivée ici, j'avais huit ans. Je me rappelle que lorsque nous fûmes égarées dans la prairie ce soir-là, par une pluie battante et glaciale, Jess ôta son châle et l'enroula sur moi, par-dessus le mien. Eh bien! il en a toujours été ainsi; c'est toujours moi qui dois avoir le châle et tout doit me céder. Telle est Jess; quelquefois je la crois froide comme une pierre, mais quand elle aime quelqu'un, c'en est effrayant. Je connais peu de femmes, mais j'imagine qu'il ne peut pas y en avoir beaucoup comme Jess de par le monde. Elle est perdue dans ce désert; elle devrait s'en aller en Angleterre, écrire de beaux livres et devenir célèbre; seulement, ajouta-t-elle d'un petit air profond, je craindrais que tous les livres de Jess ne fussent tristes. »

Bessie s'arrêta brusquement, changea de couleur et laissa retomber dans l'eau, le paquet de plumes qu'elle tenait à la main. Suivant son regard, John tourna le sien vers l'avenue des gommiers et vit un homme très grand, coiffé d'un chapeau à très larges bords et monté sur un magnifique cheval noir, qui s'avançait au petit galop vers la maison.

— Qui est-ce, miss Croft? demanda-t-il.

— C'est un homme que je n'aime pas, dit-elle, en frappant légèrement du pied. Il s'appelle Frank Muller et il est moitié Boer, moitié Anglais. Il est très riche, très habile et possède toutes les terres autour de nous, de sorte que mon oncle est forcé de se montrer poli envers lui, quoiqu'il ne l'aime pas non plus. Qu'est-ce qu'il peut bien vouloir? »

Le cheval approchait et John croyait que le cavalier allait passer sans les voir, quand tout à coup la robe de Bessie attira son regard à travers les arbres et il s'arrêta. Grand, robuste, extrêmement beau, il paraissait avoir environ quarante ans; ses traits étaient réguliers, ses yeux bleus et froids; sa barbe magnifique et dorée tombait bas sur sa poitrine. Pour un Boer il était élégant, portait des vêtements d'étoffe et de coupe anglaises et de grandes bottes à l'écuyère.

« Ah! miss Bessie! s'écria-t-il en anglais, vous voilà donc avec vos jolis bras découverts. J'ai de la chance d'arriver juste à temps pour les voir. Voulez-vous que je vienne vous aider à laver les plumes? Vous n'avez qu'un mot à dire et.... »

A ce moment il aperçut John et s'arrêta.

« Je suis venu à la recherche d'un bœuf noir, marqué d'un cœur et d'un W au milieu. Savez-vous si votre oncle l'a vu quelque part?

— Non, Meinheer Muller, répondit Bessie froidement, mais mon oncle est là-bas (elle montrait un parc situé à un demi-mille environ), si vous désirez aller le lui demander.

— *Monsieur* Muller, miss Bessie, dit-il, le front curieusement contracté. *Meinheer* est bon pour les Boers, mais nous sommes tous Anglais maintenant. Quant au bœuf, il peut attendre; avec votre permission je resterai ici jusqu'au retour de l'oncle Croft. »

Sans plus de cérémonie, il sauta à bas de son cheval, lui passa la bride sur la tête pour lui faire comprendre qu'il devait rester là, et s'avança vers Bessie, la main tendue. Aussitôt elle plongea ses deux bras dans l'eau jusqu'au coude et John resta persuadé qu'elle avait voulu, par ce moyen, éviter la poignée de main de son visiteur.

« Je regrette que mes mains soient mouillées », lui dit-elle, en lui adressant un froid et léger salut de la tête. « Permettez-moi de vous présenter, *monsieur* (elle appuya sur ce mot) Frank Muller,... le capitaine Niel, qui vient ici pour seconder mon oncle. »

John tendit sa main, que Muller serra.

« Capitaine? dit-il d'un ton interrogateur; capitaine de navire? je suppose.

— Non, répondit John; capitaine dans l'armée anglaise.

— Oh! un « rooibaatje » (jaquette rouge); alors je

ne m'étonne pas qu'après la guerre contre les Zulus, vous vous fassiez fermier.

— Je ne vous comprends pas, répliqua John assez froidement.

— Oh! sans vous offenser, Capitaine! sans vous offenser! Je voulais seulement dire que vous autres, jaquettes rouges, vous n'étiez pas sortis très glorieusement de la dernière guerre. J'y étais avec Piet Nys, et c'était chose à voir, je vous l'affirme. Un Zulu n'avait qu'à se montrer la nuit, et vos régiments prenaient leur course, comme un troupeau de bœufs qui sentent le lion.

« Et ils tiraient, ils tiraient n'importe où, n'importe comment, mais surtout aux nuages, sans qu'on pût les arrêter. C'est pourquoi, voyez-vous, je pensais que vous n'étiez pas fâché de changer votre épée en charrue, comme dit la Bible, mais sans vous offenser, sans vous offenser, croyez-moi. »

Pendant ce discours, John Niel, qui était Anglais jusqu'à la moelle des os et chérissait la réputation de sa profession, presque autant que son propre honneur, bouillait de colère intérieure; d'autant plus qu'il y avait un peu de vrai dans les insultes du Boer. Il eut néanmoins assez de bon sens pour rester calme, au moins en apparence.

« Je n'étais pas à la guerre des Zulus, monsieur Muller », dit-il froidement, et juste à ce moment le vieux Silas Croft arriva à cheval, ce qui mit fin à la conversation.

M. Frank Muller resta pour le dîner et même assez tard dans l'après-midi. Il semblait avoir complètement oublié le bœuf égaré.

Assis près de la belle Bessie, il fumait son cigare, buvait du vin mélangé d'eau, bavardait en anglais, non sans y ajouter du hollandais-boer, que John Niel ne comprenait pas, et contemplait la jeune fille d'une façon que le capitaine trouvait fort déplaisante. Certes ce n'était pas son affaire; il n'était nullement intéressé dans la question, mais néanmoins le remarquable Hollandais lui parut très désagréable.

Enfin, n'y pouvant plus tenir, il s'en alla clopin-clopant au jardin et Jess, de sa façon un peu brusque, lui offrit de le lui montrer.

« Vous n'aimez pas cet homme », lui dit-elle, pendant qu'ils descendaient lentement le terrain en pente, situé devant la maison.

« Non; et vous, miss Jess?

— Je pense, répondit-elle, en appuyant sur chacun de ses mots, que c'est l'être le plus odieux et le plus étrange que j'aie jamais vu »; et elle retomba dans le silence, ne le rompant, de temps à autre, que pour faire quelque remarque sur les arbres et les fleurs.

Une demi-heure après, comme ils revenaient à leur point de départ, M. Muller s'en retournait à cheval, par l'avenue de gommiers. Près de la véranda était un Hottentot nommé Jantjé, qui avait tenu le cheval du Hollandais. C'était un curieux petit homme, desséché, vêtu de haillons et dont les cheveux ressemblaient à la vieille frange d'un tapis de laine noire. Son âge restait indécis entre vingt-cinq et soixante ans; impossible de se prononcer à ce sujet. Pour le moment sa jaune face de singe exprimait la plus intense malignité; debout, en plein soleil, il lançait à voix basse des malédictions en hollandais et montrait le poing au Boer qui s'éloignait; on n'aurait pu imaginer personnification plus parfaite de la rage impuissante et sans frein.

« Que fait-il? » demanda John.

Jess se mit à rire.

« Jantjé n'aime pas Frank Muller plus que je ne l'aime, répondit-elle, mais je ne sais pas pourquoi. Il n'a jamais voulu me le dire. »

CHAPITRE IV

BESSIE EST DEMANDÉE EN MARIAGE

Avec le temps, John Niel guérit de son entorse et autres maux infligés par l'autruche en fureur (par parenthèse, il est humiliant d'être la victime d'une bête à plumes), et se mit à apprendre la routine de la ferme. La tâche ne lui parut pas désagréable, surtout sous les ordres d'un aussi joli moniteur que Bessie, qui s'y entendait à merveille. Doué d'un tempérament énergique et travailleur, il fit des progrès rapides dans ses nouvelles études et, au bout de six semaines, il commençait à parler en connaisseur, du bétail, des autruches, de l'herbe douce et de l'herbe acide. Une fois par semaine, Bessie lui faisait passer une sorte d'examen; de plus elle lui donnait des leçons de hollandais et de zulu, deux langues qu'elle parlait parfaitement; de sorte qu'il ne manquait pas, comme on peut le voir, d'occupations agréables et utiles. En outre, il s'attacha sérieusement au vieux Silas Croft. Le vieillard, avec son beau et honnête visage, son expérience considérable et variée, sa forte nature anglaise, l'impressionna profondément. Il n'avait jamais connu d'homme tout à fait semblable à lui. L'affection fut réciproque, car son hôte le prit en grande amitié. Il expliquait ainsi ses sentiments à sa nièce Bessie : « Voyez-vous, ma chère, il est réservé, discret, et s'il ne sait pas grand'chose du métier de fermier, c'est un parfait *gentleman*. Quand on a affaire à des Cafres, dans un lieu comme celui-ci, il faut avoir un gentleman. Vos blancs d'ordre inférieur n'obtiendront jamais rien des Cafres; c'est pourquoi les Boers les fouettent et les tuent; ils ne peuvent en rien tirer sans cela. Mais voyez le capitaine Niel ; il n'a pas besoin de ces moyens-là. Je crois qu'il est ce qu'il me faut, ma chère ; je le crois » ; et Bessie était entièrement de son avis. Donc il advint, qu'après un essai de six semaines, le marché fut conclu. John paya ses 25 000 francs et devint associé pour un tiers, dans l'exploitation de la ferme.

Il n'est guère possible, en général, qu'un homme encore jeune comme John Niel, vive sous le même toit qu'une jeune et charmante femme, telle que Bessie Croft, sans courir des dangers plus ou moins grands ; surtout si les deux personnes n'ont ni distraction, ni société au dehors, pour détourner leur attention d'elles-mêmes. Non qu'il y eût encore le moindre symptôme d'amour entre eux ; seulement ils se plaisaient beaucoup et trouvaient agréable d'être souvent ensemble.

Bref ils suivaient cette route facile et sinueuse, qui conduit aux sentiers montagneux de l'amour. C'est une route large comme cette autre qui mène ailleurs et, comme cette autre, elle aboutit à une large porte. Quelquefois aussi elle conduit à la perdition. Quoi qu'il en soit, elle est charmante à suivre, la main dans la main, en compagnie aimable et sympathique. Et puis on peut s'arrêter si l'on veut ; plus tard c'est différent. Quand les voyageurs gravissent les hauteurs de la passion, les précipices s'ouvrent, les torrents se précipitent, l'éclair aveugle et la foudre frappe ; et qui peut dire qu'il atteindra ce pic lointain et sublime, que les hommes appellent le bonheur? Les uns disent qu'on ne l'atteint jamais et que l'auréole qui l'illumine, n'est pas une lumière de la terre, mais une promesse et un fanal, une lueur reflétée nous ne savons d'où, et reposant sur la terre étrangère, comme la lumière du soleil repose sur le sein mort de la lune. D'autres prétendent qu'ils ont gravi son sommet le plus élevé, respiré le souffle frais du ciel qui enveloppe ses hauteurs, et même entendu le frémissement des harpes immortelles et le murmure des ailes angéliques; puis tout à coup un brouillard est tombé sur eux, dans lequel ils ont erré, et lorsqu'il s'est dissipé, ils étaient revenus aux sentiers de la montagne et le pic était au loin. Un très petit nombre d'êtres nous disent qu'ils vivent là toujours, écoutant la voix de Dieu; mais ils sont vieux et usés par le voyage; ils ont, hommes et femmes, survécu aux passions, aux ambitions, aux ardeurs brûlantes de l'amour et maintenant, enfermés dans le cercle de leurs souvenirs, ils restent face à face avec le sphinx Éternité.

Toutefois John Niel n'était plus d'âge à s'éprendre du premier joli minois venu. Quelques années auparavant, il avait subi une épreuve qui, pensait-il, l'avait guéri pour toujours. En outre, si Bessie l'attirait à sa manière, Jess ne lui déplaisait pas non plus. Il n'était pas dans la maison depuis huit jours, que déjà John décidait, à part lui, que Jess était la plus étrange femme qu'il eût jamais rencontrée, et, dans son genre, l'une des plus attrayantes. Son impassibilité même ajoutait à son charme, car est-il en ce monde quelqu'un qui n'aime à pénétrer un mystère? Pour lui, Jess était une énigme indéchiffrable. Il s'aperçut vite, à ses rares observations, qu'elle était intelligente et instruite; il savait qu'elle chantait comme un ange; mais quel était le principal ressort de son esprit? autour de quel axe évoluait-elle? A cela il ne pouvait répondre. Évidemment ce n'était pas celui de la plupart des femmes et, moins que tout autre, celui de l'heureuse, bien portante et simple Bessie. Il devint si curieux de pénétrer ces mystères, qu'il rechercha toutes les occasions de se trouver avec elle et s'offrit même, quand il en avait le temps, à l'accompagner dans ses excursions artistiques, lorsqu'elle allait esquisser quelque site, ou peindre des fleurs sauvages. Dans ces cas-là, elle causait souvent, mais toujours de livres, de l'Angleterre ou de quelque question intellectuelle. Jamais elle ne parlait d'elle-même.

Cependant il fut bientôt évident pour John, que sa société plaisait à Jess et qu'il lui manquait, lorsqu'il ne pouvait l'accompagner. Il ne se rendit pas compte, tout d'abord, du plaisir qu'une jeune fille, supérieure par l'intelligence et l'instruction, et que ses aspirations et ses capacités intellectuelles entraînaient bien plus haut encore, devait trouver dans la société d'un homme distingué, intelligent et instruit. John n'avait le cerveau ni vide, ni étroit. Il avait lu et pensé; il avait même écrit un peu et Jess trouvait en lui un esprit qui, bien qu'inférieur au sien, était cependant en sympathie avec lui.

Quoiqu'il ne la comprît pas, elle le comprenait et enfin (que ne le sut-il!) une lueur d'aurore éclaira le crépuscule de sa pensée, la fit tressaillir et la transforma, comme les premiers rayons du matin font tressaillir et transforment l'obscurité de la nuit. Qu'arriverait-il, si elle apprenait à aimer cet homme et lui enseignait à l'aimer? Chez presque toutes les femmes, cette pensée amène celle du mariage et de ce changement de condition qu'elles considèrent généralement comme si désirable. Mais Jess n'y pensa pas beaucoup; elle songea plutôt à l'heureuse possibilité de fondre sa vie en une autre vie, de trouver quelqu'un qui la seconderait, qui briserait les entraves imposées à son génie, afin qu'elle pût s'élever et l'élever avec elle.

Un homme venait enfin qui *comprenait*, qui était plus qu'un animal, qui possédait ce don divin : une intelligence; don maudit pour elle jusqu'alors, qui l'avait placée au-dessus du niveau de son sexe et séparée, comme par des portes de fer, de ceux qui l'entouraient. Ah! si l'amour parfait, dont les livres lui avaient tant parlé, pouvait leur venir à tous deux! alors peut-être cela vaudrait la peine de vivre!

C'est une chose curieuse, mais, en telles matières, les hommes n'apprennent jamais la sagesse par l'expérience.

Un homme de l'âge de John Niel aurait dû savoir qu'il est toujours périlleux de jouer avec les matières explosibles, et que les substances les plus inoffensives en apparence sont souvent les plus dangereuses; il aurait dû savoir que rechercher la société d'une femme aux yeux aussi éloquents que ceux de Jess, c'était risquer de s'enflammer à leur flamme et de se brûler tous deux; il aurait dû savoir qu'en faisant peser de tout son poids son esprit cultivé sur celui de la jeune fille, en s'intéressant profondément à ses études, en la suppliant de lui montrer les poésies qu'elle écrivait, disait Bessie, sans vouloir les laisser voir à personne; en exprimant son ravissement lorsqu'elle chantait, il aurait dû savoir, disons-nous, que tout cela était bien dangereux; et cependant il le fit sans penser à mal.

Quant à Bessie, elle était enchantée que sa sœur eût trouvé quelqu'un avec qui elle pût causer et qui la comprît. Il ne lui vint pas à l'esprit que Jess pût s'éprendre de lui; Jess était la dernière personne qui courût ce danger. Elle ne pensa pas davantage à ce qui pouvait arriver à John. Jusque-là elle n'avait pas intérêt à se préoccuper du capitaine Niel. Oh, non!

Les choses allèrent donc fort agréablement pendant quelque temps, pour tous les personnages de notre drame, jusqu'à ce qu'un beau matin, les nuées d'orage commençassent à s'amonceler. John avait, comme d'ordinaire, vaqué aux travaux de la ferme jusqu'à l'heure du dîner; après le repas, il prit son fusil et dit à Jantjé de seller son poney de chasse. Il était debout sous la véranda, attendant le poney, et près de lui se tenait Bessie, plus jolie que jamais dans sa robe blanche, lorsque soudain il aperçut le grand cheval de Frank Muller et Frank Muller lui-même dans l'avenue des gommiers.

« Holà ! miss Bessie, dit-il, voici venir votre ami.

— Quel ennui ! » répliqua Bessie, en frappant du pied ; puis avec un regard rapide : « Pourquoi l'appelez-vous mon ami ? dit-elle.

— J'imagine qu'il se considère comme tel, à en juger par le nombre de visites qu'il vous fait dans la semaine. En tout cas, il n'est pas le mien et je m'en vais chasser. Au revoir et bien du plaisir.

— Vous êtes méchant », dit-elle à voix basse, en lui tournant le dos.

Un instant après, John s'éloignait et Frank Muller arrivait.

« Comment vous portez-vous, miss Bessie ? » dit-il en mettant pied à terre, avec la rapidité d'un homme habitué toute sa vie aux chevaux : « où donc s'en va la *Jaquette rouge* ?

— Le capitaine Niel va chasser, répondit elle froidement.

— Ah ! tant mieux pour nous, miss Bessie ; nous pourrons causer agréablement. Où est ce singe noir, Jantjé ? Ici ! Jantjé ! Prends mon cheval, vilain diable, et soigne-le bien, ou je t'ouvre le ventre ! »

Jantjé prit le cheval, avec un rire forcé à l'adresse de cette aimable plaisanterie, et partit avec la monture.

« Je ne pense pas que Jantjé vous aime, Meinheer Muller, dit Bessie, avec un malin plaisir, et je ne m'en étonne pas, si vous lui parlez toujours ainsi. Il m'a dit l'autre jour qu'il vous connaissait depuis vingt ans. Est-ce vrai ? »

Cette question, faite sans arrière-pensée, produisit un effet remarquable sur le Boer; il pâlit sous son hâle.

« Il ment, le chien! s'écria-t-il, et je lui enverrai une balle, s'il répète cela. Qu'est-ce que je peux savoir de lui, et que peut-il savoir de moi? Puis-je garder le souvenir de chaque misérable homme-singe que je rencontre? »

Et il grommela, dans sa longue barbe, une succession de jurons hollandais.

« Eh bien! Meinheer Muller! dit Bessie.

— Pourquoi m'appelez-vous toujours « Meinheer », demanda-t-il, en se tournant vers elle d'un air si courroucé, qu'elle tressaillit et recula d'un pas. « Je suis Anglais. Ma mère était Anglaise et de plus, grâce à lord Carnarvon, nous sommes tous Anglais maintenant.

— Je ne sais pas pourquoi il vous déplaît tant d'être pris pour un Boer, dit Bessie avec calme; vous étiez autrefois un ardent patriote.

— Autrefois,... oui. Les arbres s'inclinaient vers le nord, quand le vent soufflait du sud, mais à présent ils s'inclinent de l'autre côté, car le vent a tourné. Peut-être, quelque jour, reviendra-t-il au nord. Alors, nous verrons! »

Bessie se contenta de pincer ses jolies lèvres sans répondre, et de cueillir une feuille de la vigne qui courait au-dessus de sa tête.

Le grand Hollandais ôta son chapeau et caressa sa barbe avec embarras. Évidemment il réfléchissait à une chose qu'il n'osait pas exprimer. Deux fois il fixa ses yeux sur le frais visage de Bessie et deux fois il les en détourna. La seconde fois elle s'effraya.

« Excusez-moi un instant », dit-elle, et elle parut vouloir entrer dans la maison.

« Attendez! » s'écria-t-il en hollandais, tant il était agité. Il saisit même, de sa grande main, la robe blanche de la jeune fille.

Elle la lui arracha d'un mouvement vif et le regardant bien en face :

« Pardon, dit-elle, d'un ton qui n'avait certes rien d'encourageant, vous alliez me dire quelque chose.

— Oui. C'est-à-dire... j'allais.... » Il s'arrêta.

Bessie conserva son regard poliment interrogateur et attendit.

« J'allais vous dire,... bref,... que je voudrais vous épouser.

— Ah! fit Bessie en tressaillant.

— Ecoutez, reprit-il d'une voix rauque, et reprenant courage à mesure qu'il avançait, comme font les gens peu cultivés, quand c'est leur cœur qui parle. Ecoutez-moi, Bessie; je vous aime depuis trois ans. Chaque fois que je vous ai vue, je vous ai aimée davantage. Ne me dites pas non! Vous ne savez pas combien je vous aime. Je rêve de vous chaque nuit; quelquefois je rêve que j'entends le frôlement de votre robe, que vous venez me donner un baiser et, alors, il me semble que je suis dans le ciel. »

Bessie fit un geste de dégoût.

« Là! Je vous ai offensée! Mais ne m'en veuillez pas. Je suis très riche, Bessie; j'ai mes terres d'ici et, de plus, quatre fermes près de Lydenburg, dix mille arpents dans le Waterburg, et mille têtes de grand bétail, sans compter les moutons, les chevaux et de l'argent à la banque. » Voyant que l'inventaire de ses biens ne la touchait pas, il continua : « Vous ferez tout ce qu'il vous plaira; la maison sera arrangée à l'anglaise; je construirai un nouveau salon et je ferai venir les meubles de Natal. Croyez-moi : je vous aime, je vous le répète; ne me dites pas non! » Et il saisit sa main.

Elle la lui arracha, disant :

« Je vous suis très obligée, monsieur Muller; mais,... en deux mots, je ne peux pas vous épouser. Non, c'est inutile; en vérité, je ne le peux pas. Je vous en prie, n'en dites pas davantage. Voici mon oncle. Oubliez tout cela, monsieur Muller. »

Son adorateur leva les yeux. Oui, le vieux Croft venait, mais il était loin et marchait lentement.

« Est-ce votre dernier mot? demanda Muller, les dents serrées.

— Oui, oui, certainement. Pourquoi me forcez-vous à le répéter?

— C'est cette dammée Jaquette rouge! s'écria-t-il. Vous n'étiez pas comme cela, autrefois. Qu'il soit maudit, ce lâche Anglais! Il me payera cela, et quant à vous, Bessie, vous m'épouserez, que cela vous plaise ou non. Regardez-moi. Croyez-vous que je sois un homme dont on puisse se jouer? Allez à Wakkerstroom et demandez quel homme est Frank Muller. Comprenez-moi bien; je vous veux et il faut que je vous aie. Je ne pourrais pas vivre, si je pensais que vous ne serez jamais à moi. Je vous dis qu'il le faut et peu m'importe qu'il en coûte ma vie et celle de votre Jaquette rouge aussi. Je le veux, quand je devrais susciter une révolte contre le gouvernement. Je vous le jure par Dieu ou par le diable; l'un ou l'autre, ça m'est égal! »

Dans sa fureur il ne pouvait plus articuler ses paroles. Il se tenait devant elle, tremblant de rage, les lèvres frémissantes, serrant et desserrant sa grande main.

Bessie avait grand'peur, mais elle était brave, et la nécessité lui donna du courage.

« Si vous continuez à me parler ainsi, dit-elle, je vais appeler mon oncle. Je vous répète que je ne veux pas vous épouser, Frank Muller, et que rien ne m'y forcera jamais. J'en suis au regret pour vous, mais je ne vous ai jamais encouragé et je ne vous épouserai jamais,... jamais! »

Il la regarda pendant quelques instants, puis éclatant d'un rire sauvage, il reprit :

« Je crois que, quelque jour, je trouverai le moyen de vous y forcer » ; et, sans un mot de plus, il tourna sur ses talons et partit.

Deux minutes après, Bessie entendit le galop d'un cheval, leva les yeux et vit disparaître, dans la pénombre de l'avenue des gommiers, la gigantesque stature de son terrible soupirant.

Elle crut aussi entendre un gémissement de douleur derrière la maison et s'y dirigea pour se rendre compte. Près de la porte des écuries, elle trouva Jantjé se tordant, criant et jurant, la main sur son côté, d'où le sang coulait.

« Qu'y a-t-il? demanda-t-elle.

— Baas Frank! Baas Frank m'a frappé avec son fouet.

— La brute! s'écria Bessie, avec des larmes de colère.

— Calmez-vous, Missie, calmez-vous, répondit le Hottentot, son vilain visage livide de fureur, *c'en est un de plus*, voilà tout. Je l'ai marqué sur ce bâton. » Il montrait un long et épais bâton sur lequel étaient plusieurs entailles, au-dessous de trois marques profondes, creusées près de la pomme. « Qu'il ait l'œil au guet, qu'il cherche dans les herbes, qu'il se glisse autour du buisson, qu'il soit sur ses gardes tant qu'il voudra : un de ces jours, il trouvera Jantjé et Jantjé le trouvera! »

. . . .

« Pourquoi Frank Muller s'est-il ainsi enfui au galop? demanda le vieux Croft à Bessie, lorsqu'elle revint à la véranda.

— Nous nous sommes querellés, répondit-elle, ne jugeant pas nécessaire de tout expliquer au vieillard.

— Vraiment? vraiment? Soyez prudente, chère enfant. Il n'est pas bon de se quereller avec un homme comme Frank Muller. Je le connais depuis bien des années et je sais que son cœur est mauvais, quand on le contrarie. Voyez-vous, ma chérie, on peut venir à bout d'un Boer ou d'un Anglais, mais les chiens de races croisées ne sont pas commodes à apprivoiser. Suivez mon conseil; réconciliez-vous avec Frank Muller. »

Ces sages avis n'eurent pas pour effet de relever le moral de Bessie, déjà suffisamment éprouvé.

CHAPITRE V

RÊVES ET FOLIES

Après avoir laissé Bessie sous la véranda, à l'approche de Frank Muller, Niel avait sifflé son chien, Pontac, et était parti sur son poney de chasse, à la recherche des perdreaux.

Il y en a beaucoup et de très gros sur les chaudes pentes des collines, autour de Wakkerstroom, surtout dans les endroits où se trouve ce qu'on appelle l'herbe rouge. C'est un son réjouissant, cet appel que se jettent réciproquement ces nombreux oiseaux, dans toutes les directions, à la pointe du jour; il y a vraiment de quoi mettre en liesse le cœur de tout bon chasseur. En quittant la maison, John gravit la colline située à l'arrière; son poney posait avec soin ses pieds parmi les pierres et Pontac fourrageait en avant, à une distance de deux ou trois cents mètres, car, dans ces contrées, il est nécessaire d'avoir des chiens qui battent volontiers le pays. Bientôt John le vit s'arrêter sous un mimosa épineux et devenir aussi raide que s'il eût été pétrifié; le maître s'approcha; Pontac resta quelques secondes immobile, puis tourna lentement la tête comme si elle eût été mue par un ressort, pour voir si John s'approchait. Celui-ci connaissait ses façons d'agir; trois fois ce remarquable vieux chien tournerait ainsi la tête, puis, si le fusil n'était pas à portée, il courrait certainement au buisson et ferait lever les oiseaux; c'était une règle à laquelle il ne manquait jamais, car sa patience avait des limites. Elles n'étaient pas franchies, lorsque John arriva et, sautant à bas du poney, arma son fusil et monta lentement, rempli d'un doux espoir. Le chien se rapprochait, l'œil froid et fixe, la salive aux lèvres, la tête et la face empreintes d'une expression extraordinaire de férocité instinctive, tendues en avant autant qu'il était possible.

Il était juste sous le buisson de mimosa et jusqu'au ventre dans l'herbe rouge et chaude; où pouvaient être les oiseaux? Whirr! On eût dit qu'un obus emplumé venait d'éclater à ses pieds. Quelle compagnie! Douze couples au moins! et tous avaient été couchés bec à bec, dans un espace pas plus grand qu'une roue de charrette! Le coup partit, hélas! un peu plus tôt qu'il n'eût fallu! Manqué! Vite, le second coup; même résultat! Jetons un voile sur les exclamations profanes qui suivirent. Un instant après tout était fini, et John et Pontac se regardaient avec autant de dédain que de colère.

« C'est ta faute, brute! s'écria John. J'ai cru que tu allais pénétrer dans le buisson et tu m'as fait aller trop vite.

— Abominable tireur! disaient les yeux de Pontac. A quoi bon arrêter pour vous? Il y a de quoi dégoûter un bon chien! »

La compagnie, ou plutôt la collection de vieux perdreaux, car cette espèce se réunit ainsi, un peu avant la saison des couvées, s'était dispersée de toute part et Pontac ne fut pas long à en retrouver quelques-uns; cette fois John fut plus heureux.

Quatre fois Pontac tomba en arrêt; chaque fois, un oiseau tomba. Deux couples sans avancer d'un mètre!

La vie a des joies pour tous les hommes; mais en a-t-elle de comparable à celle du chasseur qui vient d'abattre une demi-douzaine de perdreaux, ou quelques faisans, ou mieux encore, une couple de coqs de bruyère. Et c'est une joie qui dure, que rien n'altère, aussi longtemps que le chasseur peut épauler son fusil et poursuivre son gibier.

Ainsi pensait John Niel, en contemplant ses beaux perdreaux, avant de les transférer dans sa carnassière. Mais sa bonne chance ne devait pas s'arrêter là, car à peine avait-il atteint le plateau d'environ cinq cents arpents, qui formait le faîte de la colline, qu'il aperçut, à une distance de cent cinquante mètres, le long cou et la tête étrange d'une grande outarde.

On sait qu'il est inutile d'essayer d'approcher une outarde en droite ligne. Il faut, pour exciter sa curiosité et fixer son attention, décrire autour d'elle un cercle de plus en plus étroit. Mettant son poney au petit galop, John se livra, le cœur battant, à cet exercice. L'outarde disparut sous la touffe d'herbe d'où elle avait émergé. Le dernier cercle décrit par John l'amena à soixante-dix mètres environ de l'oiseau; il n'osa pas courir de nouveaux risques, sauta de son cheval, courut le plus vite qu'il put vers sa proie et tira ses deux coups; l'oiseau tomba. Alors l'imprudent chasseur se précipita vers lui, sans recharger son fusil. Déjà il avançait la main pour saisir sa victime, lorsque tout à coup les grandes ailes s'étendirent et reprirent leur vol. John, d'abord désespéré, le vit se poser à deux cents mètres. Il courut à son cheval et se mit à la poursuite du fugitif; enfin il le tint à portée de son fusil, tira et le roi des oiseaux tomba pour ne plus se relever. A ce jeu, John traversa tout le plateau et arriva au bord de l'abîme le plus extraordinaire qu'il eût jamais vu.

On l'appelait la Gorge aux Lions, parce que trois lions y avaient été un jour enfermés et tués par une compagnie de Boers. Cette gorge était longue d'un demi-mille, large de six cents pieds, et sa profondeur variait de vingt à soixante mètres. Elle devait évidemment son origine à l'action des eaux, car au sommet, juste à la droite de John Niel, un petit ruisseau, issu de sources cachées sur le sommet de la colline, tombait de couche en couche, formant une série de petits lacs, clairs comme le cristal, et de cascades en miniature, jusqu'à ce qu'enfin il atteignît le fond du gouffre et suivît son cours, à demi caché sous les ombelles du mimosa et autres buissons épineux, pour aboutir aux plaines voisines. Sans aucun doute ce petit ruisseau était le père du gouffre qu'il descendait, mais combien de siècles lui avait-il fallu, pensait John Niel, pour produire un résultat si formidable ; pour saturer d'abord le sol amoncelé sur et entre les rochers ; pour emporter ensuite, à l'aide des pluies et des neiges fondues, ce sol détaché, et enfin pour donner aux débris leur relief actuel et compléter l'œuvre colossale ? Que de siècles ! que de siècles !

La brèche n'était pas fendue d'un seul trait. Tout le long de ses parois et çà et là, au fond, se dressaient de puissantes colonnes de roches, non pas d'un seul bloc, mais formées de grosses roches arrondies, superposées comme une sorte de maçonnerie ; on eût dit que les Titans d'un âge disparu les avaient élevées, se fiant au poids écrasant de chacune d'elles pour maintenir les autres, lors même que l'ouragan mugissait le long de la gorge et venait essayer ses forces contre elles. A cent pas environ de l'extrémité la plus proche, s'élevait, à une hauteur de quatre-vingt-dix pieds au moins, le plus remarquable de ces piliers puissants; il était formé de sept énormes roches, la plus énorme à la base, grosse comme un cottage de dimensions ordinaires, et la plus petite, au sommet, mesurant environ dix pieds de diamètre. La main de la nature avait posé ces roches arrondies par l'action des eaux, comme d'immenses boulets, de sorte qu'elles se maintenaient réciproquement à leur place. Mais il n'en avait pas toujours été ainsi; près de ce pilier si parfait, un autre s'était écroulé et, à l'exception des deux roches de la base, toutes les autres étaient éparpillées sur le sol, ressemblant à de monstrueux boulets de canon pétrifiés. L'une d'elles s'était brisée en deux morceaux et sur l'un de ces fragments John aperçut Jess, assise, occupée en apparence à dessiner et paraissant toute petite au fond du vaste abîme. Il mit pied à terre, examina le terrain autour de lui et découvrit que l'on pouvait descendre en suivant le cours du ruisseau, et en s'aidant des marches naturelles qu'il avait peu à peu creusées dans le roc. Jetant les rênes sur la tête du poney et le laissant, en compagnie de Pontac, reconnaître les lieux, comme les poneys d'Afrique sont habitués à le faire, John déposa son fusil et son carnier et commença la descente; il s'arrêtait de temps à autre, pour admirer ce paysage grandiose et examiner les innombrables variétés de mousses et de fougères qui se suspendaient à toutes les roches, dans toutes les anfractuosités où l'eau et l'écume des cascades leur apportaient une nourriture suffisante. En approchant du fond de la gorge, il vit que sur les bords du ruisseau, partout où le sol était humide, croissaient des milliers de lis arum alors en pleine floraison; il les avait bien aperçus d'en haut, mais ils semblaient si petits, qu'il les avait pris pour des immortelles ou des anémones. En ce moment Jess était cachée par un buisson qui croît au bord des ruisseaux, dans l'Afrique australe, et se couvre, à certaines saisons, d'une profusion de fleurs du plus brillant écarlate. John marchait sans bruit sur l'herbe épaisse, et, lorsqu'il eut contourné le splendide buisson, il vit que Jess ne l'avait pas entendu, car elle dormait. Elle avait ôté son chapeau; sa tête reposait sur sa main. Un rayon de lumière, se jouant à travers le buisson, tombait sur ses boucles brunes et jetait des ombres chaudes sur son visage pâle, son poignet délicat et sa main blanche. John, debout en face d'elle, la regarda et de nouveau il se sentit pris de curiosité et du désir de comprendre cette énigme vivante. Plus d'un avant lui a été victime d'un désir semblable et a vécu pour regretter d'y avoir succombé.

Il n'est pas bon d'essayer de soulever le voile de l'inconnu. Le savoir vient assez vite; combien diront qu'il leur est venu trop tôt et les a laissés désolés! Il n'est pas d'amertume semblable à celle de l'expérience! Ainsi s'écriait le grand Koholeth; ainsi s'est souvent écrié le fils de l'homme qui a suivi la même voie! Ne cherche pas les mystères, ô fils de l'homme! Comprends celle qui se laisse pénétrer; quant aux autres, évite-les, de peur que ton sort ne soit celui d'Ève et de Lucifer, Étoile du matin. Car il est, ci et là, tel cœur humain dont il n'est pas sage de soulever le voile, tel cœur dans lequel sommeillent bien des choses, comme sommeillent les rêves non rêvés encore, dans le cerveau du dormeur. N'écarte pas le voile, ne murmure pas le mot de vie dans le silence où dorment toutes choses, de peur que par ce souffle qui allume l'amour et la douleur, ne s'élèvent des ombres indécises qui prennent forme et t'épouvantent. Une minute à peine s'était écoulée, quand subitement Jess tressaillit, ouvrit ses grands yeux encore chargés d'ombre et regarda John.

« Oh ! dit-elle, avec un léger frémissement, est-ce vous, ou mon rêve?

— N'ayez pas peur, répondit-il gaiement, c'est bien moi, en chair et en os. »

Elle se couvrit un instant le visage de la main et, lorsqu'elle la retira, il remarqua qu'en ce seul instant, ses yeux avaient changé d'une manière surprenante. Ils étaient grands et beaux comme toujours, mais ils avaient changé. Tout à l'heure on eût dit que, par eux, l'âme elle-même regardait. Peut-être n'était-ce que l'effet de la dilatation des pupilles par le sommeil ?

« Votre rêve ? Quel rêve ? demanda John en riant.

— Peu importe, dit-elle, avec un calme étrange qui excita plus que jamais sa curiosité. Les rêves ne sont que folies ! »

CHAPITRE VI

L'ORAGE ÉCLATE

« Savez-vous que vous êtes une très singulière personne, miss Jess, reprit bientôt John, en souriant ; je ne crois pas que vous ayez l'âme heureuse. »

Elle leva les yeux.

« L'âme heureuse ! dit-elle ; qui peut l'avoir ? Pas ceux qui sentent, assurément. En supposant que l'on fasse abstraction de soi-même, de ses petits intérêts, de ses joies et de ses souffrances, comment peut-on être heureux, en face de la misère humaine et de la grande marée de peine et de douleur qui s'avance à vos pieds ? On peut être en sûreté sur quelque roc, jusqu'à ce que le grand flot de l'ouragan d'équinoxe vous emporte, ou vous laisse surnager, mais on ne peut, si l'on a un cœur, rester impassible.

— Ainsi, les indifférents seuls sont heureux?

— Oui, les indifférents et les égoïstes, ce qui du reste est la même chose, l'indifférence étant la perfection de l'égoïsme.

— Je crains bien, alors, qu'il n'y ait beaucoup d'égoïsme en ce monde, car il y a beaucoup de bonheur, en dépit du mal. J'aurais cru que le bonheur venait plutôt d'un bon cœur et d'un bon estomac. »

Jess secoua la tête et reprit :

« Je peux avoir tort, mais je ne comprends pas que l'on puisse être heureux dans un monde de maladie, de douleur, de massacre et de mort. J'ai vu mourir, hier, une pauvre femme cafre. Elle était pauvre et sa destinée était dure, mais elle aimait sa vie et ses enfants l'aimaient. Qui peut être heureux et remercier Dieu, quand on vient de voir un tel spectacle? Mais, Capitaine, mes idées sont très rudimentaires et peut-être coupables, et bien d'autres les ont eues avant moi; aussi n'ai-je pas l'intention de vous les infliger. A quoi bon? ajouta-t-elle, en riant. Les mêmes pensées passent par les mêmes cerveaux humains, de siècle en siècle, comme les mêmes nuages flottent dans le même ciel bleu; les uns et les autres finissent en eau ou par des larmes, s'élèvent à nouveau en un brouillard qui aveugle, et tel est le résumé, le commencement et la fin des nuages et des larmes!

— Ainsi, dit John, vous ne croyez pas que l'on puisse être heureux en ce monde?

— Je n'ai pas dit cela! Je ne l'ai jamais dit. Je crois à la possibilité du bonheur. Il est possible, si l'on peut aimer quelqu'un de telle sorte que l'on s'oublie soi-même et qu'on oublie tout pour cette personne; il est possible, si l'on peut se sacrifier pour les autres. Il n'est pas de vrai bonheur en dehors de l'amour et du sacrifice, c'est-à-dire en dehors de l'amour, car l'un renferme l'autre. Cela seul est de l'or; le reste n'est que doré.

— Comment savez-vous cela? demanda-t-il vivement; vous n'avez jamais aimé?

— Non; pas comme vous l'entendez; mais tout le bonheur que j'ai eu dans ma vie, je l'ai dû à mes affections. Je crois que l'amour est le secret du monde; il est comme la pierre philosophale que l'on cherchait autrefois et presque aussi difficile à trouver. Peut-être, quand les anges ont quitté la terre, nous ont-ils laissé l'amour, afin que, par lui, nous pussions remonter vers eux. C'est la seule chose qui nous élève au-dessus de la brute; sans lui, l'homme n'est qu'un animal; par lui, l'homme se rapproche de Dieu; quand tout le reste disparaît, il survit, parce qu'il est immortel. Seulement, il faut que cet amour soit *vrai*; vous me comprenez?... Il faut qu'il soit vrai! »

John avait vaincu la réserve de la jeune fille. Sa froideur apparente se fondait à la chaleur de sa parole; son visage, d'ordinaire si impassible, reflétait la lumière et la vie de ses yeux et devenait beau, d'une beauté toute personnelle.

En la regardant parler, John commençait à comprendre l'intensité et la profondeur de cette curieuse nature, livrée à elle-même, sans guide et sans règle. Ses yeux l'émurent étrangement, bien que son âge à lui le garantît contre les effets foudroyants des regards d'une jolie femme. Il s'avança vers elle, avec curiosité.

« Être aimé ainsi! Cela vaudrait la peine de vivre », dit-il à mi-voix, se parlant plutôt à lui-même qu'il ne s'adressait à Jess.

Elle ne répondit pas, mais laissa son regard se poser sur celui de John Niel, et dans ce regard elle mit toute son âme; John se sentit comme magnétisé. Quant à Jess, elle comprit à ce moment que, si elle le voulait, elle pourrait s'emparer du cœur de cet homme et le conserver envers et contre tous, car sa nature morale était plus forte que celle de Niel. Elle sentit tout cela en un instant, inconsciemment, mais aussi sûrement qu'elle voyait le ciel bleu au-dessus de sa tête; et lui, en ce moment, le comprit aussi. Ce fut pour elle un grand choc, une révélation, l'annonce de grandes joies ou de grandes douleurs, et tout le reste disparut. Tout à coup, elle baissa les yeux.

« Je crois, reprit-elle avec calme, que nous avons dit des choses absurdes, et je voudrais finir mon esquisse. »

John se leva et la quitta; ses occupations l'appelaient à la maison; il dit, au moment de s'éloigner, qu'il craignait un orage, car le vent était tombé subitement, comme d'habitude, en Afrique, avant la tempête, et l'atmosphère était extraordinairement lourde.

Quand Jess se retourna un instant après, elle le vit qui remontait lentement, le long du précipice, vers le plateau.

L'après-midi était splendide dans sa tranquillité extrême, ainsi qu'il arrive souvent au printemps, dans ces contrées.

Partout la vie s'éveillait. L'hiver était bien fini, et, de sa triste stérilité, s'élançait le jeune été revêtu de soleil et parfumé de fleurs, sur lesquelles brillaient les diamants de la rosée. Jess s'étendit et regarda les profondeurs bleues, au-dessus d'elle. Qu'elles étaient bleues et infinies! Elle ne pouvait apercevoir les nuages menaçants, qui reposaient comme un présage, à l'horizon. Là-haut, bien haut, un point noir tournoyait; c'était un vautour qui la guettait et descendait pour s'assurer si elle était morte, ou seulement endormie.

Involontairement elle frissonna. L'oiseau de mort lui rappela la mort elle-même, toujours suspendue dans l'éther bleu et attendant l'occasion de fondre sur le dormeur. Puis ses yeux tombèrent sur une branche du merveilleux buisson fleuri, sous lequel elle était étendue, si immobile, qu'un papillon aux couleurs de pierreries vint voltiger sur les fleurs, passant de l'une à l'autre comme un éclair multicoloré. Son regard se porta ensuite sur la grande colonne de roches qui s'élançait au-dessus d'elle, semblant dire : « Je suis très vieille ; j'ai vu bien des printemps, bien des hivers et bien des jeunes filles qui dormaient ; où sont-elles maintenant? Toutes mortes, toutes mortes! Et un vieux babouin, caché dans les roches, sembla répéter dans son cri soudain : « Toutes mortes, toutes mortes! »

Autour d'elle étaient les lis épanouis et le printemps dans sa vigueur ; l'air était chargé de parfums ; l'eau chantait en jaillissant et retombant ; le soleil jetait ses barres d'or au milieu des ombres, comme des promesses de jours heureux sur le fond gris de la vie ; les innombrables ramiers des roches préparaient leurs nids et rompaient le silence par leur roucoulement et le frémissement de leurs ailes. Le vieil aigle lui-même, perché tout là-haut, sur une pointe de rocher, lissait son plumage d'un air satisfait, sachant que sa femelle avait déposé un œuf dans le creux sombre de la pierre. Tout se réjouissait et chantait le retour du printemps, de la saison d'aimer. Bientôt l'hiver reviendrait, l'hiver mortel, et, l'été suivant, d'autres choses vivraient sous le soleil et celles d'aujourd'hui seraient peut-être oubliées.

Et Jess écoutait et son jeune sang, attiré par la force magnétique de la nature, gonflait ses veines comme la sève dans les arbres qui bourgeonnent, et agitait sa sérénité virginale. Tout son être physique chantait à l'unisson, avec la grande et joyeuse nature qui l'invitait à briser ses liens, à vivre et à aimer, à être femme! Et voilà que son esprit répondit, ouvrit toutes grandes les portes de son cœur, et quelque chose y pénétra, qui était partie d'elle-même et cependant avait sa vie propre, sa vie distincte; quelque chose qui surgissait d'elle et d'un autre et qui désormais serait toujours en elle et ne pourrait plus mourir.

Elle se leva pâle et tremblant comme tremble une femme, au premier mouvement de l'enfant qu'elle porte, se retint au buisson et retomba, sentant que l'ange de sa première vie de jeune fille l'avait quittée et qu'un autre avait pris sa place; il lui fut révélé qu'elle aimait de tout son être et qu'elle était femme!

Elle avait appelé l'amour, comme les désespérés appellent la mort et l'amour était venu dans toute sa force et s'était emparé d'elle; et maintenant elle avait peur; mais la crainte ne dura qu'un instant et la grande joie, cette conscience de sa force et de sa personnalité que la vraie passion donne à certaines natures profondes, lui resta seule. Elle sentit qu'une femme nouvelle était née en elle. Au lieu de partir, comme elle y avait pensé, elle resta étendue, les yeux clos, s'enivrant de cette liqueur inconnue et délicieuse, et si absorbée, qu'elle ne s'aperçut pas que les oiseaux se taisaient et que l'aigle était allé chercher un abri; elle ne se rendit pas compte du silence absolu, solennel, qui avait succédé à toutes les voix joyeuses et qui annonçait la tempête prochaine.

Enfin elle se leva pour partir et, par un instinct bien naturel, se tourna vers l'endroit où son bonheur était venu la trouver, pour le revoir une fois encore, mais elle retomba avec un léger cri. Qu'étaient devenus la lumière, le rayonnement et la vie heureuse qui l'enveloppaient tout à l'heure? Disparus! Et à leur place l'obscurité, le brouillard, des ombres menaçantes. Pendant qu'elle songeait, le soleil était descendu derrière la colline, laissant la nuit se faire dans la gorge; les lourds nuages d'orage avaient couvert le ciel bleu et intercepté la lumière. Un vent sinistre vint s'engouffrer dans le défilé, de larges gouttes de pluie tombèrent une à une, l'éclair brilla capricieusement dans le sein d'un nuage qui s'avançait. L'orage que John redoutait était au-dessus de Jess.

Le calme était effrayant. Jess, tout à fait revenue à elle, savait ce qui l'attendait; elle saisit ses ustensiles de dessin et se réfugia promptement au fond d'une petite grotte creusée par l'eau dans le rocher. Aussitôt, avec un courant d'air glacé, la tempête éclata. La pluie tomba comme un rideau; les éclairs se succédèrent presque sans interruption, dans l'atmosphère chargée de vapeurs; les grondements du tonnerre se répercutèrent effroyables dans les anfractuosités des rochers. Puis vint un instant de silence, suivi d'un éclair aveuglant, et, en même temps, l'un des piliers qui s'élevaient à la gauche de Jess, oscilla comme un peuplier au vent et s'écroula avec un fracas qui couvrit presque celui de la foudre et les cris des babouins affolés de terreur.

Il s'effondra, frappé par l'épée flamboyante, le brave vieux pilier qui avait résisté pendant tant de siècles, faisant jaillir un nuage de poussière et de débris et jetant l'effroi dans le cœur de la jeune fille témoin de sa chute.

L'orage s'éloigna aussi rapidement qu'il était venu, et une pluie fine et grise se mit à tomber,

Jess, effrayée, mouillée jusqu'aux os, parvint à gravir les degrés naturels que l'obscurité et la chute des eaux rendaient presque impraticables; puis elle traversa le plateau détrempé, descendit le sentier rocailleux, longea le petit cimetière où reposait un étranger mort à Belle-Fontaine et atteignit enfin l'habitation, au moment où la nuit l'enveloppait comme d'un nuage. Son oncle l'attendait, une lanterne à la main, à la porte de derrière.

« Est-ce vous, Jess? » cria-t-il de sa voix de stentor. « Seigneur! dans quel état! » ajouta-t-il, lorsqu'elle surgit de l'obscurité, sa robe ruisselante, collée à son corps frêle, ses mains ensanglantées par les roches, sa chevelure défaite lui couvrant les épaules et une partie du visage.

« Seigneur! dans quel état! répéta le vieillard. Mais, où avez-vous été, Jess? Le capitaine est allé vous chercher avec les Cafres.

— J'étais allée dessiner à la Gorge aux Lions et j'ai été surprise par l'orage. Laissez-moi passer, mon oncle; j'ai hâte de changer de vêtements. La nuit est froide. »

Sur ce, Jess se sauva dans sa chambre, laissant sur le parquet une longue traînée d'eau. Le vieux Croft rentra, ferma la porte et éteignit la lanterne.

« A quoi donc me fait-elle penser? » murmura-t-il, en tâtonnant dans le corridor, pour se rendre au salon. « Ah! je sais! Elle me rappelle le soir où elle est arrivée ici, tenant Bessie par la main. Comment a-t-elle fait pour ne pas voir venir l'orage? Elle doit connaître le climat depuis le temps qu'elle est ici. Elle aura rêvé, rêvé! Quelle singulière femme que Jess! »

Il ne savait pas combien il disait vrai et frappait juste. Certes, Jess avait rêvé et, non moins certainement, c'était une étrange femme.

Elle se hâtait, pendant ce temps, de quitter ses vêtements mouillés et de faire disparaître les traces de sa lutte avec les éléments. Mais de l'autre lutte qu'elle avait soutenue, elle ne pouvait effacer les effets. Ainsi que l'amour qui en était né, ils dureraient autant que sa vie. C'était son ancien moi qu'elle avait dépouillé et qui gisait là-bas, comme les vêtements jetés à ses pieds. Tout cela était bien étrange! Ainsi donc, *il* était parti à sa recherche et ne l'avait pas trouvée? Elle était heureuse qu'il y fût allé, heureuse de penser qu'il la cherchait et l'appelait dans la nuit. Il reviendrait tout à l'heure, quand elle serait prête à le recevoir, et elle se réjouissait de ce qu'il ne l'eût pas vue mouillée, échevelée, couverte de boue. Cela aurait pu le détourner d'elle. Les hommes aiment à voir les femmes propres, parées et jolies.

Ceci lui suggéra une idée. Elle alla vers son miroir, éleva la lumière au-dessus de sa tête et examina attentivement son visage. Elle avait aussi peu de vanité qu'une femme peut en avoir et jamais, jusque-là, elle ne s'était beaucoup préoccupée de sa personne. C'était peu important dans le district de Wakkerstroom au Transvaal. Mais, tout à coup, elle changea d'avis; cela devenait très important; elle contempla donc ses yeux merveilleux, la masse de ses boucles brunes, encore humides et luisantes de pluie, sa pâleur étrange et sa bouche au dessin net et ferme.

« Sans mes yeux et mes cheveux, je serais presque laide, se dit-elle tout haut. Si seulement j'étais belle comme Bessie! » Alors, une autre idée surgit. « S'il allait préférer Bessie? Au fait, n'avait-il pas eu de grandes attentions pour Bessie? »

Un sentiment terrible de doute et de jalousie la traversa comme une flèche, car les femmes telles que Jess savent ce qu'est la jalousie, par la douleur qu'elle leur cause. Si tout devait être en vain! Si ce qu'elle avait donné en ce jour, à pleines mains et pour toujours, de telle sorte qu'elle ne pourrait plus le reprendre, était donné à un homme aimant une autre femme, et cette femme, sa sœur si chère? Elle pourrait le maîtriser, le conquérir; elle l'avait lu dans ses yeux, cet après-midi; mais pouvait-elle, après avoir promis à sa mère mourante de chérir et de protéger cette sœur, que jusqu'à ce jour elle avait aimée plus que tout au monde, pouvait-elle, s'il en était ainsi, lui dérober le cœur de celui qui l'aimait? Mais alors, que deviendrait sa vie, à elle! Elle serait comme le grand pilier abattu tout à l'heure par la foudre : un amas de débris. Elle le sentait déjà, et voilà pourquoi elle restait assise sur son petit lit blanc, pressant une main sur son cœur oppressé d'effroi.

Bientôt elle entendit la voix de John.

« Je ne la trouve pas », disait-il avec inquiétude.

Alors elle se leva, prit sa bougie et quitta sa chambre. La lumière tomba en plein sur le visage et les vêtements trempés de John. Il était pâle et anxieux, et elle s'en aperçut avec bonheur.

« Oh! Dieu soit loué! Vous voilà, s'écria-t-il en saisissant la main de Jess. Je commençais à vous croire perdue. Je suis allé jusqu'au fond de la Gorge aux Lions, où j'ai fait une vilaine chute.

— Que vous êtes bon! » dit-elle à voix basse. Et de nouveau leurs regards se rencontrèrent; cette fois encore il tressaillit sous celui de la jeune fille. Il y avait une lueur si merveilleuse dans les yeux de Jess, ce soir-là!

Une demi-heure après, on servit le souper. Bessie ne parut que vers la moitié du repas et resta silencieuse. Jess raconta son aventure; tout le monde écouta.

Il y avait une sorte d'ombre sur la maison, ou peut-être chacun pensait-il à ses propres affaires. Après le souper, le vieux Silas parla de la situation politique du pays qui l'inquiétait. Il croyait, dit-il, que les Boers méditaient une révolte contre le gouvernement. Frank Muller le lui avait dit et il savait toujours ce qui se passait. Cette nouvelle ne contribua pas à relever le moral du petit cercle et la soirée fut silencieuse comme l'avait été le repas. Enfin Bessie se leva, étendit ses beaux bras, déclara qu'elle était fatiguée et qu'elle se retirait.

« Venez dans ma chambre, murmura-t-elle, en passant près de sa sœur; j'ai à vous parler. »

CHAPITRE VII

JEUNE RÊVE D'AMOUR

Quelques instants après, Jess souhaita le bonsoir à son oncle et à John et alla droit à la chambre de Bessie. Celle-ci était assise sur le bord de son lit, enveloppée dans une robe de chambre bleue qui seyait admirablement à son teint délicat; son beau visage exprimait l'abattement. Elle était de celles qui sont facilement abattues et se redressent non moins aisément.

Jess s'approcha d'elle et l'embrassa.

« Qu'y a-t-il, ma chérie? » demanda-t-elle; et nul n'aurait pu deviner l'anxiété cruelle qui la mordait au cœur en ce moment.

« Oh! Jess! que je suis contente que vous soyez venue! J'ai tant besoin de vos conseils! Ou du moins de savoir ce que vous pensez.... » Elle s'arrêta.

« Il faut d'abord me dire de quoi il s'agit, chère Bessie », répondit Jess, s'asseyant en face de sa sœur, de telle manière que son propre visage restât dans l'ombre.

Bessie frappa de son pied nu la natte qui recouvrait le parquet. Il était bien joli, ce pied!

« Eh bien! ma chère bonne, voici la chose en deux mots : Frank Muller m'a demandé de l'épouser!

— Oh! n'est-ce que cela? » s'écria Jess, avec un soupir de soulagement. Il lui semblait qu'on venait de lui enlever un poids énorme, qui lui écrasait le cœur.

« Il voulait mon consentement et, quand je le lui ai refusé, il s'est conduit comme..., comme....

— Comme un Boer? suggéra Jess.

— Comme une brute! s'écria Bessie.

— Ainsi, vous n'aimez pas Frank Muller?

— Il m'est odieux! Vous ne savez pas à quel point je le hais, avec son beau et mauvais visage et ses yeux cruels. Oh! maintenant, je le hais plus que jamais. Mais je vais vous conter comment cela s'est passé. »

Et, en vraie femme, elle le fit avec de nombreux commentaires et parenthèses.

Jess attendit immobile qu'elle eût fini.

« Eh bien! chérie, reprit-elle, vous n'épouserez pas Frank Muller, donc tout est dit. Vous ne pouvez pas le détester plus que moi. Je le surveille depuis plusieurs années, poursuivit-elle avec colère, et je vous affirme que Frank Muller est un menteur et un traître. Cet homme trahirait son propre père, s'il y trouvait son intérêt. Il hait mon oncle, j'en suis certaine, quoiqu'il prétende l'aimer fidèlement. Je suis sûre qu'il a essayé bien des fois de soulever les Boers contre lui. Pendant la guerre de Sikukuni, ce fut Frank Muller qui fit réquisitionner les deux plus beaux chariots de mon oncle, avec leurs attelages, tandis que lui fournissait seulement deux sacs de farine. C'est un mauvais homme et un homme dangereux, Bessie, mais il a plus de cervelle et d'influence qu'aucun autre dans le Transvaal et, si vous n'êtes pas très prudente vis-à-vis de lui, il se vengera sur nous tous.

— Mais maintenant que le pays est anglais, répliqua Bessie, il ne peut pas faire grand'chose.

— Je n'en suis pas si sûre. Je ne suis pas du tout certaine que le pays restera anglais. Vous vous moquez de moi, parce que je lis les journaux d'Angleterre, mais j'y vois bien des choses qui me font douter. Le pouvoir n'est plus aux mains du même parti et qui sait ce que feront les nouveaux ministres? Vous avez entendu ce qu'a dit mon oncle ce soir. On pourrait bien nous abandonner aux Boers. N'oubliez pas que les colons, au loin, sont les pions avec lesquels ces gens-là jouent leur jeu.

— Allons donc! s'écria Bessie indignée; les Anglais ne sont pas ainsi; quand ils disent une chose, ils n'en démordent pas.

— Autrefois peut-être », répondit Jess, en se levant pour se retirer.

Bessie agita ses pieds blancs l'un sur l'autre.

« Attendez un instant, chère Jess, reprit-elle. J'ai encore quelque chose à vous dire. »

Jess se rassit, ou plutôt retomba sur son siège et, si pâle qu'elle fût, pâlit encore. Bessie, au contraire, de rose qu'elle était, devint rouge.

« Il s'agit du capitaine Niel, dit-elle enfin.

— Ah! » fit Jess, avec un petit rire faux, et sa voix sonna étrange et froide à ses propres oreilles. « A-t-il suivi l'exemple de Frank Muller? Vous a-t-il fait une déclaration, lui aussi?

— Non,... non,... mais.... » Bessie se leva et, s'asseyant sur un tabouret aux pieds de sa sœur, posa son front sur ses genoux. « Non, mais je l'aime, Jess, et *je crois* qu'il m'aime aussi. Ce matin il m'a dit que j'étais la plus jolie femme qu'il eût vue et la plus charmante, et savez-vous », ajouta-t-elle, en levant la tête et souriant d'un sourire joyeux, « je crois qu'il le pense.

— Plaisantez-vous, Bessie, ou êtes-vous sérieuse?

— Sérieuse! Certes, je le suis, et je n'ai pas honte de le dire. Je commençai à l'aimer quand il tua l'autruche qui s'acharnait sur moi. Il paraissait si fort et si furieux en se battant contre elle! C'est une belle chose de voir un homme déployer toute sa force. Et puis c'est un vrai gentleman, si différent des hommes que nous voyons ici! Oh, oui! Je l'ai aimé de suite et chaque jour davantage, et je crois que s'il ne veut pas m'épouser, mon cœur se brisera. Voilà toute la vérité, chère Jess. » Et sa belle tête dorée s'inclina de nouveau et ses larmes coulèrent doucement.

Quant à Jess, elle restait là sur la chaise, sa main pendant inerte à son côté, son visage pâle aussi fermé, aussi impassible que celui d'un sphinx d'Égypte, ses grands yeux regardant au loin, à travers les vitres contre lesquelles battait la pluie, au loin, dans la nuit et la tempête. Elle pouvait entendre, voir et sentir et cependant il lui semblait qu'elle était *morte*. La foudre avait frappé son âme, comme tantôt elle avait frappé le pilier de rochers dans la Gorge aux Lions, et tel était le pilier, telle était son âme! La foudre était tombée si vite! Son espoir et son bonheur avaient duré si peu!

Elle était donc assise comme un sphinx de pierre, tandis que Bessie pleurait devant elle, comme une belle suppliante, et toutes deux formaient un tableau et un contraste tels que celui qui étudie la nature humaine, n'en rencontre pas souvent.

Ce fut la sœur aînée qui parla la première.

« Eh bien! chérie, dit-elle, pourquoi pleurez-vous? Vous aimez le capitaine Niel et vous croyez qu'il vous aime. Il n'y a certainement pas là de quoi pleurer.

— C'est vrai, répondit Bessie plus gaiement, mais je pensais combien ce serait affreux si je le perdais.

— Je ne crois pas que vous ayez rien à craindre,

chérie. Et maintenant laissez-moi aller me reposer; je tombe de fatigue! Bonsoir, ma chère enfant! Que Dieu vous bénisse! Vous avez fait un très bon choix; le capitaine Niel est un homme que toute femme pourrait être fière d'aimer. »

Un instant après elle était dans sa chambre et là son calme l'abandonna, et il ne resta plus que la femme aimante. Elle se jeta sur son lit, enfouit sa tête dans l'oreiller et éclata en sanglots déchirants, bien différents des douces larmes de Bessie. Ce fut une véritable convulsion de désespoir. Elle mordit ses draps, dans la crainte que John Niel ne l'entendît, car leurs chambres étaient voisines. Cette ironie des choses la frappa, même au milieu de sa souffrance.

Séparé d'elle par quelques pouces seulement de lattes et de plâtre, à quelques pieds de distance, se trouvait l'homme pour qui elle se désespérait ainsi, et il l'ignorait aussi complètement que s'il eût été à l'autre bout du monde. John Niel s'endormant tranquille et heureux au souvenir de sa journée, et Jess étendue sur son lit, à dix pieds de lui, épanchant son pauvre cœur en sanglots dont il est la cause, ne sont, après tout, qu'un exemple de ce qui se passe continuellement dans notre étrange monde.

Bientôt John fut endormi, tandis que Jess, le paroxysme de sa douleur enfin apaisé, marchait de long en large, sans interruption, les pieds nus, sans bruit sur le tapis, s'efforçant d'user par le mouvement la première amertume de son chagrin. Oh! que n'avait-elle le pouvoir d'effacer les dernières heures qu'elle venait de vivre! Pourquoi avait-elle vu ce visage qu'elle ne pourrait plus oublier! Non! jamais! Elle se connaissait bien! Son cœur avait parlé une fois pour toutes! Il n'en est pas ainsi chez toutes les femmes, mais, de temps à autre, il se trouve une nature ainsi faite. Les âmes comme celle de cette pauvre jeune fille sont trop profondes, ont reçu une part trop large de l'immutabilité divine, pour s'adapter aux changements des circonstances humaines. Elles n'ont pas de moyen terme; elles mettent toute leur destinée sur un coup de dé; si elles perdent, elles se brisent et leur bonheur disparaît comme un oiseau de passage.

Pourquoi le grand vent soulève-t-il les eaux profondes? Nous l'ignorons; nous savons seulement que seules les choses profondes peuvent être profondément remuées. C'est le tribut payé par la grandeur. La vraie, la grande souffrance est une de ses prérogatives, et, au fond de cette souffrance, elle trouve une joie surhumaine, car tout a ses compensations. Celui qui ressent le contre-coup des douleurs de ce monde, comme il arrive aux hommes vraiment grands et bons, est parfois rempli de joie, lorsqu'un rayon de la volonté divine l'illumine et lui fait comprendre la pensée qui dirige tout. Ce fut la force du Fils de l'homme, dans ses heures les plus sombres. L'Esprit, qui lui faisait mesurer les souffrances et le péché du monde, lui donnait en même temps le pouvoir de voir au delà; et il en est de même pour ceux de ses enfants qui prennent part, si obscurément que ce soit, à sa divinité.

Il en fut ainsi pour Jess, en cette heure d'amer et noir chagrin. Un rayon de consolation pénétra dans son cœur, en même temps qu'apparaissaient les premiers feux de l'aurore. Elle se sacrifierait pour sa sœur; elle l'avait résolu et de là vint ce pâle et froid rayon de bonheur, car il y a du bonheur dans le sacrifice, quoi qu'en disent les sceptiques. Tout d'abord sa nature de femme s'était révoltée. Pourquoi renoncerait-elle au bonheur de sa vie? Ses droits valaient bien ceux de Bessie, et elle savait que sa force morale lutterait victorieusement contre la beauté de sa sœur, si loin que fussent allées les choses; et, en femme jalouse, elle les supposait beaucoup plus avancées qu'elles ne l'étaient réellement. Mais bientôt, pendant cette marche douloureuse, le meilleur de sa nature se révolta et dompta son cœur. Bessie aimait John Niel; or Bessie était plus faible qu'elle, moins faite pour souffrir, et Jess avait promis à sa mère mourante, de travailler au bonheur de Bessie en toutes circonstances et de la protéger par tous les moyens en son pouvoir. C'était un serment sans limites qu'elle avait fait là, n'étant encore qu'une enfant; mais sa conscience n'en était pas moins engagée. En outre elle aimait Bessie de toutes les forces de son cœur, plus, bien plus qu'elle-même. Bessie garderait son bien-aimé et ne saurait jamais à quel prix. Quant à elle! eh bien! elle irait se cacher quelque part, comme le chevreuil blessé, et elle y resterait jusqu'à ce qu'elle guérît ou... mourût.

Avec un petit rire amer, elle brossa ses cheveux au moment où la première lueur d'aurore s'étendait sur la prairie brumeuse; mais cette fois elle n'examina pas son visage; peu lui importait désormais. Ensuite elle se jeta sur son lit, pour dormir d'un sommeil d'épuisement, jusqu'à l'heure où il lui faudrait recommencer la lutte contre la vie et sa douleur nouvelle.

Pauvre Jess! son jeune rêve d'amour n'avait duré que trois heures!

. . . .

« Mon oncle », dit Jess, ce matin même, à Silas Croft qui sortait du *kraal* où il venait de compter ses moutons, « je vais vous demander une faveur.

— Une faveur? Mais, Seigneur! que vous êtes pâle! Il est vrai que vous l'êtes toujours. Eh bien! de quoi s'agit-il?

— Je voudrais aller à Prétoria, par la malle qui part de Wakkerstroom demain, dans l'après-midi, et y passer deux mois avec mon amie de pension, Jane

Neville. Je le lui ai souvent promis et je n'ai jamais tenu ma promesse.

— Est-il possible? s'écria le vieillard. Ma casanière Jess qui veut partir! Et sans Bessie encore! Qu'avez-vous, Jess?

— J'ai besoin d'un changement d'air, mon oncle; je vous l'assure. J'espère que vous ne me refuserez pas?

— Hum! fit-il. Vous voulez partir, voilà ce qu'il y a de certain. Mieux vaut ne pas être trop curieux, quand il s'agit d'une jeune fille. Très bien, chère enfant; partez si vous le désirez, mais vous me manquerez.

— Merci, mon oncle », dit-elle en l'embrassant; et elle le quitta.

Le vieux Croft ôta son grand chapeau de feutre et essuya son front chauve, avec un foulard rouge.

« Cette enfant a quelque chose », dit-il tout haut, paraissant s'adresser à un lézard qui s'avançait prudemment entre les pierres, pour se chauffer au soleil. « Je ne suis pas si borné que j'en ai l'air, et certainement Jess a quelque chose. Elle est plus étrange que jamais. C'est égal, je suis bien aise que ce ne soit pas Bessie. Je ne pourrais pas, à mon âge, me résigner à me séparer de Bessie, pour deux mois! »

CHAPITRE VIII

JESS PART POUR PRÉTORIA

Ce jour-là, pendant le dîner, Jess annonça tout à coup qu'elle irait le lendemain à Prétoria, pour voir Jane Neville.

« Pour voir Jane Neville! » s'écria Bessie, en ouvrant tout grands ses grands yeux bleus. « Mais le mois dernier encore, vous m'avez dit que vous n'aimiez plus Jane, parce qu'elle était devenue trop vulgaire. Vous rappelez-vous, quand elle s'arrêta ici, l'année passée, en allant à Natal et s'écria, en levant au ciel ses mains potelées : « Ah! Jess est *un génie*! C'est un privilège d'être son amie! » Puis elle voulut vous faire réciter du Shakespeare à son lourdaud de frère et vous lui dites que, si elle ne se taisait pas, elle ne jouirait pas longtemps du précieux privilège. Et maintenant vous voulez aller passer deux mois avec elle! En vérité, Jess, vous êtes singulière. Et de plus, ce n'est pas gentil à vous de vouloir nous quitter pour si longtemps. »

A tout ce babillage, Jess ne répondit qu'en répétant sa décision. John aussi fut très surpris et, en outre, fort mécontent. Depuis la veille, depuis sa visite à la Gorge aux Lions, il comprenait mieux pourquoi Jess l'intéressait. Jusque-là, elle avait été pour lui une énigme; maintenant il en avait deviné une partie et n'en désirait que plus vivement de connaître le reste. Peut-être ne comprit-il à quel point elle l'intéressait, qu'en apprenant qu'elle voulait s'éloigner pour longtemps. Il lui sembla subitement que la ferme serait ennuyeuse, quand on ne verrait plus Jess, avec sa physionomie si attachante, la parcourir de son pas silencieux et résolu. Bessie était certainement belle et charmante, mais elle n'avait ni l'intelligence, ni l'originalité de sa sœur, et John Niel était suffisamment au-dessus de la moyenne ordinaire, pour apprécier entièrement l'une et l'autre chez une femme, au lieu de lui en faire un crime. Elle l'intéressait profondément, pour ne pas dire plus, et, en homme qu'il était, il éprouva une grande contrariété, voire de la mauvaise humeur, à l'idée de son départ. Il lui adressa des regards pleins de reproche, et, dans son irritation, renversa le vinaigre sur la nappe; mais elle évita ses regards et ne fit pas attention au vinaigre. Alors, sentant qu'il avait fait ce qu'il pouvait, il s'en alla voir les autruches, après avoir attendu quelques instants, pour s'assurer si Jess sortirait. Elle n'en fit rien et il ne la revit qu'au souper. Bessie lui dit qu'elle préparait ses bagages, mais, comme on ne peut emporter que vingt livres dudit bagage par la malle, il ne fut pas très convaincu.

Au souper, elle fut, s'il était possible, encore plus impassible qu'au dîner. Quand il fut fini, John lui demanda de chanter; elle refusa, déclara qu'elle renonçait au chant pour le moment et persista dans son refus, malgré l'unanimité des remontrances. Les oiseaux ne chantent que pendant la saison des amours et c'est une chose curieuse, une chose qui semble venir à l'appui de la théorie affirmant que les mêmes grands principes régissent toute la nature, que Jess, atteinte par la douleur, dépouillée de l'amour qui l'avait envahie tout entière, ne voulait plus faire usage de ce don divin. Ce n'était sans doute qu'une coïncidence, mais elle était curieuse.

Il fut convenu que, le lendemain, Jess serait conduite à Wakkerstroom, d'où la malle-poste devait partir vers midi. Partirait-elle? C'était une autre question. Un jour ou deux de retard, ce n'est pas une affaire dans le Transvaal.

En conséquence, à huit heures et demie, par une belle matinée, s'avança le chariot recouvert d'une tente, posé sur deux roues massives et attelé de quatre jeunes chevaux pleins de feu, à la tête desquels se tenaient le Hottentot Jantjé et le Zulu Mouti, celui-ci succinctement vêtu d'une *moocha*, de quelques plumes dans sa chevelure laineuse et d'une tabatière en corne, suspendue au lobe de son oreille. John monta le premier, puis Bessie et Jess après elle. Jantjé grimpa derrière; et alors les chevaux, reculant, se cabrant, se précipitant tour à tour, et cherchant à s'enrouler affectueusement autour des orangers, partirent enfin au petit galop; le chariot oscillait d'une manière qui eût épouvanté quiconque n'eût pas connu ce mode de locomotion. John avait grand'peine à maintenir les quatre chevaux à une allure presque régulière, ce qui, joint aux bonds et au fracas du véhicule, rendait toute conversation impossible. Ils arrivèrent en deux heures à Wakkerstroom, située à dix-huit milles de Belle-Fontaine.

Les chevaux furent dételés à l'hôtel. John alla retenir la place de Jess dans la malle-poste et vint ensuite rejoindre les jeunes filles au magasin où elles faisaient leurs emplettes. Quand ceci fut terminé, tous trois rentrèrent à l'hôtel pour y dîner, et, comme ils finissaient, ils entendirent le cor plus énergique qu'harmonieux du Hottentot conducteur de la malle. Bessie venait de quitter la salle et il ne se trouvait plus là qu'un garçon métis.

« Combien de temps pensez-vous être absente, miss Jess? demanda John.

— Environ deux mois, Capitaine.

— Je regrette beaucoup que vous partiez, ajouta-t-il, d'un ton convaincu. La ferme sera triste sans vous.

— Vous causerez avec Bessie », répondit-elle, le visage tourné vers la fenêtre et affectant de regarder avec intérêt l'attelage de la malle-poste dans la cour. Puis tout à coup :

« Capitaine, dit-elle.

— Plait-il?

— Veillez sur Bessie quand je serai loin. Écoutez; je vais vous dire quelque chose. Vous connaissez Frank Muller?

— Oui, je le connais; c'est un individu bien déplaisant.

— Eh bien! il a menacé Bessie l'autre jour et il est très capable de mettre sa menace à exécution. Je ne peux vous en dire plus long, mais je désire que vous me promettiez de protéger Bessie, si l'occasion s'en présente. Voulez-vous me le promettre?

— Assurément. Je ferais bien plus pour vous, si vous me le demandiez, Jess », ajouta-t-il tendrement, car maintenant qu'elle partait, il se sentait étrangement attiré vers elle et désirait le lui laisser voir.

« Ne vous occupez pas de moi », dit-elle, avec un petit mouvement d'impatience. « Bessie est assez charmante pour être protégée pour elle-même, ce me semble. »

Avant qu'il pût ajouter un mot, Bessie rentra, leur dit que le conducteur était prêt et tous trois sortirent.

« N'oubliez pas votre promesse », murmura Jess à l'oreille de John, s'inclinant vers lui pendant qu'il l'aidait à monter, si près que ses lèvres le touchaient presque et qu'il sentit sur son visage l'haleine de la jeune fille, comme l'ombre d'un baiser.

Un instant après, les deux sœurs s'étaient embrassées tendrement; le conducteur avait fait de nouveau retentir son affreux bugle et la malle partait au grand galop, emportant Jess, deux autres voyageurs et les dépêches de Sa Majesté! John et Bessie suivirent quelques moments des yeux les soubresauts désordonnés du véhicule, dans la longue rue qui conduisait aux grandes plaines, puis ils rentrèrent à l'auberge pour se préparer à repartir. Comme ils y arrivaient, un vieux Boer, nommé Hans Coetzee, que John connaissait déjà un peu, les aborda et leur souhaita le bonjour, en leur tendant une main énorme. Hans Coetzee était un excellent spécimen du Boer respectable et se rapprochait réellement du type idéal que l'on prête si souvent à ce peuple simple et pastoral. Très grand et très fort, il avait un beau visage ouvert et de bons yeux. John le mesura du regard et estima son poids à plus de cent kilos !

« Comment vous portez-vous, Capitaine? » dit-il en anglais, car il parlait bien cette langue, « et que pensez-vous du Transvaal? Ne l'appelons pas : république de l'Afrique australe ; c'est haute trahison maintenant, ajouta-t-il, avec un clignement d'yeux.

— J'aime beaucoup le Transvaal, Meinheer.

— Ah ! c'est un beau pays, surtout de ce côté. Pas d'épidémie sur les chevaux, ni sur les moutons; de beaux pâturages pour le bétail. Vous devez vous trouver fort bien chez l'oncle Croft. C'est la meilleure maison du pays, avec ses autruches et le reste. Non que je tienne pour les autruches dans ces parages. Elles font très bien dans l'ancienne colonie, mais ici elles ne se reproduisent pas autant qu'il faudrait. J'en ai essayé et je sais ce que je dis.

— Oui, c'est un beau pays, Meinheer; j'ai parcouru le monde presque entier et je n'en ai pas vu de plus beau.

— En vérité? Que c'est beau d'avoir voyagé, Dieu tout-puissant ! Ce n'est pas que je désire voyager moi-même. Je crois que le Seigneur préfère nous voir rester dans l'endroit pour lequel il nous a faits. Oui, je le répète, c'est un beau pays et (baissant la voix) plus beau, selon moi, qu'autrefois.

— Vous voulez dire que le pays a été cultivé, Meinheer?

— Non, non, je veux dire qu'il est anglais à présent, répondit-il mystérieusement, et quoique je n'ose pas dire cela parmi mes compatriotes, j'espère qu'il restera anglais. Quand j'étais républicain, j'étais républicain, et elle avait du bon la république, mais maintenant que je suis Anglais, je suis Anglais. Je sais que le gouvernement anglais signifie : bon argent et sécurité, et si nous n'avons plus d'assemblée, peu importe. Dieu tout-puissant! Comme on parlait ici! Clack! clack! clack! Comme de vieilles outardes au coucher du soleil! Et où menaient-ils la république, Burgers et ses damnés Hollandais? Dans un fossé de tourbe où elle serait encore, si le vieux Shepstone (ah! quelle langue a cet homme et comme il aime les petits enfants!) n'était venu l'en retirer. Mais voyez-vous, Capitaine, les gens d'ici ne pensent pas comme moi. Et c'est : le maudit gouvernement anglais par-ci et le maudit gouvernement par-là, et des meetings et des discours! Les imbéciles sautent les uns après les autres comme des moutons. Voyez-vous, Capitaine, on se battra bientôt et notre peuple tirera sur les pauvres *jaquettes rouges* comme sur des chevreuils, et reprendra le pays. J'en pleurerais volontiers, quand j'y pense. »

John sourit à ce triste pronostic et s'apprêtait à démontrer que tous les Boers du Transvaal feraient une assez pauvre figure devant quelques régiments anglais, lorsqu'il s'arrêta, stupéfait du changement d'attitude de son compagnon. Posant son énorme main sur l'épaule du capitaine, Coetzee éclata d'un rire forcé, dont la cause n'était autre que la présence de Frank Muller à cinq mètres environ. Venu à Wakkerstroom avec un chariot de blé qu'il apportait au moulin, il semblait absorbé par la chasse aux mouches, au moyen de son fouet fait d'une queue de buffle, mais, en réalité, il écoutait de toutes ses oreilles les paroles de Coetzee.

« Ah! ah! *nef* (neveu), dit le vieux Coetzee à John abasourdi, ce n'est pas étonnant que vous aimiez Belle-Fontaine. Il n'y a pas que l'eau qui soit belle là-bas. Combien de fois par semaine prolongez-vous la veillée avec la jolie nièce du vieux Croft? Eh! je ne suis pas encore aveugle. Je l'ai vue rougir quand vous lui avez parlé, tout à l'heure, je l'ai vue. Au fait, le jeu est charmant pour un jeune homme, n'est-ce pas, ne/ Frank? (Ceci s'adressait à Muller.) Je parie que le capitaine brûle une longue chandelle tous les soirs, avec la jolie Bessie. Hein, Frank? J'espère que vous n'êtes pas jaloux? Ma femme m'a dit, il y a quelque temps, que vous tourniez les yeux de ce côté? »

Il s'arrêta enfin, hors d'haleine, et regarda Muller avec inquiétude, attendant une réponse, tandis que John, paralysé par ce flux de paroles, poussait un soupir de soulagement. Quant à Muller, son attitude était singulière. Au lieu de rire, comme le vieux Boer jovial s'y attendait, il était devenu, sans que Coetzee s'en aperçût, de plus en plus sombre et, quand le discours cessa, il tourna sur ses talons, avec une exclamation de fureur qui sembla au capitaine lui être adressée, quoiqu'il ne la comprit pas, et se dirigea vers la cour de l'hôtellerie.

« Dieu tout-puissant! » s'écria le vieux Hans, s'essuyant le visage, avec un mouchoir de coton rouge, « j'ai mis le pied dans un joli trou! Ce chat sauvage de Muller a entendu tout ce que je vous disais; il n'aura garde de l'oublier et, un jour, il le répétera à mes compatriotes, me fera passer pour un traître au pays et me ruinera. Je le connais. Il peut monter deux chevaux à la fois et souffler le chaud et le froid. C'est un démon; un démon! Et pourquoi a-t-il juré comme cela contre vous? Est-ce à cause de la jeune fille? Qui peut le dire? A propos, les Cafres me disent qu'il y a un grand troupeau de daims sur mes terres, à dix milles de Belle-Fontaine. Savez-vous tenir une carabine, Capitaine? Vous me faites l'effet d'un chasseur.

— Oh! certes, Meinherr, répondit John, enchanté à l'idée d'une bonne chasse.

— Je m'en doutais; vous autres Anglais, vous êtes tous des sportsmen. Prenez la petite voiture légère de l'oncle Croft avec deux bons chevaux, venez chez moi lundi prochain, vers huit heures, et vous apprendrez à tirer nos bêtes sauvages. »

Le jovial Boer s'éloigna en secouant sa lourde tête. John le vit partir, monté sur un petit poney bien nourri qui, certes, ne pesait pas beaucoup plus que lui et qui, cependant, s'en allait faire ses quinze milles au petit galop, comme s'il portait une plume.

CHAPITRE IX

L'HISTOIRE DE JANTJÉ

Peu après le départ du Boer, John rentra dans l'hôtellerie pour surveiller l'attelage du chariot, et son attention fut aussitôt attirée par le bruit d'une querelle qui devait avoir lieu non loin de là, à en juger d'après la foule, le vacarme et les jurons. Il ne se trompait pas. Dans un coin de la cour, près de la porte des écuries, se tenait Frank Muller entouré de la foule, une lourde cravache en nerf de bœuf levée au-dessus de sa tête : il était sur le point de frapper. Devant lui, ivre de rage, les lèvres relevées comme celles d'un chien hargneux et découvrant deux rangées de dents blanches, qui brillaient au soleil comme de l'ivoire poli, ses petits yeux injectés de sang et tout son visage convulsé, se dressait le Hottentot Jantjé. A travers sa figure, la cravache avait laissé un sillon bleuâtre et dans sa main il tenait un grand couteau qu'il portait toujours.

« Holà! qu'y a-t-il? » s'écria John, se frayant un passage dans la foule, à coups d'épaule.

« Ce noir a volé le fourrage de mon cheval pour le donner aux vôtres! » cria Muller, hors de lui, et il essaya de frapper Jantjé de nouveau. Celui-ci évita le coup en sautant derrière John, de sorte que la mèche du fouet frappa la jambe de l'Anglais.

« Faites attention à votre fouet, monsieur, dit John, avec un grand effort pour rester calme. Comment savez-vous que cet homme a volé le fourrage de votre cheval et de quel droit le touchez-vous? Si vous aviez à vous plaindre, c'était à moi que vous deviez le faire.

— Il ment! Maître! il ment! vociféra Jantjé, d'une voie aiguë et tremblante. Il ment; il a toujours été un menteur. Oui, oui, je peux vous en dire long sur son compte. Le pays est anglais maintenant et les Boers ne peuvent plus tuer les noirs selon leur bon plaisir. Cet homme, ce Boer, Muller, il a tué mon père et ma mère ensuite, et d'un second coup, car elle ne mourut pas du premier.

— Démon jaune! diable à peau et à cœur noirs, menteur, fils de Satan! » hurla le grand Boer, dont la barbe se dressait de colère. « Est-ce ainsi que vous parlez à vos maîtres? Arrière, je veux lui montrer comment nous traitons les menteurs de sa couleur. » Et, sans plus attendre, il se précipita sur le Hottentot.

Mais John, dont le sang bouillait, étendit le bras, se pencha en avant et repoussa Muller de toute sa force. Sans être très grand, il était remarquablement robuste et le Boer recula en trébuchant.

« Gare à vous, Jaquette rouge! cria Muller, livide de fureur. Hors d'ici! ou je laisserai ma marque sur votre joli visage. Je vous dois déjà quelque chose et je paye toujours mes dettes. Arrière, maudit! »

Et de nouveau il voulut se jeter sur le Hottentot. Cette fois, John, presque aussi furieux que son adversaire, ne l'attendit pas, mais il bondit en avant, passa son bras autour du cou de Muller et, avant que celui-ci pût le saisir, il lui donna une secousse terrible qui le fit se renverser en arrière, tandis qu'un adroit croc-en-jambe le jetait, tout grand qu'il était, dans une mare contiguë à l'écurie.

Il tomba lourdement, éclaboussant la foule qui éclata de rire, comme font les foules en pareil cas, et sa tête alla frapper avec force le chambranle de la porte. Pendant quelques secondes il resta immobile, ce qui fit craindre à John qu'il ne fût sérieusement blessé. Bientôt cependant il se releva, et sans nouvelle démonstration hostile, sans un mot, il se dirigea vers la maison, laissant son ennemi se calmer si bon lui semblait. John, comme tout vrai gentleman, détestait les bagarres, bien qu'en bon Anglo-Saxon il ne reculât jamais, quand une fois il y était mêlé.

Par le fait, toute cette affaire l'irritait profondément, car il savait que l'histoire serait contée avec amplifications, par tout le pays et que, de plus, il s'était fait un ennemi implacable. Aussi ressentait-il le besoin de s'en prendre à quelqu'un.

« Tout cela est de votre faute, petit gredin d'ivrogne! » dit-il avec colère au Hottentot, qui, maintenant calmé, pleurnichait, se lamentait et appelait le capitaine son sauveur, d'une voix hébétée.

« Il m'a frappé, Baas (maître), il m'a frappé et je n'avais pas pris le fourrage. C'est un méchant homme ce baas Muller.

— Allons, vite! Attelez les chevaux; vous êtes à moitié ivre », grommela John, et après avoir assisté à l'opération presque entière, il alla retrouver Bessie qui l'attendait à l'hôtellerie, dans la plus parfaite ignorance de ce qui s'était passé. Il ne lui en fit part que lorsqu'ils étaient déjà loin; elle devint très grave en l'écoutant, car elle se rappelait sa propre querelle avec le Boer et les menaces qu'il lui avait adressées. Son vieil oncle fut encore plus contrarié, quand il apprit les faits dans la soirée, après le retour des voyageurs.

« Vous vous êtes fait un ennemi, Capitaine, dit-il, et un méchant ennemi. Certes, vous avez eu raison de défendre le Hottentot; j'en aurais fait autant il y a dix ans; mais Frank Muller n'est pas homme à oublier que vous l'avez jeté sur le dos, devant une foule de Cafres et de blancs. Jantjé doit être dégrisé maintenant; je vais l'appeler pour savoir la vérité au sujet de cette histoire sur son père et sa mère. »

Cette conversation avait lieu le lendemain matin, sous la véranda, où les deux hommes s'étaient assis après le déjeuner.

Le vieux Croft revint bientôt, suivi du petit Hottentot sale et en guenilles; celui-ci ôta son chapeau, s'accroupit sur l'allée, l'air honteux et désolé, exposé aux rayons brûlants du soleil d'Afrique, qu'il ne paraissait même pas sentir.

« Maintenant, Jantjé, écoutez-moi, dit le vieillard. Hier vous vous êtes encore grisé, malgré ma défense; je ne veux vous dire que ceci : la première fois que cela vous arrivera, vous quitterez Belle-Fontaine.

— Oui, Baas, répondit-il humblement; j'étais gris, c'est vrai, mais pas beaucoup; je n'avais bu qu'une demi-bouteille de *fumée du Cap!* (Rhum.)

— Par votre ivresse, reprit le vieux Croft, vous avez été cause d'une querelle entre baas Muller et le Capitaine. Quand baas Muller vous a frappé, vous avez dit qu'il avait tué votre père et votre mère. Était-ce vrai, ou non?

— Ce n'était pas un mensonge, Baas, répondit Jantjé avec animation. Je l'ai dit et je le répète. Ecoutez, Baas, je vais vous conter toute l'histoire. Quand j'étais jeune (il désigna, du geste, la taille d'un Cafre d'environ quatorze ans), nous, c'est-à-dire mon père, ma mère, mon oncle, un homme très vieux, bien plus vieux que vous, Baas, et moi, nous étions *squatters* autorisés, sur des terres appartenant à Jacob Muller, le père de baas Frank, là-bas, près de Lydenburg. C'était une ferme dans la plaine et le vieux Jacob y venait dans l'hiver, avec ses troupeaux, quand il n'y avait plus d'herbe pour son bétail, sur les hautes terres; avec lui venaient sa femme, une Anglaise, et le jeune baas Frank, celui que nous avons vu hier.

— Combien y a-t-il de temps? » demanda Silas.

Jantjé compta sur ses doigts, puis leva une main, et l'ouvrit quatre fois de suite. « Voilà, dit-il. Vingt ans, l'hiver dernier. Baas Frank était jeune alors; il n'avait qu'un léger duvet au menton. Une année, quand baas Jacob s'en alla, il laissa six bœufs qui étaient trop maigres pour le suivre et dit à mon père de les soigner comme ses propres enfants. Mais les bœufs étaient ensorcelés. Trois moururent de pleurésie; un lion en mangea un quatrième; un serpent en tua un cinquième et le dernier s'empoisonna en mangeant des tulipes sauvages. Quand le vieux Jacob revint, il entra dans une grande colère contre mon père, le battit avec une grosse courroie, jusqu'à ce qu'il fût tout en sang, et quoiqu'on lui montrât les os des bœufs, affirma que nous les avions volés et vendus.

« Le vieux Jacob avait un bel attelage de seize bœufs noirs, qu'il aimait comme ses enfants; ils venaient au joug quand il les appelait et présentaient la tête d'eux-mêmes. Ils étaient dressés comme des chiens. Maigres à l'arrivée, ils engraissèrent promptement et, au bout de deux mois, voulurent courir le pays, comme font leurs pareils. A cette époque, nous avions recueilli un Basutu qui s'était blessé au pied. Quand le vieux Jacob l'apprit, il se mit fort en colère, sous prétexte que tout Basutu était un voleur, et dit à celui-ci qu'il fallait partir le soir même. Le lendemain matin, la porte du *kraal* était renversée et les bœufs avaient disparu. Toute la journée on les chercha en vain. Alors le vieux

Jacob devint fou de rage et le jeune baas Frank lui affirma qu'un des jeunes Cafres lui avait dit avoir entendu mon père vendre les bœufs au Basutu, pour payer des moutons dont le prix serait dû au printemps. C'était un mensonge, mais baas Frank haïssait mon père, à cause d'une femme zulu. Le lendemain matin, au petit jour, nous dormions encore, le vieux Jacob, baas Frank et deux Cafres entrèrent dans la hutte, nous firent sortir tous et nous attachèrent à des mimosas, avec des rênes de buffle. Puis le vieux Jacob demanda à mon père où étaient les bœufs. Mon père répondit qu'il l'ignorait. Alors le Baas ôta son chapeau, adressa une prière au Grand Homme dans le Ciel et, quand il eut fini, baas Frank approcha tout près avec un fusil, tira et tua mon père. Il tomba en avant, sur ses liens, et sa tête toucha ses pieds. Ensuite baas Frank rechargea son fusil et tua mon oncle et enfin tira sur ma mère. Mais la balle ne la toucha pas et coupa le lien. Elle s'enfuit; il courut après elle, tira de nouveau et elle tomba morte. Il revint sur ses pas pour me tuer. J'étais jeune alors; je ne savais pas qu'il vaut mieux mourir que vivre comme un chien et je le suppliai de m'épargner, pendant qu'il chargeait son fusil. Mais le Baas ne fit que rire et dit qu'il apprendrait aux Hottentots à voler le bétail, et le vieux Jacob pria tout haut, disant qu'il était désolé, mais qu'il exécutait la volonté du Seigneur. Et juste au moment où baas Frank levait son fusil, il le laissa retomber, car doucement, doucement, au sommet de la colline, parmi les buissons, se montraient les seize bœufs! Ils étaient partis pendant la nuit, pour aller chercher dans quelque gorge une nourriture nouvelle, et une fois rassasiés et ennuyés d'être seuls, ils étaient revenus! Le vieux Jacob devint tout pâle, se gratta la tête, tomba sur ses genoux et remercia le cher Seigneur de ce que ma vie eût été sauvée. A ce moment, l'Anglaise, la mère de baas Frank, arriva pour savoir ce que signifiait cette fusillade, et quand elle vit tous ces morts et moi vivant, attaché à un arbre et pleurant, elle devint folle, car elle avait le cœur bon, quand elle n'avait pas bu. Elle s'écria qu'une malédiction tomberait sur eux et qu'ils mourraient tous de mort sanglante. Puis elle prit un couteau et coupa mes liens, malgré baas Frank qui voulait me tuer, pour m'empêcher de parler. Aussitôt je me sauvai, me cachant le jour, marchant la nuit, car j'avais très peur, jusqu'à mon arrivée à Natal et là je m'arrêtai; j'y travaillai jusqu'à ce que le pays devint anglais et que baas Croft me louât pour conduire son chariot de Maritsburg ici, où, pour mon malheur, j'ai retrouvé baas Frank, plus grand et plus gros, mais du reste tout comme autrefois, excepté sa barbe.

« Voilà toute la vérité, rien que la vérité. Je hais baas Frank, et baas Frank me hait, parce qu'il ne peut pas oublier son crime, dont j'ai été le témoin; car, ainsi que l'on dit chez nous : on hait toujours celui qu'on a blessé avec sa lance. »

Ayant terminé son récit, le misérable petit homme ramassa son vieux feutre graisseux, orné de deux plumes d'autruche déchiquetées, l'enfonça sur ses oreilles et se mit à tracer des cercles dans le sable, avec ses longs doigts de pied. Ses auditeurs se regardèrent. Une histoire si atroce n'admettait pas de commentaires; ils ne doutèrent pas un instant qu'elle ne fût vraie. La manière dont cet homme la racontait, était convaincante. Du reste, de tels faits ne sont pas rares dans les parties sauvages de l'Afrique australe, bien qu'on exagère parfois.

« Vous dites, remarqua Silas Croft, que l'Anglaise leur prédit une malédiction et une mort sanglante. Sa prédiction s'est réalisée. Il y a douze ans, le vieux Jacob Muller et sa femme furent assassinés par une bande de Cafres, sur cette même plaine de Lydenburg. Cela fit grand bruit, je m'en souviens, mais il n'en résulta rien. Baas Frank était absent, à la chasse; cela le sauva; il hérita des terres et des troupeaux de son père et vint vivre ici.

— Je savais que cela arriverait, dit le Hottentot, sans montrer le moindre étonnement, mais je regrette de n'avoir pas été là pour le voir. J'avais bien vu que la femme anglaise était possédée d'un démon et qu'ils mourraient comme elle l'avait dit. Quand les gens sont possédés d'un diable, ils disent toujours la vérité, parce qu'ils ne peuvent pas faire autrement. Regardez, Baas : je fais un cercle sur le sol avec mon pied; je dis des paroles et enfin les deux extrémités se touchent. Là, c'est le cercle du vieux Jacob et de sa femme l'Anglaise. Les extrémités se sont touchées et ils sont morts. Un vieux docteur-sorcier m'a enseigné à tracer le cercle de la vie d'un homme et les paroles qu'il faut dire. Maintenant je trace celui de baas Frank. Ah! une pierre m'arrête en chemin. Les deux bouts ne se touchent pas. Mais je travaille avec mon pied et je dis et redis les paroles, et enfin les extrémités se rencontrent. Il en sera de même pour baas Frank. Quelque jour une pierre surgira, mais les extrémités finiront par se rejoindre et lui aussi, mourra dans le sang. Le démon de la femme anglaise l'a dit et les démons ne peuvent ni mentir, ni dire la moitié de la vérité. Et maintenant voyez, j'efface les cercles avec mon pied et ils disparaissent. Cela signifie que, lorsqu'ils seront morts, leur mémoire mourra avec eux et qu'ils seront tout à fait oubliés. Leurs tombes même seront inconnues. »

Sur ce, avec une grimace qui voulait être un sourire, Jantjé demanda avec le plus parfait sang-froid :

« Le Baas veut-il que je donne à la jument grise une ou deux bottes de verdure? »

CHAPITRE X

JOHN L'ÉCHAPPE BELLE!

Le lundi suivant, John, avec Jantjé pour conducteur, partit dans une charrette écossaise attelée des deux meilleurs chevaux de Belle-Fontaine, afin d'aller chasser le daim chez Hans Coetzee.

Il arriva vers huit heures et demie et comprit, au nombre des véhicules et des chevaux, qu'il n'était pas le seul invité. La première personne qu'il aperçut en arrivant, fut même son antagoniste Frank Muller.

« Regardez, Baas, dit Jantjé, voilà baas Frank qui parle à un Basutu. »

John, comme on peut le croire, ne fut pas charmé de la rencontre. Il avait toujours détesté cet homme, et depuis l'affaire du vendredi précédent et surtout depuis le récit de Jantjé, il ne pouvait plus le voir sans répulsion. Il descendit de voiture et allait faire le tour de la maison, afin de l'éviter, quand soudain Muller parut s'apercevoir de sa présence et s'approcha de lui avec la plus grande cordialité.

« Comment vous portez-vous, Capitaine? » dit-il, en lui tendant sa main que John effleura. « Vous êtes donc venu chasser le daim chez l'oncle Coetzee? Vous allez nous donner une leçon, à nous autres gens du Transvaal. Eh! voyons, Capitaine, ne soyez pas aussi raide que le canon de votre carabine. Je sais à quoi vous pensez : à cette petite affaire de l'autre jour, à Wakkerstroom. Eh bien! je vous l'avoue, j'avais tort et je ne rougis pas d'en convenir d'homme à homme. J'avais bu un verre de trop, voilà le fait, et je ne savais plus guère ce que je faisais. Il nous faut vivre en voisins ici; oublions donc tout cela et soyons bons amis. Je ne garde jamais rancune, moi, jamais.

Le Seigneur le défend. Oubliez donc tout cela. Sans ce petit singe », ajouta-t-il, en montrant du doigt Jantjé, qui se tenait à la tête des chevaux, « cela ne serait jamais arrivé, et il ne convient pas que deux chrétiens se querellent pour un être de son espèce. »

Muller débita ce long discours en phrases hachées, à la façon d'un écolier qui répète une leçon apprise avec peine, agitant ses pieds et jetant ses regards indécis deçà et delà, en parlant.

Il fut évident pour John, qui l'écoutait dans un silence glacial, que ce discours, loin d'être improvisé, avait été soigneusement préparé.

« Je ne veux me quereller avec personne, Meinheer Muller, dit-il enfin; je ne le fais jamais, à moins d'y être contraint et alors, ajouta-t-il, d'un ton significatif, je m'applique à rendre la chose désagréable pour mon adversaire. L'autre jour, vous avez attaqué mon serviteur d'abord et moi ensuite. Je suis bien aise que vous reconnaissiez vos torts et, pour ma part, je considère que l'incident est clos. » Sur ce, il se détourna pour entrer dans la maison.

Muller le suivit jusqu'à l'endroit où se tenait Jantjé; là il s'arrêta, mit sa main dans sa poche, en tira une pièce de deux shillings et la jeta au Hottentot, en lui criant de l'attraper.

Jantjé tenait ses chevaux d'une main et dans l'autre il portait le long bâton dont il ne se séparait jamais, celui-là même qu'il avait montré à Bessie. Pour attraper la pièce d'argent, il le laissa tomber, et le regard vif de Muller aperçut les entailles faites au-dessous de la pomme; il le ramassa aussitôt pour l'examiner.

« Que signifient ces crans, mon garçon? » demanda-t-il, en montrant les entailles petites et grandes, dont quelques-unes devaient évidemment avoir été creusées depuis plusieurs années.

Jantjé toucha son chapeau, cracha sur « l'Écossais », comme les naturels de ce pays appellent une pièce de deux shillings [1], et la mit dans sa poche avant de répondre. Le meurtre de ses parents par le donateur, ne rendait pas à ses yeux le don moins acceptable, le sens moral des Hottentots n'étant pas des plus élevés.

« Voyez-vous, Baas, dit-il, avec un sourire grimaçant, c'est comme cela que je compte. Si quelqu'un bat Jantjé, Jantjé fait une entaille dans le bâton et chaque soir, avant de s'endormir, il le regarde et se dit : « Un jour tu frapperas deux fois l'homme qui « t'a frappé une fois, et ainsi de suite. » Voyez combien il y en a, Baas. Un jour je payerai tout cela, Baas Frank. »

Muller laissa brusquement tomber le bâton et suivit John vers la maison.

C'était une habitation très supérieure à celles dont les Boers se contentent habituellement; la pièce de réunion, quoique sans autre parquet qu'un mélange d'argile et de bouse de vache, était presque entièrement tapissée de peaux de gazelle; au milieu se trouvait une table faite d'un joli bois du pays et entourée de chaises et de divans recouverts de peaux de divers animaux. Dans un grand fauteuil placé au fond de la pièce, très occupée à ne rien faire, se prélassait Tanta Coetzee, la femme du vieux Hans, forte et pesante dame, qui avait dû être assez belle; sur les divans étaient assis une demi-douzaine de Boers, leur fusil de chasse à la main, ou entre les jambes.

John crut remarquer, en entrant, que quelques-uns ne paraissaient pas charmés de sa présence, et

1. Parce qu'un jour, un Ecossais produisit une grande impression sur l'esprit naïf des indigènes de Natal, en faisant passer, chez eux, quelques milliers de florins (pièces de 2 shillings ou 2 fr. 50) pour des demi-couronnes (pièces de 3 fr. 10).

entendre un jeune homme, à l'air ironique et sournois, murmurer quelque chose sur « ces damnés Anglais », à l'oreille de son voisin, d'une voix plus haute qu'il n'était nécessaire. Quant au vieux Coetzee, il vint à sa rencontre avec cordialité et dit à ses deux filles, belles jeunes personnes, très élégantes pour des Hollandaises du Transvaal, de donner une tasse de café au capitaine. John fit, selon l'usage, le tour de la chambre pour saluer tout le monde, en commençant par la grosse dame, et reçut de chacun une poignée de main plus ou moins moite et faible ; les Boers ne se levèrent pas ; ce n'est pas leur habitude ; ils se contentèrent d'étendre leur large patte, en mâchonnant leur mystique monosyllabe « daag », pour bonjour. C'est une cérémonie assez pénible, tant qu'on n'y est pas habitué, et John s'arrêta haletant, pour boire une tasse de café brûlant dont il n'avait pas envie, mais que la politesse le forçait d'accepter.

« Le Capitaine est un Rooibaatje? » dit la vieille dame, tante Coetzee, d'un ton interrogateur et cependant avec la certitude de quelqu'un qui énonce un fait.

John répondit affirmativement.

« Pourquoi le Capitaine vient-il dans le pays? Est-ce comme espion? »

Toute l'assemblée écouta très attentivement la question de l'hôtesse, puis tourna la tête pour écouter la réponse.

« Non, dit John; je suis venu pour aider Silas Croft à exploiter sa ferme. »

Il y eut un sourire général d'incrédulité. Est-ce qu'un Rooibaatje pouvait s'occuper d'une ferme? Certainement non.

« Il y a trois mille hommes dans l'armée anglaise », déclara la grosse dame, d'un ton doctoral et avec un regard sévère au loup déguisé en brebis, à l'homme de sang qui prétendait être un fermier.

De nouveau tout le monde regarda John et attendit sa réplique dans un silence glacial.

« Il y a cent mille hommes dans l'armée régulière, autant dans l'armée des Indes et deux fois autant de volontaires », dit-il, d'une voix un peu irritée.

Cette assertion fut aussi reçue avec l'incrédulité la plus décourageante.

« Il y a trois mille hommes dans l'armée anglaise », répéta la vieille dame, d'un ton si positif qu'il en était écrasant.

« Yah! yah! » crièrent quelques-uns des plus jeunes Boers.

« Il y a trois mille hommes dans l'armée anglaise, recommença la triomphante vieille femme. Si le Capitaine dit qu'il y en a plus, il ment. Il est naturel qu'il mente au sujet de sa propre armée. Le frère de mon grand-père était au Cap, du temps du gouverneur Smith, et il y vit l'armée anglaise tout entière. Il compta les hommes; il y en avait juste trois mille. Je dis qu'il n'y en a pas plus dans l'armée anglaise.

— Yah! yah! » recommencèrent les Boers, tandis que John regardait cette femme terrible, avec une exaspération impuissante.

« Combien d'hommes commandez-vous dans l'armée? reprit-elle, après une pause solennelle.

— Cent! répliqua John sèchement.

— Ma fille, dit la vieille, s'adressant à l'une des jeunes personnes, vous avez été à l'école et vous savez compter. Combien de fois cent dans trois mille! »

La jeune personne ricana, devint confuse et demanda du secours au jeune Boer à l'air sardonique, qu'elle allait épouser; il secoua tristement la tête, voulant faire comprendre, par cette pantomime, qu'il n'était pas sage de pénétrer de pareils mystères. Réduite à ses propres ressources, la demoiselle se plongea dans des calculs profonds, auxquels ses doigts prirent une part animée, et annonça enfin, qu'en trois mille, il y avait vingt-six fois cent, très exactement.

« Yah! yah! s'écria le chœur; vingt-six fois exactement.

— Le Capitaine », reprit la vieille, qui conduisait rapidement John à la folie furieuse, « le Capitaine commande la vingt-sixième partie de l'armée anglaise et prétend qu'il vient ici pour être fermier avec l'oncle Silas Croft. Il dit cela, poursuivit-elle, avec un dédain écrasant, donc il est évident qu'il ment. Il est naturel qu'il mente; tous les Anglais mentent, surtout les *Rooibaatjes* anglais, mais il ne devrait pas mentir si mal. Il y a de quoi impatienter le cher Seigneur d'entendre mentir si mal, même par un Anglais et un *Rooibaatje*. »

John n'y tint plus; il se précipita hors de la maison et se mit à jurer furieusement, aussitôt qu'il fut dehors. Et vraiment il faut espérer que son péché lui fut pardonné, car la provocation était par trop forte. Être accusé de mentir et, de plus, de mentir maladroitement, ce n'est pas agréable.

Une minute après, Hans Coetzee le suivit et lui caressa amicalement l'épaule, d'une façon qui semblait dire : « Si les autres prétendent que vous ne savez pas mentir, moi, je vous crois très capable de vous en bien tirer ». Puis, sans transition, il annonça qu'il était temps de partir. Tout le monde monta, soit dans son véhicule, soit sur son cheval. John remarqua que Frank Muller montait son beau cheval noir.

Après avoir suivi pendant une demi-heure une route charretière à peine tracée, la première voiture, dans laquelle se trouvaient le vieux Hans, un cocher malais et un jeune nègre du Cap, tourna sur la gauche, en pleine prairie, et les autres suivirent.

Quand on eut atteint le sommet d'une montée, d'où l'on apercevait une plaine immense, Hans s'arrêta et fit signe de la main à ses compagnons de l'imiter. En regardant la vaste plaine, John vit pourquoi l'on faisait halte : à un demi-mille environ paissait un troupeau de chevreuils; il y en avait bien trois cents et, un peu plus loin, étaient une soixantaine d'animaux beaucoup plus grands, à l'air plus sauvage, ornés d'une queue blanche et désignés, dans le pays, sous le nom de « Vilderbeestes ». Plus près, dispersées çà et là, on voyait vingt-cinq ou trente gracieuses gazelles d'Afrique.

On tint conseil; il fut décidé que les cavaliers (Frank Muller était du nombre) envelopperaient les animaux et les pousseraient du côté des voitures, placées aux différents endroits vers lesquels ils se dirigeraient probablement.

Après une attente de douze à quinze minutes, du sommet de la montée qui lui faisait face, John vit flotter d ns l'air deux bouffées de fumée blanche et l'un des « Vilderbeestes » roula sur le dos, secoué par des convulsions désespérées. Aussitôt tout le troupeau se détourna et, formant une longue ligne en travers de la plaine, poussa droit aux chasseurs avec un bruit de tonnerre : les gazelles d'abord, puis les chevreuils, qui, grâce à leur façon singulière de tenir leur longue tête baissée en courant, ressemblaient à un troupeau de chèvres à longue barbe. Derrière eux venaient les « Vilderbeestes », qui tournaient sur eux-mêmes et sautaient en l'air, comme s'ils avaient perdu la tête. Cette manière d'avancer rend très difficile de distinguer la partie de l'animal qui se présente aux regards; tantôt ce sont les cornes, tantôt les pieds, ou bien la queue, puis ils s'enchevêtrent les uns dans les autres, de telle sorte que la vue se brouille. Le grand troupeau faisait trembler la terre; les Boers montés le poursuivaient; de temps à autre, l'un d'eux sautait de son cheval, tirait un coup, un pauvre animal tombait, le chasseur remontait et poursuivait sa route.

Bientôt quelques bêtes furent à portée des voitures et une véritable fusillade commença. Une vingtaine de chevreuils firent bande à part et passèrent non loin de John. Sautant à terre, il tira ses deux coups, hélas! hélas! sans les toucher! Rechargeant bien vite, il tira de nouveau, à une distance de deux cents mètres, et au second coup un animal tomba; mais il savait que c'était un coup de hasard; il avait visé une bête et en avait tué une autre. Le fait est que cette espèce de tir est très difficile, quand on n'y est pas habitué et, en ce jour de début, il ne put, à son grand dépit, se distinguer beaucoup, de sorte que ses bons amis, les Hollandais, restèrent convaincus que le *Rooibaatje* anglais tirait aussi médiocrement qu'il mentait!

Il remonta en voiture, laissant son gibier sur la plaine, pour le moment, ce qui n'est pas très sûr dans un pays où il y a tant de vautours; Jantjé mit les chevaux au galop et l'on repartit grand train. C'était une façon d'aller bien faite pour secouer le sang que cette course furieuse, fusil en main, à travers une plaine où les fourmilières sont grosses comme des fauteuils et innombrables.

Il fallait s'attendre à toute sorte d'agréables surprises, aux trous dans les fourmilières, aux petits marais dans les creux; mais la surexcitation est trop grande pour qu'on pense à son cou et l'on va, on vole, se retenant de son mieux aux parois du véhicule et s'en remettant, pour le reste, aux soins de la Providence. Grâce à l'habileté du Hottentot, les dangers furent conjurés. De temps à autre, on stoppait, quand le gibier était à portée. John sautait de la voiture, la laissait continuer sa route, tirait, la rejoignait et y remontait. Cela dura presque une heure, pendant laquelle il brûla vingt-sept cartouches, tua trois bêtes et en blessa une quatrième qu'il poursuivit. Mais elle était atteinte à la croupe, ce qui lui permettait de courir longtemps et très vite; si bien que plusieurs milles avaient été parcourus, lorsqu'elle s'arrêta un instant, pour repartir encore, quand ses ennemis s'approchèrent. Enfin, au sommet d'une petite montée, John crut voir son animal mort. Un second regard le prouva que ce n'était pas le sien, car, celui-ci, debout et tête basse, se reposait à environ cent vingt mètres plus loin que le premier, venu là pour mourir. Jantjé fit observer à John qu'il ferait bien de descendre de voiture, de se traîner à genoux jusqu'à l'animal mort et, caché derrière lui, de viser à son aise son propre gibier, avant de tirer.

En conséquence Jantjé se mit hors de vue avec sa voiture et ses chevaux, grâce à un mouvement de terrain; John prit la posture qu'il lui avait conseillée et s'avança prudemment. Tout alla bien, jusqu'à ce qu'il fût tout près de l'animal mort, et il se félicitait déjà du coup qu'il allait pouvoir tirer à son aise, lorsque tout à coup quelque chose frappa violemment la terre, sous sa poitrine, et fit jaillir un petit nuage de terre et de poussière. Il s'arrêta stupéfait et aussitôt entendit un coup de feu sur sa droite. Évidemment quelqu'un tirait sur lui; il se releva promptement, jeta ses bras en l'air et cria afin qu'on ne pût se méprendre sur la place qu'il occupait. Une minute après, il vit un homme s'avancer vers lui, au petit galop de chasse : c'était Frank Muller. John ramassa son chapeau traversé d'une balle, et, furieux, il se rapprocha de Muller.

« Par le diable! s'écria-t-il, pourquoi tirez-vous sur moi?

— Dieu tout-puissant! mon cher ami, » lui fut-il répondu avec le plus grand sang-froid, « je vous ai pris pour un chevreuil; j'avais poursuivi la femelle et je l'avais tuée. Elle avait un petit avec elle et quand j'eus rechargé, ce qui me prit un peu de temps parce qu'une des cartouches adhérait, je levai les yeux et je crus voir le petit. Je pris donc mon fusil et je tirai une fois, puis deux, et quand vous fûtes debout, les bras en l'air et criant, et que je vis que j'avais tiré sur un homme, je fus près de m'évanouir. Grâce au Tout-Puissant, je ne vous ai pas touché! »

John écoutait froidement. « Je suppose qu'il me faut vous croire, Meinheer Muller; mais on m'a dit que vous aviez la vue la plus merveilleuse qu'on connût dans ce pays, et il est singulier qu'à trois cents mètres, vous preniez un homme à genoux pour un jeune chevreuil.

— Le Capitaine pense-t-il donc que j'ai voulu l'assassiner, après lui avoir serré la main ce matin?

— Je ne sais pas ce que je pense, répondit John, regardant Muller bien en face; tout ce que je sais, c'est que votre étrange erreur a été tout près de me coûter la vie. Voyez! » Il prit une mèche de cheveux bruns, qui tenait encore à son chapeau troué et la montra à Muller. « J'espère, dans votre intérêt et dans l'intérêt de ceux qui chassent avec vous, que cette erreur ne se renouvellera pas. Bonjour. »

Le beau Boer, ou plutôt Anglo-Boer, monté sur son cheval noir, caressant sa belle barbe, suivit John d'un regard singulier, pendant qu'il retournait à sa voiture. Bien entendu l'animal blessé avait disparu depuis longtemps.

« Est-ce que par hasard nos anciens auraient raison? Est-ce qu'il y aurait un Dieu? » se dit Muller tout haut, en reprenant tranquillement sa route. (Frank Muller était suffisamment imbu des idées modernes, pour être libre penseur.) « On le dirait, continua-t-il, autrement, comment se fait-il que la première balle ait passé sous lui, et que la seconde ait effleuré sa tête sans le toucher? J'ai cependant visé avec soin, et je ne manquerais pas un tel coup, une fois sur vingt. Bah! un Dieu! Allons donc! Le hasard est le seul dieu. Le hasard pousse les hommes çà et là, comme l'herbe morte, jusqu'à ce que la mort les dévore, comme le feu dévore la prairie. Il y en a qui traitent le hasard comme un jeune poulain; qui font servir ses ruades et ses emportements à leurs fins, le laissant courir jusqu'à ce qu'il soit fatigué, puis le montant paisiblement, le long du chemin qui mène au triomphe. Moi, Frank Muller, je suis un de ces hommes. Je n'échoue jamais, en fin de compte. Je tuerai cet Anglais. Peut-être tuerai-je le vieux Croft, et le Hottentot par-dessus le marché. Bah! Ils ne savent pas ce qui les attend. Moi je le sais; j'ai aidé à charger la mine et, s'ils ne se soumettent pas à ma volonté, c'est moi qui allumerai la mèche. Je les tuerai tous, je prendrai Belle-Fontaine et j'épouserai Bessie. Elle luttera. Cela n'en rendra la chose que plus délicieuse. Elle aime ce *Rooibaatje*; je le sais; je l'embrasserai, elle, sur son cadavre. Ah! voici les voitures. Je ne vois pas le Capitaine. Il est parti chez lui, sans doute, pour calmer ses nerfs. Il faut que je parle à ces imbéciles. Quels niais avec leurs beaux discours sur la *patrie* et le *maudit gouvernement anglais!* Ils ne savent pas ce qui leur est bon. Moutons stupides! dont Frank Muller sera le berger! Oui, ils auront Frank Muller un jour, pour président, et il sera leur maître. Je hais les Anglais, c'est vrai, mais je n'en suis pas moins bien aise d'être à moitié Anglais, car c'est à cela que je dois ma cervelle. Mais ces Boers! Imbéciles! imbéciles! Enfin! ils danseront à mes pipeaux! »

« Baas, dit Jantjé à John, pendant qu'ils retournaient chez eux, baas Frank a tiré sur vous.

— Comment le savez-vous?

— Je l'ai vu. Il poursuivait la bête blessée et ne cherchait pas du tout un petit. Il n'y en avait pas. Il allait tirer sur le chevreuil blessé, quand il se retourna et vous vit; alors il mit un genou en terre et vous visa, et tira avant que je puisse rien dire. Vous ayant manqué, il tira de nouveau et je ne sais comment il vous manqua, car c'est un merveilleux tireur; il ne manque jamais son coup.

— Je ferai juger cet homme pour tentative de meurtre », dit John, frappant de la crosse de son fusil le fond de la voiture. « Un pareil mécréant ne doit pas échapper à la loi. »

Jantjé ricana. « C'est inutile, Baas; il serait acquitté, car je suis le seul témoin. Un jury ne veut pas croire un noir dans ce pays et, de plus, ne punirait jamais un Boer pour avoir tiré sur un Anglais. Non, Baas; cachez-vous quelque jour dans la plaine, par où il doit passer, et tirez sur lui; c'est ce que je ferais, moi, si je l'osais! »

CHAPITRE XI

SUR LE BORD

Pendant les quelques semaines qui suivirent l'aventure de John Niel à la chasse, aucun événement important n'eut lieu à Belle-Fontaine. Les jours se succédaient dans une monotonie charmante, car, malgré ce que peuvent dire les gais mondains, la monotonie est aussi pleine de charme qu'un jour d'été quand le ciel est couvert. « Heureux est le pays qui n'a pas d'histoire! » dit la voix de la sagesse;

la même remarque peut s'appliquer, avec plus de vérité encore, à l'individu. Se lever le matin, plein de force et de santé, remplir jusqu'au soir la tâche habituelle, se retirer ensuite sainement fatigué, pour dormir du sommeil du juste, voilà le secret du bonheur! Mais, hélas! la nature n'admet pas le *statu quo* et veut que la lutte soit la condition de l'existence.

En somme, le genre de vie que John menait dans l'Afrique australe, répondait à ses espérances. Il avait beaucoup d'occupations; il en avait même trop parfois, grâce aux autruches, aux chevaux, au grand bétail, aux moutons et aux moissons. Le manque de société civilisée le troublait peu, car il lisait beaucoup et pouvait avoir autant de livres qu'il en désirait, de Natal et du Cap; et de plus la poste hebdomadaire apportait une abondante provision de journaux. Le dimanche, il lisait tout haut les articles politiques de la *Revue du Samedi*, au vieux Silas Croft, dont les yeux se fatiguaient et qui appréciait fort cette attention.

Silas était instruit et, tout en ayant passé sa longue vie dans un pays à demi civilisé, il était toujours resté très au courant de ce qui se produisait d'intéressant dans le monde. Autrefois cette tâche de lire la *Revue* à haute voix, incombait à Bessie, mais son oncle fut très content du changement de lecteur. L'esprit de Bessie n'était pas au diapason de la profonde revue, et son attention s'égarait parfois aux passages les plus marquants. Bientôt une tendre et profonde affection unit le vieillard et son jeune associé. On s'attachait facilement à John, la vieillesse surtout, à laquelle il rendait volontiers mille petits services.

En outre il y avait, dans sa nature, un mélange de gaieté calme et de franche honnêteté qui séduisait jeunes et vieux. Mais ce qui le recommandait surtout à Silas Croft, c'est qu'il était instruit, expérimenté, et homme comme il faut, dans un pays où tout cela était rare. De semaine en semaine, le propriétaire du domaine lui témoignait de plus en plus de confiance et lui donnait une plus grande part d'autorité.

« Je vieillis, Niel, dit-il un soir, je vieillis beaucoup; « la sauterelle me devient un fardeau »; et voyez-vous, mon enfant », ajouta-t-il, en posant affectueusement sa main sur l'épaule de John, « il faudra que vous soyez mon fils, comme Bessie a été ma fille. » John leva les yeux sur le bon et beau vieux visage, couronné de ses cheveux d'argent, rencontra le regard de ces autres yeux intelligents et perçants, très enfoncés sous les sourcils épais, et cette vue lui rappela son vieux père à lui! mort depuis longtemps; l'émotion le gagna et lui fit venir des larmes. Prenant la main de M. Croft, il lui dit :

« Certes, monsieur, je ferai de mon mieux.

— Merci, mon garçon, merci! Je n'aime pas beaucoup à parler de ces choses, mais comme je vous le disais, je vieillis; le Tout-Puissant peut m'appeler un de ces jours à rendre mes comptes et, si cela arrive, je m'en repose sur vous, pour protéger ces deux jeunes filles. Elles en auront besoin; c'est un pays peu sûr que celui-ci et l'on n'est jamais bien certain du lendemain. Quelquefois, je regrette d'être encore ici. Mais allons nous coucher. Je commence à croire que ma tâche en ce monde est à peu près achevée. Je m'affaiblis, John, il n'y a pas d'illusions à se faire. »

À partir de ce jour, il appela toujours Niel par son nom de baptême.

On avait peu de nouvelles de Jess personnellement. Elle écrivait chaque semaine, il est vrai, et rapportait fidèlement tout ce qui se passait à Prétoria, mais elle était de ces gens dont les lettres ne disent absolument rien d'eux-mêmes, ni de ce qui absorbe leur esprit. On aurait aussi bien pu leur donner pour titre : « Lettres de Prétoria », comme Bessie le dit un jour avec colère, après avoir lu trois feuilles de la droite et curieuse écriture de Jess. « Une fois que l'on perd Jess de vue, on ne sait pas plus ce qui la touche, que si elle était morte. Il est vrai qu'on n'en sait pas beaucoup plus, quand elle est présente, ajouta-t-elle par réflexion.

— C'est une femme singulière », répondit John pensif.

Tout d'abord elle lui avait beaucoup manqué, car, si étrange qu'elle fût, elle avait fait vibrer en lui une corde nouvelle, et il n'en avait eu conscience qu'à son départ. Et cette corde avait même fortement vibré pendant quelque temps; mais les vibrations s'éteignaient peu à peu, comme celles d'une harpe dont l'artiste retire ses mains. Si elle était restée une ou deux semaines de plus, l'effet aurait probablement été plus durable.

Mais elle était partie et Bessie était restée! Elle s'éloignait même fort peu de lui et l'entourait de ces soins dont une femme ne peut s'empêcher de combler l'homme qu'elle aime. Sa beauté se mouvait dans l'habitation, comme un rayon de lumière dans un jardin, car elle était vraiment ravissante et aussi pure, aussi bonne qu'elle était belle. John ne put ignorer longtemps ses sentiments pour lui. S'il n'était nullement vain, il était intelligent; or Bessie, sans jamais franchir les limites que la réserve impose à une jeune fille, ne prenait pas la moindre peine pour cacher sa préférence. Non qu'elle fût animée, comme sa sœur, du souffle brûlant et quasi divin de la passion; don bien rare et (tout bien considéré) aussi peu adapté aux conditions ordinaires de notre vie prosaïque et laborieuse, qu'il est rare. Mais elle était tendrement éprise, à la manière ordinaire des jeunes filles, et toute prête à faire une épouse aimante et fidèle pour John Niel, si celui-ci voulait bien l'y inviter.

Comme les semaines s'écoulaient, John se mit à envisager la question de savoir s'il ne ferait pas bien de demander Bessie en mariage. Il n'est pas bon pour l'homme de vivre seul, surtout au Transvaal, et il ne lui était pas possible de vivre auprès de tant de grâce et de beauté, sans songer à créer entre, lui et celle qui en était douée, des liens plus étroits.

S'il eût été plus jeune et moins expérimenté, il aurait succombé plus vite à la tentation. Mais il n'était ni très jeune, ni très novice; dix ans auparavant, comme nous l'avons dit, il s'était brûlé les doigts assez sérieusement et cet incident de sa carrière l'avait jusqu'alors rendu très prudent. Et puis il était arrivé à l'âge où les hommes ne tendent pas le cou au joug sans réfléchir. A trente-trois ans, les responsabilités de la famille prennent un aspect tout différent de celui qu'elles ont dix ans plus tôt. La tentation peut être grande, mais en pesant le pour et le contre, il est permis de s'alarmer, et dût John Niel perdre un peu dans l'estime de ceux qui prennent la peine de lire son histoire, la vérité nous oblige à reconnaître qu'il réfléchissait et par cela même hésitait un peu. Le fait est que, si jolie et si aimable que fût Bessie, il n'était pas éperdûment épris d'elle et, à trente-trois ans, c'est une condition nécessaire pour s'exposer aux périls du mariage. Néanmoins, si prudent que soit un homme, il est toujours exposé à ce que la tentation devienne assez forte pour vaincre sa prudence et se moquer de ses plans stratégiques. Et il devait en être ainsi pour notre ami John Niel.

Une huitaine de jours environ après sa conversation avec Silas Croft, John se dit tout à coup que l'attitude de Bessie envers lui, était assez étrange depuis quelque temps. Il lui semblait qu'elle avait évité sa société au lieu de sinon la rechercher, du moins laisser voir qu'elle lui était agréable. Elle avait été pâle et préoccupée, presque irritable, ce qui n'était pas dans son humeur habituelle, égale et douce.

Un tel changement, dans une personne de qui dépend le charme de la vie quotidienne, suffit bien pour étonner, voire pour contrarier. Il ne vint pas à l'esprit de John, que ce changement pouvait provenir de ce que Bessie l'aimait et souffrait, inconsciemment peut-être, de son indifférence apparente. C'était pourtant là l'explication du changement en question. Bessie, étant droite et simple, et un peu fâchée contre John (sans se l'avouer à elle-même), traduisait par son attitude ce qui se passait dans son esprit.

« Bessie, dit John, certain jour, vers la fin de l'après-midi (il l'appelait toujours Bessie maintenant), je vais à la jeune plantation, voir comment elle se comporte; si vous avez fini vos opérations culinaires (car Bessie était occupée, comme bien d'autres jeunes filles dans les colonies, à confectionner un gâteau), vous devriez mettre un chapeau et venir avec moi; je crois vraiment que vous n'êtes pas sortie aujourd'hui.

— Merci, Capitaine; je n'ai pas envie de sortir.

— Pourquoi pas?

— Oh! je ne sais pas,... parce qu'il y a trop à faire. Si je sors, cette fille stupide laissera brûler le gâteau. » Elle désignait du doigt une jeune fille cafre, vêtue d'une robe bleue et d'une plume dans sa laine, très occupée à regarder, en souriant doucement et suçant ses doigts noirs, les mouches du plafond. « En vérité », poursuivit Bessie, avec un petit coup de son pied sur le parquet, « il faut avoir la patience d'un ange pour supporter la stupidité de cette fille. Hier encore, après avoir brisé le plus grand plat, elle m'en a apporté les morceaux en souriant d'une oreille à l'autre, et m'a demandé de le remettre en un seul morceau. Les blancs étaient si habiles! Cela ne me donnerait pas grand'peine. S'ils pouvaient faire le plat blanc d'abord et ensuite y faire pousser des fleurs, il devait leur être facile de le remettre en son état primitif. Je ne savais quel parti prendre, rire, pleurer, ou lui jeter les débris à la figure.

— Écoutez, jeune personne », dit John, prenant la coupable par le bras et la conduisant solennellement au four tout ouvert pour recevoir le gâteau, « si vous laissez brûler ce gâteau pendant que l'*inkosikaas* (dame-chef) sera sortie, quand je reviendrai, je vous fourrerai là dedans, pour y brûler avec le gâteau. J'ai fait cuire une fille de Natal comme ça, l'année dernière, et en sortant du four, elle était toute blanche. »

Bessie traduisit cette menace diabolique et la jeune fille, riant de plus belle, murmura : *Koos* (chef) d'une voix fort gaie. Une fille cafre ne s'effraye pas, par un bel après-midi d'été, à l'idée d'être enfournée le soir; c'est trop loin! Et puis la menace venait de John Niel, et les naturels de Belle-Fontaine le connaissaient bien alors. Ses menaces étaient épouvantables, mais il n'en résultait pas grand'chose. Une seule fois il avait eu une prise de corps sérieuse, avec un grand garçon qui avait cru pouvoir abuser de sa taille; mais Niel lui avait administré une telle correction, que jamais depuis on ne s'était frotté à lui.

« Je crois, dit-il, que le gâteau est en sûreté maintenant; donc vous allez venir.

— Merci, Capitaine », répliqua Bessie, le regardant d'une petite manière ensorcelante, qu'elle savait très bien prendre; « non, merci, je n'ai pas envie de marcher. » Ce fut là ce qu'elle dit, mais ses yeux ajoutèrent : « Je suis fâchée; je ne veux rien avoir à démêler avec vous!

— Très bien, répondit John; il faut donc que je sorte seul! » Et il prit son chapeau de l'air d'un martyr.

Par la porte ouverte de la cuisine, Bessie regarda les rayons et les ombres qui se jouaient sur le flanc rebondi de la colline, derrière la maison.

« Il fait vraiment bien beau, dit-elle; irez-vous loin?

— Non; seulement autour de la plantation.

— Il y a trop de couleuvres par là; je déteste les serpents », reprit Bessie, s'obstinant à trouver un prétexte pour ne pas sortir.

« Oh! je me charge des couleuvres; venez donc.

— Eh bien! j'y vais », dit-elle, en abaissant ses manches, qu'elle avait relevées jusqu'aux épaules pour faire son gâteau, et cachant ses beaux bras blancs; « j'y vais, non parce que j'en ai envie, mais parce que vous m'y forcez. Je ne sais pas comment cela se fait », ajouta-t-elle, avec un petit coup impatient de son pied, tandis que ses yeux bleus se remplissaient de larmes, « mais on dirait qu'il ne me reste plus de volonté du tout. Quand je veux faire une chose et que vous voulez que j'en fasse une autre, c'est toujours moi qui cède; cela ne me plaît pas du tout, Capitaine, et je serai très maussade pendant la promenade, je vous en préviens. »

Sur ce elle glissa devant lui, pour aller chercher son chapeau, de cette façon particulièrement gracieuse qu'ont parfois certaines femmes en colère, et John Niel se dit que jamais, ni en Europe, ni ailleurs, il n'avait vu femme plus délicieusement séduisante!

Il avait envie de tout risquer et de lui proposer de l'épouser; mais si elle refusait? Cette idée ne lui souriait nullement. La première jeunesse passée, peu d'hommes aiment à se mettre dans une situation qui les livre pieds et poings liés, à la malice d'une femme. Car malheureusement, jusqu'à ce que le contraire soit bien démontré, beaucoup d'hommes croiront que bien des femmes sont, par nature, capricieuses, légères et peu sûres; et John Niel, grâce peut-être à la petite expérience dont nous avons parlé, partageait ces erreurs insignes !

CHAPITRE XII

LE SAUT

En quittant la maison, Bessie et John s'engagèrent dans l'avenue des Gommiers. Silas était très fier de cette avenue, car, plantés depuis vingt ans seulement, ces arbres, qui poussent avec une rapidité extraordinaire, dans le climat divin et le sol si riche du Transvaal, étaient presque tous très élevés et aussi gros que des chênes de cent cinquante ans. L'avenue n'était pas très large et les arbres, plantés fort près les uns des autres, s'élançaient comme de grandes colonnes, dépourvus de toute branche, jusqu'à une hauteur considérable, tandis qu'au faîte leurs ramures s'enchevêtraient et formaient un tunnel touffu, au bout duquel on voyait le paysage comme au bout d'un télescope.

Arrivés à l'extrémité de cette charmante avenue, John et Bessie tournèrent à droite, pour suivre un petit sentier capricieusement tracé à travers les roches qui soutenaient le plateau de la colline sur le flanc de laquelle s'élevait l'habitation. Ce sentier aboutissait à une partie stérile de la plaine, lieu fort dangereux pendant un orage, mais sauvegarde de la maison et des arbres du voisinage, car le minerai de fer s'y montrait à la surface, et de l'habitation l'on pouvait voir les éclairs frapper cette surface et même y courir en zigzags. Sur la gauche s'étendaient des terres cultivées, au delà desquelles était la plantation que John désirait examiner.

Ils marchèrent jusque-là sans mot dire. La plantation était entourée d'un fossé et d'un mur en terre, assez bas, sur lequel Bessie vint s'asseoir. Il fut convenu qu'elle attendrait là le retour du capitaine, parce qu'elle avait, dit-elle, peur des vipères dont une nombreuse famille s'abritait sous bois.

John la laissa faire et déclara qu'il enverrait une colonie de porcs pour détruire ces vilaines bêtes qu'ils peuvent manger avec impunité. Entré sous bois, il se fraya adroitement un passage à travers les jeunes branches légères comme des plumes, et revint bientôt, sans avoir vu le moindre reptile.

En arrivant à la lisière de la plantation, il s'arrêta pour regarder Bessie assise sur le petit mur et encadrée dans la splendide lumière du soleil couchant.

Elle avait ôté son chapeau, car la chaleur était grande, et la main qui le tenait, pendait inerte à son côté, tandis que ses yeux admiraient les splendeurs de ce coucher de soleil africain. Il contemplait avec délice ce doux visage et cette gracieuse silhouette, qui lui rappelaient certaine poésie, lue autrefois, quand elle se retourna et le vit.

« Que regardez-vous? demanda-t-elle : le coucher du soleil?

— Non; c'est vous que je regardais.

— Eh bien! vous auriez mieux fait de regarder le soleil, répondit-elle, en détournant vivement la tête. Voyez-le. Avez-vous jamais contemplé son pareil? Même ici, nous n'avons ces couchers de soleil qu'à cette époque de l'année, quand les orages sont dans l'air. »

Elle avait raison. C'était incomparable. Les nuages lourds, qui, deux heures auparavant, couraient tout noirs sous la voûte d'azur, étaient maintenant en flamme. Quelques-uns ressemblaient à d'immenses forteresses en feu; d'autres avaient le rouge terne de la houille qui brûle. A l'est, le ciel était une plaine d'or bruni qui lentement devenait rouge, puis orange et enfin rose très pâle. A gauche, les rayons semblaient se poser avec amour, avant de disparaître, sur les arêtes des monts Quathlamba, embrasant jusqu'aux neiges éternelles du pic le plus élevé, comme pour inscrire sur leur blancheur le passage d'un jour nouveau. Plus bas dans le ciel, flottaient de petits nuages, flocons de flamme tombés des masses supérieures, et sur la terre s'étendaient de grandes ombres profondes, que traversaient des traînées de lumière.

John admirait immobile, et toute cette splendeur semblait enflammer son imagination, comme elle enflammait le ciel et la terre, de telle sorte que l'amour descendit dans son cœur, aussi brûlant que les rayons du soleil sur la crête des montagnes.

Était-ce ce spectacle des gloires de la nature? car il y a toujours un grain de mélancolie dans les choses les plus belles; était-ce une autre cause? toujours est-il que le visage de Bessie se couvrait d'un voile de tristesse que John ne lui avait jamais vu, et qui ajoutait à son charme, comme l'ombre ajoute au charme de la lumière.

« A quoi pensez-vous, Bessie? » lui demanda-t-il.

Elle leva les yeux; il s'aperçut que ses lèvres tremblaient un peu.

« Imaginez-vous, répondit-elle, que je ne sais pourquoi : je pensais à ma mère. C'est à peine si je me rappelle son doux visage émacié. Je me souviens qu'un soir, elle était assise sur le devant d'une maison, au coucher du soleil, comme en ce moment, et je jouais près d'elle, quand tout à coup elle m'appela, m'embrassa et, me montrant les nuages rouges amassés dans le ciel, me dit : « Penserez-vous à moi, « chérie, quand j'aurai franchi ces portes d'or? » Je ne compris pas alors ce qu'elle voulait dire, mais je me suis souvenue de ses paroles, et quoiqu'elle soit morte depuis si longtemps, je pense souvent à elle. »

Bessie se tut et deux grosses larmes coulèrent sur ses joues.

Peu d'hommes peuvent voir sans émotion une jolie femme en pleurs, et ce petit incident vint mettre en déroute toute la prudence de John.

« Bessie, chère Bessie, dit-il, ne pleurez pas! Je ne peux pas vous voir pleurer. »

Elle leva les yeux comme pour répondre, mais les baissa de nouveau sans rien dire.

« Écoutez-moi, Bessie, reprit-il, un peu gauchement : j'ai quelque chose à vous dire. Je veux vous demander si..., si..., bref, si vous consentiriez à m'épouser? Attendez; ne répondez pas encore. Vous me connaissez assez bien maintenant. Je ne suis plus un enfant, chère Bessie, j'ai vu le monde et j'ai eu, comme bien d'autres, une ou deux petites affaires de cœur. Mais, Bessie, je n'ai jamais vu de femme aussi charmante et, si vous me permettez de vous le dire, aussi délicieusement belle que vous; et, si vous m'acceptez, il me semble que je serai l'homme le plus fortuné de l'Afrique australe. »

Il s'arrêta.

Quand elle eut compris où il voulait en venir, Bessie avait rougi jusqu'aux yeux, puis était devenue blanche comme un lis. Elle aimait cet homme; ses paroles la charmaient et elle s'en contentait, quoique d'autres eussent pu se montrer plus exigeantes; mais Bessie n'était pas exigeante.

Enfin elle parla.

« Êtes-vous bien sûr, dit-elle, de sentir tout ce

que vous me dites là? Parfois on parle sous l'impulsion d'un premier mouvement et ensuite on regrette ce qu'on a dit. S'il en était ainsi, après que je vous aurais répondu *oui*, ce serait embarrassant, n'est-ce pas?

— Mais je suis bien sûr de ce que je dis! s'écria John, avec indignation.

— C'est que, voyez-vous », poursuivit Bessie, traçant des cercles sur le sol, avec la baguette qu'elle tenait, « vous vous exagérez peut-être mes mérites. Vous me trouvez jolie, parce que vous ne voyez que des Hottentotes ou des Boers; et il en est de même pour tout le reste. Je ne suis pas *digne* d'épouser un homme comme vous, ajouta-t-elle, désolée. Je ne connais rien et je n'ai rien vu. Je ne suis qu'une jeune fille ignorante, élevée dans une ferme, sans fortune et n'ayant pour elle qu'un peu de beauté. Vous, c'est différent : vous êtes un homme du monde et si jamais nous retournions en Angleterre, je serais une chaîne pour vous. Vous auriez honte de moi et de mes manières coloniales. Si c'était Jess, ce serait tout autre chose, car elle a plus d'intelligence dans son petit doigt que moi dans toute ma personne. »

Ce nom de Jess produisit un effet pénible sur les nerfs de John. Ce fut comme une bouffée d'air froid au milieu d'une journée brûlante. Il désirait oublier Jess, pour le moment.

« Chère Bessie, dit-il, pourquoi supposer de telles choses? Je vous assure que si vous paraissiez dans un salon de Londres, vous y éclipseriez la plupart des femmes. Du reste, il est fort peu probable que je fréquente les salons de Londres désormais, ajouta-t-il.

— Oh, oui! je peux être jolie, je ne dis pas le contraire, reprit Bessie; mais comprenez-moi bien : je ne veux pas que vous m'épousiez seulement pour cela, comme les Cafres épousent leurs femmes. Si vous m'épousez, je veux que ce soit parce que vous m'aimez, *moi*, mon vrai *moi*, et non pas seulement mes yeux et mes cheveux. Oh! je ne sais que vous répondre! En vérité, je ne le sais pas! » Et elle se mit à pleurer doucement.

« Bessie! chère Bessie! s'écria John, qui ne savait plus trop où il en était, dites-moi franchement, loyalement si vous m'aimez. Je ne vaux peut-être pas grand'chose, mais peu importe, si vous m'aimez. » Il lui prit la main, la fit glisser du mur et elle se trouva debout devant lui, presque aussi grande que lui, car elle était d'une taille élancée.

Deux fois elle leva ses beaux yeux pour lui répondre, deux fois le courage lui manqua et enfin son secret lui échappa; ce fut presque un cri :

« Oh! John! je vous aime de tout mon cœur! »

Il est des choses sacrées, sur lesquelles on doit jeter un voile, et le premier aveu d'une femme pure comme Bessie est au nombre de ces choses.

Bornons-nous à dire qu'ils restèrent assis sur ce mur de terre, aussi heureux qu'ils pouvaient et devaient l'être, jusqu'à ce que la splendeur de l'Occident eût disparu, laissant la terre froide et pâle; jusqu'à ce que le crépuscule cachât les montagnes et que les étoiles fussent seules à regarder, avec eux, l'immensité sombre du désert.

Pendant ce temps, une scène très différente se jouait à l'habitation.

Dix minutes après que John et sa belle compagne furent partis pour cette promenade mémorable à la plantation, on pouvait voir Frank Muller, monté sur son coursier noir, s'avancer lentement vers l'avenue des Gommiers.

Jantjé se faufilait entre les troncs des arbres, à la manière serpentine des Hottentots, manière qu'ils ont sans doute acquise à la suite des siècles pendant lesquels ils ont poursuivi les fauves et se sont dérobés à leurs ennemis. Il se glissait d'arbre en arbre, comme s'il s'attendait toujours à se trouver inopinément en face d'une zagaie embusquée, ou d'une bête sauvage aux aguets. Il n'y avait aucune raison pour qu'il agît ainsi. Il satisfaisait simplement un instinct naturel, dans un moment où il savait ne pas être aperçu. La vie à Belle-Fontaine était décidément trop calme et trop civilisée au goût de Jantjé; il avait besoin de s'offrir parfois des récréations de ce genre.

Tout à coup et malgré la distance, il perçut le bruit des sabots d'un cheval; il se redressa, écouta, puis se coucha sur le sol, y appuya son oreille et laissa échapper un grognement guttural de satisfaction.

« C'est le cheval noir de Baas Frank, murmura-t-il; il a un talon fendu et pose un pied plus légèrement que l'autre. Pourquoi Baas Frank vient-il ici? Pour Missie, bien sûr. Il serait fou de rage, s'il savait que Missie est allée à la plantation avec Baas Niel. On va aux plantations pour s'embrasser (Jantjé n'était pas loin de la vérité!) et Baas Frank serait fou s'il savait cela. Il me frapperait, si je le lui disais; sans cela, je n'y manquerais pas. »

Les pas du cheval se rapprochaient; Jantjé se glissa aussi naturellement qu'un serpent, sous une touffe de hautes herbes, et attendit. Personne ne se serait douté que cette touffe cachât un corps humain, pas même un Boer, à moins qu'il n'eût marché droit à l'espion, et encore celui-ci eût-il probablement réussi à échapper à son pied et à ses yeux. Nous le répétons, tout ceci n'avait de raison d'être que le bon plaisir du sauvage.

Le cheval approchait; l'homme-serpent leva un peu la tête et regarda de ses yeux ronds comme des perles noires, à travers les brins d'herbes gros comme de la paille. Son regard tomba sur Muller, évidemment plongé dans des réflexions qui excitaient sa colère. Profondément absorbé, il laissa son cheval mettre le pied dans un grand trou qu'un fourmilier s'était amusé à creuser la nuit précédente, au beau milieu de l'allée.

« A quoi donc pense Baas Frank? » se dit Jantjé, comme l'homme et le cheval passaient à quatre pas de lui. Puis il se leva, traversa l'avenue, se glissa par un sentier détourné et se trouvait debout à la porte des écuries, le visage dénué de toute expression, quelques secondes avant l'arrivée de Frank Muller sur sa monture.

« Je vais leur offrir encore une fois le moyen de se sauver, pensait le Boer, ou plutôt le métis, car nous savons que sa mère était Anglaise et, s'ils le rejettent, que leur sort retombe sur leur tête. Demain je vais à l'assemblée de Paarde Kraal, pour me consulter avec Paul Krüger, Prétorius et les autres « Pères de la Patrie », comme ils s'intitulent. Si j'oppose mon veto à la rébellion, il n'y en aura pas; sinon, elle sera, et si l'oncle Silas ne veut pas me donner Bessie, si Bessie ne veut pas m'épouser, j'exciterai le pays à se révolter, quand je devrais le plonger dans les horreurs de la guerre, depuis le Cap jusqu'à Waterberg. Patriotisme! Indépendance! Taxes! Ils crient tout cela depuis si longtemps, qu'ils commencent à y croire. Ce n'est pas pour ça que je ferais la guerre, moi! Mais l'ambition et la vengeance, ah! ça, c'est autre chose. Je les tuerais tous, s'ils me barraient le chemin, tous, excepté Bessie. Si la guerre éclate, qui donc lèvera la main pour défendre les « maudits Anglais »! Ils auraient tous peur. Ce n'est pas ma faute. Puis-je m'empêcher d'aimer cette femme? Est-ce ma faute si je me dessèche à penser à elle, si le sommeil me fuit la nuit, si je pleure, oui, moi, Frank Muller, qui ai vu les cadavres de mon père et de ma mère assassinés, sans verser une larme, parce qu'elle me hait et me repousse?

« O femme! femme! On parle d'ambition, d'avarice, de bien d'autres choses encore, comme étant les moteurs de nos actions, mais peut-on les comparer à la force de la femme, cette petite chose fragile, ce jouet si facile à briser et qui cependant peut ébranler le monde et faire couler le sang à flots. Me voici près de la roche; elle tremble sur sa base; que je la touche et elle bondira, écrasant tout sur son passage. Peu m'importe! Que Bessie et Om (oncle) Silas choisissent.

« Je tuerais tous les Anglais du Transvaal pour avoir Bessie, se disait-il, et tous les Boers aussi et les naturels par-dessus le marché.

« Et alors, quand j'aurai Bessie, quand j'aurai chassé tous ces Anglais du pays, au bout de peu d'années, je mènerai ce pays; et ensuite? Eh bien! ensuite j'exciterai le sentiment national hollandais dans le Natal et dans l'ancienne colonie du Cap; nous pousserons les Anglais dans la mer, nous nous débarrasserons des indigènes, nous n'en garderons que ce qu'il faudra pour nous servir, et nous aurons les États-Unis de l'Afrique Australe. Qu'on me donne seulement quarante ans de vie et de force, et nous verrons! »

A ce moment, il arrivait devant la véranda et, faisant trêve à ses visions ambitieuses, il mit pied à terre et entra. Dans le salon, il trouva Silas Croft qui lisait un journal.

« Bonjour, Om Silas, dit-il, la main tendue.

— Bonjour, Meinheer Frank Muller », répondit le vieillard assez froidement, car Niel lui avait raconté l'incident de la chasse, qui avait failli se terminer tragiquement, et quoiqu'il n'eût rien dit alors, il n'en avait pas moins tiré ses conclusions.

« Que lisez-vous dans le *National*, Om Silas? L'affaire de Bezuidenhout?

— Non! qu'est-ce qu'il y a?

— Il y a que les Boers se soulèvent contre vous autres Anglais, voilà tout. Le shériff saisit l'autre jour le chariot de Bezuidenhout pour arriéré d'impôts, et le mit en vente à Potchefstroom; mais les habitants chassèrent à coups de pied le commissaire-priseur du chariot et le poursuivirent tout autour de la ville. Et maintenant le gouverneur Lanyon envoie Raaf pour assermenter des constables et faire respecter la loi. Il pourrait aussi bien essayer d'arrêter le cours d'une rivière, en y jetant des pierres. Le grand meeting qui devait avoir lieu le 15 décembre, à Paarde Kraal, aura lieu le 8, et nous saurons alors si c'est la paix ou la guerre.

— La paix ou la guerre? répliqua le vieillard, avec humeur; il y a des années qu'on crie cela. Combien y a-t-il eu de grands meetings depuis que Shepstone a annexé le pays? Six, je crois. Qu'en est-il résulté? Rien que des mots. Et après tout, supposez que les Boers se battent, quel sera le dénouement? Ils seront vaincus, beaucoup de gens seront tués et voilà tout. Vous n'admettez pas, je pense, que l'Angleterre céderait à une poignée de Boers? Qu'a dit le général Wolseley l'autre jour, au banquet de Potchefstroom? Que le pays ne serait jamais abandonné, parce qu'aucun gouvernement, conservateur, libéral ou radical ne l'oserait. La nouvelle administration Gladstone a télégraphié la même chose; il est donc bien inutile de s'arrêter à ces enfantillages. »

Muller répondit en riant :

« Vous êtes vraiment simples, vous autres Anglais. Ne savez-vous pas qu'un gouvernement est comme une femme qui dit non, non, non! et se laisse embrasser tout le temps? Si l'on fait assez de bruit, votre gouvernement oubliera ses grands mots et récusera Wolseley, Shepstone, Bartle Frère, Lanyon, etc. Il s'agit d'une affaire plus sérieuse que vous ne pensez, Om Croft. Bien entendu, ces meetings et ces discours sont choses préparées à l'avance. Les Boers sont mécontents, parce que les Anglais protègent les indigènes, et parce qu'il y a des taxes à payer. Ils se disent que maintenant que vous avez payé leurs dettes et chassé Sikukuni et Cetewayo, ils aimeraient bien reprendre le pays. Cependant le danger n'est pas là. Laissés à eux-mêmes, les Boers se borneraient à parler, car beaucoup d'entre eux sont enchantés que le pays appartienne aux Anglais. Mais ceux qui tiennent les fils des marionnettes, sont au Cap. Ils veulent chasser tous les Anglais de l'Afrique australe. Quand Shepstone annexa le Transvaal, il fit pencher la balance du côté opposé aux Hollandais et réduisit à néant le projet de créer, dans le pays tout entier, une grande république anti-anglaise. Si le Transvaal reste anglais, adieu à leurs espérances, car l'État Libre survit seul, et il est enveloppé. Voilà pourquoi ils sont en colère et pourquoi leurs instruments soulèvent les Boers. Ils *veulent* qu'ils se battent et je crois qu'ils y arriveront. Si les Boers sont vainqueurs, les gens du Cap lèveront le masque; sinon les Boers payeront les frais de la guerre et les autres se tairont. Ils sont très habiles les *patriotes* du Cap, et savent très bien se tirer d'affaire. »

Silas Croft demeura silencieux et sombre. Frank Muller se leva et alla regarder par la fenêtre.

CHAPITRE XIII

FRANK MULLER JETTE LE MASQUE

Quelques instants après, Muller se retourna et dit:

« Savez-vous pourquoi je vous ai conté tout cela, Om Silas?

— Non.

— Parce que je veux vous faire comprendre que vous et tous les Anglais, vous êtes ici dans une situation très dangereuse. La guerre est imminente et, quelle qu'en soit l'issue, vous en souffrirez. Vous autres Anglais, vous avez beaucoup d'ennemis. Vous avez tout le commerce et la moitié de la terre et vous défendez toujours les noirs que les Boers haïssent. Les temps seront durs pour vous, si la guerre éclate. On tirera sur vous, on brûlera vos maisons, et si vous êtes vaincus, ceux qui échapperont, devront fuir le pays. Alors le Transvaal sera pour ceux du Transvaal et l'Afrique pour les Africains.

— Eh bien! Frank Muller, si tout cela arrive, qu'en adviendra-t-il? Où voulez-vous en venir? Vous ne vous démasquez pas ainsi pour rien. »

Le Boer rit. « Non, bien entendu, Silas. Eh bien! si vous voulez le savoir, je vais vous dire à quoi j'en veux venir. Je veux vous dire que moi seul, si les mauvais jours arrivent, je peux vous protéger, vous, les vôtres et vos biens. J'ai plus d'influence dans le pays que vous ne le pensez. Peut-être même pourrais-je empêcher la guerre, et je le ferais, si j'y trouvais mon compte. En tout cas, je pourrais éloigner de vous le danger; mais j'y mets mon prix, Silas Croft, comme tout le monde, et c'est argent comptant qu'il faut payer; je ne fais pas crédit.

— Je ne comprends pas vos paroles mystérieuses, répliqua le vieillard, froidement. Je suis un homme droit et loyal, et si vous me dites ce que vous voulez, je vous répondrai.

— Très bien! Je vais vous dire ce que je veux. Je veux *Bessie*. J'aime votre nièce et je désire l'épouser; oui, je veux l'épouser et pour cela tous les moyens me seront bons. Or, elle ne veut pas m'entendre.

— Qu'y puis-je, Frank Muller? Elle s'appartient. Je ne peux pas disposer d'elle, quand même je le voudrais, comme d'un poulain ou d'un bœuf. Plaidez votre cause et acceptez sa réponse.

— J'ai plaidé ma cause, et j'ai reçu sa réponse, reprit le Boer, avec emportement. Ne comprenez-vous pas qu'elle ne veut pas entendre parler de moi? Elle aime ce damné *Rooibaatje* Niel, que vous avez amené ici. Elle l'aime, vous dis-je, et n'a pas un regard pour moi.

— Vraiment? répliqua Silas Croft, avec calme. S'il en est ainsi, elle prouve qu'elle a bon goût, car John Niel est un honnête homme, Frank Muller, ce que vous n'êtes pas. Écoutez-moi », poursuivit-il, avec une explosion soudaine de colère; « en vérité, je vous le dis, vous êtes un malhonnête homme et un coquin. Vous avez assassiné de sang-froid le père, la mère et l'oncle du Hottentot Jantjé, quand vous étiez encore presque un enfant. L'autre jour, vous avez essayé d'assassiner John Niel, sous prétexte que vous le preniez pour un jeune chevreuil. Et maintenant, vous qui avez pétitionné pour que la Reine prît ce pays, vous qui avez crié partout à haute voix votre loyalisme, vous venez me dire que vous conspirez pour faire éclater l'insurrection et la guerre, et vous me demandez Bessie pour prix de votre protection! Eh bien! moi, Frank Muller, je vous dis », ajouta le vieillard en se levant, les yeux flamboyants, redressant sa taille courbée et montrant la porte : « Sortez immédiatement par cette porte et n'en repassez jamais le seuil. Je m'en remets à Dieu et à la nation anglaise pour me protéger, non pas à vos pareils, et j'aimerais mieux voir ma chère Bessie dans son cercueil, que mariée à un misérable, un traître, un assassin tel que vous. Sortez ! »

Le Boer devint livide de rage. Deux fois il essaya de parler; deux fois il n'y put parvenir et, quand il y réussit, ses paroles, étranglées par la fureur, étaient presque inintelligibles. Ces accès de colère en face de la contradiction étaient le côté faible de son caractère. Plus maître de lui, il eût été un coquin parfait et triomphant, tandis que ses audacieux et ténébreux projets, médités pendant des années, étaient souvent exposés à se voir déjoués par ces emportements soudains et irrépressibles.

C'est ainsi qu'il s'était laissé entraîner à assaillir John et l'avait mis en garde contre lui.

« Fort bien, Silas Croft, dit-il enfin; je pars, mais je reviendrai, n'en doutez pas, et quand je reviendrai, ce sera avec des hommes armés de fusils. Je brûlerai votre jolie demeure, dont vous êtes si fier, je vous tuerai, vous et votre ami l'Anglais. J'emmènerai Bessie et elle sera trop heureuse d'épouser Frank Muller, s'il veut l'épouser; mais il ne le voudra plus, quand même elle le lui demanderait à genoux, je vous en réponds. Nous verrons alors ce que Dieu et la nation anglaise feront pour vous protéger. Appelez-en aux moutons et aux chevaux, aux rochers et aux arbres; ils vous répondront mieux que votre Dieu et votre nation anglaise !

— Sortez ! répéta le vieillard, d'une voix tonnante, ou par le Dieu que vous blasphémez, je vous envoie une balle (il saisit une carabine placée au-dessus de la cheminée), à moins que je ne vous fasse chasser à coups de fouet par mes Cafres. »

Frank Muller n'attendit pas davantage. Il sortit. L'obscurité était venue, mais il y avait encore de la lumière dans le ciel, au bout de l'avenue des Gommiers, et il aperçut la svelte et gracieuse silhouette de Bessie, qui se détachait doucement sur le crépuscule. John l'avait quittée, pour aller voir quelque chose à la ferme et elle rentrait lentement, tout entière à sa joie nouvelle, redoutant de rompre le charme, si elle reprenait trop vite la routine de ses occupations.

Elle apparaissait là comme le type et le symbole de ce qu'il y a de plus beau et de plus gracieux en ce monde grossier, le cœur plein de reconnaissance pour Celui qui nous donne tout ce qui est bon; les yeux brillants d'une lumière nouvelle, douce, heureuse et charmante, incarnation de pureté, de joie et de grâce.

Tout à coup, elle entendit les pas du cheval et leva la tête; la faible lumière frappa en plein son visage, dont elle idéalisa la beauté émue par la passion, et l'enveloppa d'un reflet vraiment céleste. Il y avait en elle, ce soir-là, un quelque chose indéfinissable, une splendeur dont l'amour seul empreint l'humanité, et le cœur même de l'homme sauvage et mauvais, qui l'adorait avec toute la violence d'une nature terrible, en fut pénétré.

Il s'arrêta un instant, partagé entre la crainte et le regret.

Était-il sage de méditer sa ruine et celle de tous ceux qu'elle aimait? Ne ferait-il pas mieux de la fuir, de la laisser vivre en paix? Était-ce bien une femme qu'il voyait là, ou un être d'un monde supérieur? Les natures puissantes, mais indisciplinées, telles que celle de Frank Muller, sont généralement superstitieuses, sans religion, et en ce moment cet instinct prit le dessus. N'existerait-il pas, quelque part, un juge pour punir celui qui jetterait cette fleur dans la boue mêlée peut-être au sang des siens?

Pendant quelques secondes, il hésita. S'il renonçait à tout cela? s'il abandonnait la rébellion à elle-même? s'il épousait une des filles de Hans Coetzee et s'en allait au Cap, ou ailleurs? Il serra la bride comme pour faire tourner son cheval à gauche et, par ce moyen, éviter Bessie; mais tout à coup le souvenir de son rival heureux lui traversa l'esprit avec la rapidité de l'éclair. La laisser à cet homme? Jamais! Il la tuerait plutôt de sa propre main! En un clin d'œil, il mit pied à terre et se trouva face à face avec Bessie, avant même qu'elle l'eût reconnu.

« Ah! je me doutais bien qu'il venait pour Missie », se dit Jantjé, qui rôdait autour de la maison, en se cachant dans les hautes herbes. « Que va dire Missie maintenant? »

« Comment vous portez-vous, Bessie? » dit Muller, d'une voix qu'il s'efforçait de rendre calme.

En le regardant, la jeune fille comprit que la voix mentait. Toutes ses passions se reflétaient sur son visage, dont la beauté réelle ne servait qu'à rendre cette expression plus frappante.

« Je vais très bien, merci, monsieur Muller », répondit-elle, en essayant de continuer sa route, car elle se sentait grand'peur, ainsi isolée. Elle connaissait assez son admirateur pour redouter de se trouver seule avec lui, si loin de tout secours; personne aux environs et la maison à trois cents mètres au moins!

Il se plaça devant elle, de telle sorte qu'elle ne pouvait passer sans le repousser.

« Pourquoi êtes-vous si pressée? demanda-t-il; vous étiez immobile tout à l'heure.

— Il est temps que je rentre et que je m'occupe du souper.

— Le souper peut attendre un instant, Bessie, et moi, je ne le puis. Je pars demain matin pour Paarde Kraal et je veux vous dire adieu. »

Elle lui tendit la main.

« Adieu », dit-elle, plus effrayée que jamais de son attitude contrainte.

Il prit sa main et la garda.

« Laissez-moi passer, je vous prie, monsieur Muller.

— Pas avant que vous ayez entendu ce que j'ai à vous dire. Je vous aime de toute mon âme, Bessie. Vous croyez, je le sais, que je suis un simple Boer; mais je suis plus que cela. Je suis allé au Cap. J'ai vu le monde. J'ai une intelligence, je vois et je comprends bien des choses, et si vous consentez à m'épouser, je vous ferai une belle place. Vous serez une des plus grandes dames de l'Afrique australe, quoique je sois tout simplement Frank Muller, aujourd'hui. De grands événements se préparent en ce pays, et je serai l'un des chefs du mouvement politique. Non; n'essayez pas de m'échapper. Je vous dis que je vous aime, et vous ne savez pas à quel point. J'en meurs. Oh! ne pouvez-vous me croire, ma bien-aimée, mon adorée! Un baiser! Je *veux* un baiser! « Et dans un paroxysme de passion, que la résistance enflammait davantage, il jeta ses bras robustes autour de la jeune fille et l'attira malgré ses efforts, sur sa poitrine.

Mais, à ce moment, se produisit une diversion inattendue, grâce à l'invisible Jantjé. Voyant que les choses se gâtaient et n'osant se montrer, de peur que Muller ne le tuât sans hésiter, il trouva un autre expédient dans le talent de ventriloque qu'il possédait, comme un grand nombre de ses compatriotes. Subitement le silence fut troublé par un long et terrible gémissement qui parut planer au-dessus de la tête de Bessie, pendant qu'elle se débattait, puis bientôt on put distinguer le mot *Frank*. L'effet produit sur Muller fut magique.

« Dieu tout-puissant! s'écria-t-il, en levant les yeux; c'est la voix de ma mère!

— *Frank* », gémit de nouveau la voix.

Muller, rempli d'étonnement et de crainte, lâcha Bessie et se retourna pour essayer de découvrir d'où venait le son. Bessie en profita aussitôt pour s'enfuir.

« *Frank, Frank, Frank!* » reprit la voix, gémissant et hurlant, tantôt en haut, tantôt d'un côté, tantôt de l'autre, sous la voûte sombre des Gommiers, jusqu'à ce que Muller, mystifié et terrifié, se précipitât vers son cheval qui s'ébrouait et tremblait de tous ses membres. Il est presque aussi facile d'agir sur la crainte superstitieuse d'un chien ou d'un cheval, que sur celle d'un homme. Mais Muller ignorait cela, et l'état de sa monture fut pour lui la preuve de la nature surhumaine de la voix. D'un bond il sauta en selle et au même instant la voix de femme gémit : « *Frank*, tu mourras dans le sang, comme moi, Frank! »

Muller devint blême et une sueur froide inonda son visage. C'était cependant un homme brave et hardi, mais l'épreuve était trop forte pour ses nerfs.

« C'est la voix de ma mère et ce sont ses propres paroles », s'écria-t-il; alors, enfonçant ses éperons dans les flancs de son cheval, il s'enfuit comme un éclair, de ce lieu maudit, et ne s'arrêta que chez lui, à dix milles de là.

Quand le bruit des sabots du cheval se fut presque éteint, Jantjé sortit d'une de ses cachettes, se jeta de tout son long au milieu du chemin poudreux, et se roula avec délices, en proie aux transports d'une joie intense, que sa prudence de sauvage ne lui permettait pas d'exhaler à haute voix.

« La voix de sa mère! Les paroles de sa mère!

se répétait-il. Comment saurait-il que Jantjé se rappelle la voix de la vieille dame, et les paroles prononcées par le démon qui la possédait. Hi! hi! hi! »

Enfin, il se releva pour aller souper d'un morceau de bœuf qu'il avait coupé sur un infortuné animal, mort le matin de maladie mystérieuse. Jantjé était heureux! Il n'avait pas vécu en vain, ce jour-là!

Bessie courut sans s'arrêter, jusqu'aux orangers plantés devant la véranda; là, rassurée par les lumières qui brillaient aux fenêtres, elle voulut réfléchir. Non qu'elle fût préoccupée des mystérieux gémissements de Jantjé; dans sa frayeur, elle n'y songeait même pas. Ce qu'elle se demandait, c'était de décider si elle parlerait de sa rencontre avec Frank Muller. Pourquoi exciter inutilement la colère, et qui sait? peut-être la jalousie de John? Après tout, Muller n'avait pas réussi à prendre ce baiser si violemment demandé. Bessie, en personne pratique, résolut de ne rien révéler à son fiancé et d'en dire juste assez à son oncle, pour qu'il fermât sa maison à Frank Muller, ce qui était déjà fait, comme nous l'avons vu. Ensuite, elle cueillit une branche de fleurs d'oranger qu'elle mit à son corsage, s'assura qu'aucun désordre ne régnait dans sa toilette, et, grâce à sa nature fort peu nerveuse, se calma complètement et rentra dans la maison, comme s'il ne lui fût rien arrivé. La première personne qu'elle rencontra, fut John, qui revenait de l'autre côté de l'habitation. Il la complimenta en riant de son bouquet symbolique et se préparait à commettre le larcin essayé par Muller, lorsque l'oncle Silas ouvrit tout à coup la porte du salon et se trouva en face de ce charmant et sentimental tableau.

« Eh bien! eh bien! que signifie ceci, Bessie? » demanda le vieillard.

Que faire, sinon entrer dans le salon et raconter exactement les choses? Ce fut le parti que prit John, avec une gaucherie fort divertissante, tandis que Bessie, plus rose qu'une rose épanouie, se tenait près de lui, la main sur son épaule.

Le vieil oncle écouta sans interrompre, avec un sourire sur les lèvres, et un petit clignement d'yeux plein d'indulgence.

« Ainsi, jeunes gens, dit-il, quand John eut fini, c'est à cela que vous avez passé votre temps, eh? Vous désirez avoir un intérêt plus considérable dans la ferme, n'est-ce pas, John? Sur ma parole, je ne vous blâme pas; vous auriez pu chercher plus loin, à moins bon escient. Il paraît que ces choses-là viennent toujours par séries. Une autre personne m'a demandé votre main aujourd'hui, Bessie; ce coquin de Frank Muller, par ma foi! (En prononçant ce nom, son visage s'assombrit.) Je l'ai reçu de la belle manière, je vous en réponds! Si j'avais su ce que je sais maintenant, je l'aurais adressé à John. C'est un mauvais homme et un homme dangereux; ne parlons plus de lui. Il est en train de faire la corde avec laquelle on le pendra. Mes chers enfants, vous m'apportez la meilleure nouvelle que j'aie reçue depuis bien des années. Il est temps de vous marier tous deux; il n'est bon ni pour l'homme, ni pour la femme, de vivre seul; c'est ce que j'ai fait et c'est la conclusion à laquelle je suis arrivé après cinquante années de réflexion. Oui, vous avez mon consentement et en outre ma bénédiction, et vous aurez quelque chose de plus, avant qu'il soit longtemps. Prenez-la, John, prenez-la. Malgré la vie assez rude que j'ai menée, je connais un peu les femmes et je vous le dis en vérité : il n'en est pas une, dans toute l'Afrique australe, qui soit plus charmante, plus jolie, ou meilleure que Bessie Croft; en la choisissant, vous avez fait preuve de bon sens et de bon goût. Que Dieu vous bénisse! mes chers enfants; et maintenant, Bessie, venez embrasser votre vieil oncle. Tout ce que j'espère, c'est que vous ne permettrez pas à John de me chasser de votre cœur, car, voyez-vous, ma chérie, n'ayant pas d'enfants à moi, je vous ai aimée tendrement depuis douze ans. »

Bessie s'approcha du vieillard et l'embrassa de tout son cœur.

« Non, mon oncle, dit-elle; ni John, ni personne, ni rien au monde ne pourrait faire cela! » Il suffisait de la voir et de l'entendre pour être persuadé qu'elle sentait comme elle parlait. Bessie avait le cœur trop large pour que personne, en effet, pût prendre la place qu'y occupait son oncle et bienfaiteur.

CHAPITRE XIV

JOHN, A LA RESCOUSSE!

Les importants é nements domestiques, rapportés dans le chap e précédent, se passaient le 7 décembre 1880, e pendant une douzaine de jours tout fut calme et h ureux à Belle-Fontaine. Chaque jour, Silas Croft se ontrait plus ravi du dénouement auquel étaient arr vés nos jeunes gens, et, chaque jour aussi, John se licitait davantage du parti qu'il avait pris. Dans l'in mité plus grande où il se trouvait avec sa fiancée, l découvrait en elle cent charmes et grâces de nature et de caractère, qu'il n'avait pas soupçonnés jusque-là. Bessie était comme une fleur; elle s'épanouissait au soleil de son amour et répandait, autour d'elle, un parfum dont la douceur pénétrante était restée jusqu'alors inconnue.

Il en est ainsi de toutes les femmes, mais surtout des femmes faites comme elle, pour aimer et être aimées, jeunes filles, épouses et mères. Sa beauté avait sa part de ce développement soudain ; son teint admirable prenait une nuance plus riche ; ses yeux devenaient plus expressifs et plus profonds. Elle était en toutes choses, excepté une seule, tout ce qu'un homme pouvait désirer dans sa femme, et encore cette exception eût-elle plaidé en sa faveur, auprès de bien des hommes ; elle n'était pas douée d'une intelligence supérieure, quoiqu'elle possédât une dose très suffisante de bon sens et d'esprit. Or, John avait, lui, une intelligence au-dessus de la moyenne et le goût très vif des choses intellectuelles. En outre il appréciait fort cette supériorité chez les femmes. Mais après tout, quand on vient de se fiancer à une belle jeune fille, ce n'est pas son *intellect* qui préoccupe le plus. Ces réflexions-là ne viennent que plus tard.

Ils étaient donc très heureux et flânaient avec joie autour de Belle-Fontaine, sans laisser troubler leur sérénité par le grand meeting des Boers qui devait avoir lieu à Paarde Kraal. Il y avait eu si souvent des bruits de rébellion, que l'on commençait à les considérer comme faisant partie de l'état normal des affaires.

« Oh ! les Boers ! » disait Bessie, en secouant gracieusement sa tête aux cheveux d'or, un matin qu'ils étaient assis sous la véranda, « j'en ai par-dessus la tête des Boers et de leurs grandes phrases. Je sais ce que tout cela signifie. C'est tout bonnement un prétexte pour quitter leurs femmes et leurs enfants, perdre leur temps et faire de beaux discours en buvant le plus possible. Vous voyez ce que Jess dit dans sa dernière lettre. Les gens de Prétoria sont persuadés que tout cela ne signifie rien du tout et je crois qu'ils ont parfaitement raison.

— A propos, Bessie, demanda John, avez-vous écrit à Jess pour lui annoncer nos fiançailles?

— Certes; je le lui ai écrit il y a quelques jours, mais la lettre n'est partie qu'hier. Elle en sera contente. Chère Jess! quand donc reviendra-t-elle? Il y a bien assez longtemps qu'elle est partie. »

John continua de fumer son cigare, sans répondre, se demandant si Jess serait vraiment aussi contente que cela d'apprendre la nouvelle.

Quelques instants après, il aperçut Jantjé qui se faufilait parmi les orangers, comme s'il désirait appeler l'attention sur lui.

« Sortez de là, petit coquin, lui cria John, et cessez de vous glisser d'arbre en arbre comme un serpent. Qu'est-ce que vous voulez? Vos gages? »

Ainsi interpellé, Jantjé s'avança et s'assit, selon son habitude, au beau milieu de l'allée, en plein soleil.

« Non, Baas, pas les gages; ils ne sont pas encore dus.

— Eh bien! quoi alors?

— Voici, Baas. Les Boers ont déclaré la guerre au gouvernement anglais et ils ont dévoré les Rooibaatjes près de Middelburg, à Bronker's Spruit. Joubert les a fusillés tous avant-hier.

— Qu'est-ce que vous me dites là », s'écria John, si stupéfait qu'il laissa tomber son cigare. « Ce doit être un mensonge. Près de Middelburg,... avant-hier,... c'est-à-dire le 20! Et quand avez-vous appris cela?

— Ce matin, au point du jour, Baas. C'est un Basutu qui me l'a dit.

— Alors je n'y crois pas. La nouvelle n'aurait pu arriver jusqu'ici en trente-huit heures. A quoi pensez-vous de venir me raconter pareille histoire? »

Le Hottentot sourit.

« C'est tout à fait vrai, Baas. Les mauvaises nouvelles volent comme les oiseaux. »

Sur ce, Jantjé se releva et retourna à son travail.

Malgré l'impossibilité apparente de la chose, John était inquiet; il savait avec quelle rapidité les nouvelles voyagent chez les Cafres; le cavalier le mieux monté n'irait pas aussi vite. Quittant Bessie qui était un peu alarmée, il se mit à la recherche de Silas Croft, le trouva dans le jardin et lui rapporta ce que Jantjé venait de dire. Le vieillard ne savait que croire, mais il branla tristement la tête, au souvenir des menaces de Frank Muller.

« Si c'est vrai, répondit-il, ce misérable Muller y est pour quelque chose. Je vais rentrer et voir Jantjé; donnez-moi votre bras, John. »

Au bout du sentier assez raide qu'ils remontaient, ils aperçurent le gros Hans Coetzee cheminant à l'amble, sur son petit, mais robuste poney.

« Ah! reprit Silas Croft, voici l'homme qui nous dira ce qu'il en est »; et il cria de sa voix de stentor : « Bonjour, Om Coetzee; bonjour, quelles nouvelles apportez-vous? »

Le jovial Boer roula d'abord à bas de son cheval, lui jeta la bride sur la tête, et s'approcha d'eux.

« Dieu tout-puissant! Om Silas; les nouvelles sont mauvaises. Vous avez entendu parler du meeting à Paarde Kraal. Frank Muller voulait m'y emmener; j'ai refusé. Et voilà qu'ils ont déclaré la guerre au gouvernement britannique et envoyé une proclamation à Lanyon. On se battra, Om Silas; le sang coulera comme de l'eau et l'on tuera les pauvres Rooibaatjes comme des chevreuils.

— Les Boers, voulez-vous dire », grommela John, qui n'entendait pas que l'on parlât de l'armée de sa Majesté avec cette pitié dédaigneuse.

Hans Coetzee hocha la tête, en homme qui sait ce qu'il dit, puis écouta très attentivement le récit de Silas Croft, d'après la version de Jantjé.

« Dieu tout-puissant! gémit Coetzee, que vous disais-je? Les pauvres *Rooibaatjes* tués comme des chevreuils et la terre couverte de sang! Et maintenant Frank Muller va me forcer d'agir et d'aller tirer sur ces pauvres Rooibaatjes! et je ne les manquerai pas! Tels efforts que je fasse, je ne pourrai pas les manquer. Et quand nous les aurons tués, le vieux Bürgers reviendra sans doute, et il est fou! Oui, oui, Lanyon ne vaut guère, mais Bürgers est encore pire. »

Ce disant, le gros homme poussa un profond gémissement, à la pensée des difficultés dans lesquelles il allait être plongé, puis il s'éloigna par un sentier qui conduisait au sommet de la colline, après avoir déclaré que, vu la tournure des événements, il n'aimerait pas qu'on ébruitât sa visite à un Anglais.

« *Ils* pourraient croire que je ne suis pas fidèle *au pays*, ajouta-t-il, en manière d'explication; *le pays* que nous avons payé de notre sang, nous autres Boers, et que nous rachèterons de notre sang, quoique fassent ces pauvres troupeaux de *Rooibaatjes*! Ah! ces pauvres, pauvres *Rooibaatjes*!

« Un seul Boer en fera fuir vingt à travers la plaine, si toutefois ils peuvent courir avec leurs grands havresacs et la batterie de cuisine qui leur bat les flancs comme ceux d'une charrette de bohémiens! Que dit le livre saint? Mille fuiront devant la menace d'un seul, et devant la menace de cinq, vous fuirez! Du moins je crois que c'est là le texte. Le cher Seigneur savait ce qui arriverait, quand Il écrivit le Livre! Il pensait aux Boers et aux pauvres *Rooibaatjes*! »

Sur ce, il s'éloigna, en hochant tristement la tête.

« Il était temps! s'écria John, car, encore un peu, il aurait fui devant la menace d'un seul « pauvre Rooibaatje », je vous en réponds!

— John! dit tout à coup Silas Croft, il faut que vous alliez à Prétoria chercher Jess. Croyez-moi, les

Boers assiégeront Prétoria et, si nous ne la faisons pas revenir tout de suite, elle sera enfermée là-bas.

— Oh! non, non! s'écria Bessie terrifiée; je ne peux pas laisser partir John.

— Je regrette de vous entendre parler de la sorte, quand votre sœur est en danger, répondit l'oncle sévèrement; mais c'est peut-être naturel. Où est Jantjé? Il me faudra le chariot du Cap et les quatre chevaux gris.

— Vous avez raison, cher oncle; John partira; j'ai parlé sans réfléchir; cela m'a paru un peu dur tout d'abord.

— Certes, il faut que je parte, dit John. Ne vous inquiétez pas, chère aimée; je serai de retour dans cinq jours. Ces quatre chevaux peuvent faire vingt lieues par jour, pendant ce temps-là, et plus. Ils sont trop gras et ce n'est pas l'herbe qui manque sur la route. En outre, le chariot sera presque vide, de sorte que je pourrai emporter un muids de grain et cinquante bottelées de foin. J'emmènerai le jeune Zulu Mouti; il ne s'entend guère à soigner les chevaux, mais c'est un garçon courageux, qui ne m'abandonnerait pas dans le danger. On ne peut pas compter sur Jantjé; il disparaît à chaque instant et se griserait juste au moment où l'on aurait besoin de lui.

— Oui, oui, John, vous avez raison, dit l'oncle Silas; je vais m'occuper des chevaux et faire graisser les roues.

« Il faudrait partir dans une heure et passer la nuit chez Luke; vous pourriez aller plus loin, mais la place est bonne pour y coucher; vous y serez bien soigné; vous pourrez repartir à trois heures du matin, être à Heidelberg demain soir à dix heures, et à Prétoria dans l'après-midi du jour suivant. » Ayant dit, il s'éloigna pour hâter les préparatifs.

« O John! dit Bessie en pleurant, j'ai peur de

vous voir aller parmi ces sauvages Boers. Vous êtes officier anglais et, s'ils le découvrent, ils vous fusilleront. Vous ne savez pas quelles brutes ils peuvent être, quand ils n'y voient pas de danger. O John! John! je ne peux me résigner à vous laisser partir.

— Rassurez-vous, ma chérie, répondit John, et, pour l'amour du ciel, ne pleurez pas, car cela me bouleverse. Il faut que je parte. Votre oncle ne me pardonnerait jamais, si je refusais, et, bien plus, je ne me pardonnerais pas davantage. Personne ne peut y aller que moi et comment laisser Jess enfermée dans Prétoria, pendant des mois peut-être? Quant au danger, dame! il y en a un peu, mais c'est un risque à courir; je ne le crains pas, ou du moins je ne le craignais pas du tout, mais vous me rendez un peu lâche, chère Bessie. Allons! Un baiser, ma chérie, et venez m'aider à emballer ce qu'il me faut. Dieu aidant! je reviendrai sain et sauf, avec Jess, dans une semaine au plus. »

Dès lors, Bessie, qui était très raisonnable et très pratique, sécha ses yeux, prit un air souriant, malgré l'angoisse de son cœur, et se mit à préparer avec zèle, tout ce qu'elle imagina pouvoir être utile au voyageur, dans ce pays sauvage et dénué de ressources.

Ensuite on servit un repas que John expédia en toute hâte et à peine finissait-il, que le chariot était à la porte; Jantjé, comme d'habitude, se tenait à la tête des chevaux et le robuste Zulu Mouti, dont le seul bagage semblait consister en un faisceau de zagaies et de bâtons enveloppés dans une natte d'herbe, allait et venait d'un air placide, vêtu, malgré la chaleur, d'une immense capote militaire.

« Adieu, John, cher John, disait Bessie, s'efforçant de refouler ses larmes; adieu, mon bien-aimé!

— Dieu vous garde, ma bien-aimée! répondit-il

simplement, en l'embrassant. Monsieur Croft, j'espère vous revoir d'ici à huit jours. »

Déjà il était dans la voiture et rassemblait les longues rênes; Jantjé quitta la tête des chevaux; Mouti cessa de bayer aux étoiles et sauta dans la voiture avec une légèreté surprenante; les chevaux prirent le petit galop, et bientôt tout disparut dans un nuage de poussière.

Pauvre Bessie! l'épreuve était dure pour elle, et maintenant que ses larmes ne pouvaient plus troubler John, elle s'enferma chez elle, pour leur donner un libre cours.

John arriva chez Luke, dont l'établissement combinait ingénieusement les attributions de l'hôtellerie, du magasin et de la ferme. On en rencontre fréquemment de semblables, dans les pays peu peuplés. Comme ce n'était pas par le fait une véritable hôtellerie, il fallait l'aborder avec une certaine prudence, si l'on désirait y trouver un abri pour bêtes et gens; autrement on courait le risque d'être prié de continuer sa route. Il faut, en pareil cas, s'avancer chapeau bas et demander l'hospitalité comme une faveur. Plus d'un voyageur habitué aux attentions obséquieuses de l'hôtelier civilisé, l'a appris à ses dépens. Il n'y a pas d'autocrate qui égale l'aubergiste amphibie de l'Afrique australe. Il est tellement maître de la situation! Si vous n'êtes pas content, allez au diable! Voilà sa réponse au voyageur furieux.

En cette circonstance, John fut assez heureux; d'abord il connaissait les gens de l'endroit, très polis si l'on s'approchait avec humilité; ensuite ils étaient tous plongés dans un état de surexcitation si peu agréable, qu'ils étaient enchantés de trouver un autre Anglais avec qui discuter les événements. Le bruit courait du désastre de Bronker's Spruit, de l'investissement probable de Prétoria, de l'approche d'un corps nombreux de Boers qui venaient prendre possession du défilé de Laing, au delà du Drakensberg, mais on ne savait rien de positif.

« Vous n'arriverez pas à Prétoria, dit un chevalier de la triste figure; ce n'est pas la peine d'essayer. Les Boers vous attraperont et vous tueront, voilà tout. Vous feriez mieux d'abandonner la jeune fille à son sort et de retourner à Belle-Fontaine. »

John ne l'entendait pas ainsi.

« J'essayerai toujours », répondit-il.

Il avait une sorte de ténacité *bouledogue*, qui le disposait à croire que, s'il voulait *bien* faire une chose, il en viendrait à bout, à moins de circonstances échappant tout à fait à son contrôle. Un sentiment pareil mène un homme bien loin. C'est lui qui a fait l'Angleterre ce qu'elle est. Il s'affaiblit par exagération de législation et les effets commencent à s'en faire sentir par une diminution de puissance. On ne peut pas gouverner l'Irlande? Eh bien! qu'on lui cède! qu'on lui donne le Home-Rule! Les responsabilités d'empire colonial pèsent à l'Angleterre? Qu'elle s'en débarrasse! Et ainsi de suite! Mais les Anglais d'il y a cinquante ans ne parlaient pas ainsi.

L'Angleterre a été faite, non par les gouvernements, mais, pour la plus grande partie, en dépit d'eux, par les efforts indépendants d'un certain nombre d'individus. La tendance actuelle est d'absorber l'individu dans le gouvernement, de limiter, voire de détruire l'initiative et la responsabilité individuelles. On veut des lois pour, ou contre toute chose. Le système n'est encore qu'à son début. Quand il se sera développé, l'empire deviendra une vaste machine sans âme, qui, un jour, se désorganisera, puis se brisera. Le pays doit plus aux hommes résolus, obstinés, si l'on veut, de la trempe de John Niel, qu'il n'est disposé à le reconnaître, en ces jours de lumière.

John reprit son dangereux voyage le lendemain matin, une heure avant le jour. Personne ne se montrait et comme il eût été impossible de découvrir les Cafres dans les divers coins où ils dormaient, Mouti et son maître furent obligés d'atteler eux-mêmes, tâche assez difficile dans l'obscurité. La note avait été payée la veille au soir; ils purent donc partir aussitôt leurs préparatifs terminés. Ils n'avaient pas fait quarante pas, qu'une voix les somma d'arrêter. John obéit et aperçut une seconde après, tenant une chandelle allumée qui ne vacillait même pas dans l'air humide et immobile, le prophète de malheur de la veille, entièrement drapé dans une couverture sale.

Il s'approcha lentement et avec dignité, comme il convenait à un prophète, et fit une telle peur aux chevaux, qu'ils faillirent s'emporter.

« Qu'y a-t-il? » demanda John d'assez mauvaise humeur, car il n'était pas disposé à se laisser retarder.

« J'ai seulement voulu vous dire, répondit le fantôme, que je suis sûr d'avoir raison et que les Boers vous fusilleront. Je ne voudrais pas que vous pussiez me reprocher plus tard de ne pas vous avoir averti. » Puis, élevant sa lumière de manière à ce qu'elle frappât John en plein visage, il lui adressa du regard un tendre adieu.

« Allez au diable! cria John furieux; si vous n'aviez que cela à me dire, vous auriez mieux fait de rester couché. » Et fouettant les chevaux de volée, il les fit bondir de telle sorte, que la chandelle du prophète s'éteignit et que le prophète lui-même faillit rouler dans le ruisseau!

CHAPITRE XV

UN VOYAGE DIFFICILE

Les quatre chevaux gris étaient jeunes, bien portants et traînaient un poids léger, de sorte que, malgré le mauvais état des voies qu'on appelle routes en Afrique, John avança rapidement.

Vers onze heures du matin, il arriva à la petite ville de Standerton, sur le bord du Vaal, près de laquelle l'attendaient, sans qu'il s'en doutât, des émotions terribles.

Là, on lui confirma la nouvelle du désastre de Bronker's Spruit; il écouta les dents serrées, les yeux en flamme, ce récit d'une trahison et d'un massacre sans pareils, dit-il, dans l'histoire des guerres civilisées. On lui répéta qu'il lui serait impossible de passer à travers les Boers à Heidelberg, ville éloignée de Prétoria de vingt lieues environ, où le triumvirat de Krüger, Prétorius et Joubert avait proclamé la république. De nouveau il répondit qu'il irait jusqu'à ce qu'on l'arrêtât et repartit un peu réconforté en apprenant que l'évêque de Prétoria, pressé de rejoindre sa famille, avait passé quelques heures auparavant; peut-être, en se hâtant, pourrait-il le rattraper.

Il repartit donc; les heures passaient sur la grande plaine déserte et il ne rejoignait pas l'évêque. A quarante milles de Standerton, il vit un chariot arrêté sur un côté de la route et espéra obtenir quelques renseignements de son conducteur; mais en s'approchant, il se rendit compte, après examen, que le chariot avait dû être dépouillé de tout ce qu'il contenait et les bœufs emmenés. Il y avait des traces plus évidentes et plus terribles de violence. En travers du timon, les mains encore crispées sur le manche d'un fouet en bambou, comme s'il avait voulu en faire usage pour se défendre, était étendu le cadavre du conducteur, un naturel du pays. John remarqua le calme de son visage; on eût pu croire qu'il dormait, si ce n'eût été de l'attitude et d'un petit trou rond et net au milieu du front.

Au coucher du soleil, John dételа ses chevaux fatigués et leur donna, à chacun, deux des bottelées de foin dont il s'était muni. Laissant Mouti veiller sur eux, il alla s'asseoir à quelque distance, sur un petit monticule, pour réfléchir. Le paysage qui l'entourait était sauvage et triste. Partout la plaine immense, ondulant comme une mer figée; et au loin, sur la route de Heidelberg, les collines appelées Rooi Koopies. Le ciel présentait le spectacle d'un de ces couchers de soleil éblouissants et brûlants, comme on en voit parfois en été, dans l'Afrique du Sud. De tous côtés se pressaient, menaçants, des nuages d'un rouge de sang. L'herbe reflétait cette lueur et l'air même semblait rouge. On eût dit que le ciel et la terre avaient été trempés dans le sang et l'on ne peut s'étonner que John en fût impressionné, surtout après avoir vu le cadavre du pauvre charretier et entendu raconter le massacre de Bronker's Spruit.

Bien que peu enclin aux pressentiments sombres, il ne put s'empêcher de se demander s'il faisait son dernier voyage et si une balle boer n'allait pas lui révéler le mystère de la vie et de la mort.

Quand les chevaux eurent terminé leur repas et repris le mors bien malgré eux, la splendeur lugubre du ciel s'était éteinte et la nuit s'étendait, comme un voile funèbre, sur la plaine tout à l'heure embrasée. Il y avait heureusement une brillante demi-lune, qui bientôt éclaira la route, pendant le long trajet qui lui restait à faire. Enfin vers onze heures

Niel aperçut les lumières de Heidelberg, où il allait apprendre si son voyage était fini ou non. Le seul parti à prendre était de pousser droit devant lui et d'essayer de passer.

Bientôt il traversa un petit ruisseau et distingua au loin un chariot, autour duquel se mouvaient des hommes et deux lanternes. C'était sans doute l'évêque arrêté par des Boers! Arrivé tout près du véhicule, il le vit repartir et, une seconde après, il entendit la voix d'une sentinelle et vit luire le canon d'un fusil.

« Qui va là? demanda la voix.

— Ami! » répondit John gaiement, quoiqu'il ne fût rien moins que gai.

Il y eut un silence. Puis la sentinelle appela un homme qui s'approcha en bâillant et dit quelque chose en hollandais. L'oreille tendue, John saisit ces mots : « de la suite de l'évêque ».

Ceci lui suggéra une idée.

« Qui êtes-vous? Anglais? » dit en anglais le nouvel arrivant, d'une voix rude. Et il leva sa lanterne pour bien voir Niel.

« Je suis le chapelain de l'évêque », répondit celui-ci, s'efforçant d'assumer l'aspect pacifique d'un membre du clergé », et je désire le suivre à Prétoria. »

L'homme à la lanterne l'examinait de près. Heureusement Niel portait un vêtement sombre et un chapeau de feutre mou, d'aspect assez clérical, celui-là même que Frank Muller avait troué d'une balle.

« C'est un prédicateur bien sûr, reprit l'homme; regardez; il est habillé comme un vieux corbeau. Que disait le laissez-passer de Om Krüger? Est-ce un chariot ou deux que nous devions laisser continuer? C'était un seul, je crois?

— Non; deux, il me semble. »

Le brave homme ne voulait pas avouer à son

compagnon qu'il ne savait pas lire. « Oui, maintenant que j'y pense, je suis sûr que c'était deux. »

L'autre se gratta la tête.

« Peut-être ferions-nous bien d'aller trouver Om Krüger et de le lui demander?

— Om Krüger sera couché, et c'est un vrai porc-épic quand on le réveille.

— Eh bien! gardons le damné Anglais jusqu'à demain.

— Je vous en prie, messieurs, laissez-moi passer, dit John, de sa voix la plus douce. On a besoin de moi à Prétoria, pour prêcher la parole du Seigneur et veiller près des blessés et des mourants.

— Il n'en manquera pas, reprit la première sentinelle. Ce sera comme pour les « Rooibaatjes » à Bronker's Spruit! Seigneur! quel spectacle!

— Eh bien! laissons-nous passer le vieux corbeau? demanda la sentinelle.

— Si nous le gardons, il nous faudra nous rendre au quartier général et j'ai envie de dormir, répliqua l'autre en bâillant.

— Eh bien! qu'il passe! Je crois que vous avez raison et que le laissez-passer disait deux chariots. En route, damné Anglais! »

John n'en demanda pas davantage; il donna un vigoureux coup de fouet aux chevaux.

« J'espère que nous avons bien fait, dit l'homme à la lanterne, tandis que le chariot s'éloignait. Je ne suis pas bien sûr que ce fût un révérend, après tout. J'ai presque envie de lui envoyer une balle? »

Mais son compagnon, qui avait grand sommeil, n'encouragea pas cette idée à laquelle l'autre renonça.

Quand, le lendemain matin, le commandant Frank Muller, averti du départ du capitaine Niel avec le chariot du Cap et les quatre chevaux gris, apprit qu'un véhicule répondant à cette description avait passé librement au milieu de la nuit, il fut d'une humeur plus facile à imaginer qu'à dépeindre.

Il fit juger les deux sentinelles par une cour martiale et les envoya travailler aux fortifications pour le reste de la guerre.

Heureusement pour John, malgré cette halte de quelques minutes, il put rejoindre l'évêque. Par un hasard providentiel, Sa Grandeur avait été arrêtée sur la route, par la rupture d'un trait; autrement son soi-disant chapelain n'aurait certes pas traversé les rues montueuses de Heidelberg, cette nuit-là. Toute la ville était encombrée de chariots boers, où dormaient leurs propriétaires. Au-dessus d'un amas de véhicules et de tentes, John distingua le drapeau du Transvaal flottant à la brise de nuit, blasonné aux armes symboliques du pays : un chariot attelé de bœufs et gardé par un Boer armé; c'était sans doute le quartier général du Triumvirat. Une fois, le chariot qui précédait celui de Niel, fut arrêté par une sentinelle et repartit après l'échange de quelques paroles, comme celui de notre héros.

Ce fut une tâche ardue que cette traversée de Heidelberg et pleine de terreurs pour Niel, qui s'attendait sans cesse à être pris et envoyé ignominieusement en prison. En outre les chevaux épuisés faisaient des efforts désespérés pour s'arrêter à chaque maison. Ils avaient enfin traversé la petite ville, quand une fois encore ils furent retenus; de nouveau le premier chariot prit de l'avant, mais cette fois John fut moins heureux.

« Le laissez-passer disait *un* chariot, dit une voix.

— Oui, oui; *un* chariot », appuya une autre voix.

John reprit son air clérical pour conter ingénument sa petite histoire, mais ni l'une ni l'autre des deux sentinelles ne parlait un mot d'anglais; elles se dirigèrent donc vers une voiture placée à cinquante mètres environ, afin de chercher un interprète.

« En route, Maître, en route! » murmura le Zulu Mouti.

John suivit le conseil et fouetta les chevaux, tandis que Mouti, penché sur le tablier, frappait les deux premiers avec une lourde cravache. L'attelage, lancé au grand galop, avait déjà couru cent mètres, quand les sentinelles se rendirent compte de ce qui se passait. Alors elles se mirent à courir en criant, mais le chariot se perdit bientôt dans l'ombre.

Quoique John et Mouti n'épargnassent pas les chevaux, ils ne purent rejoindre le premier chariot, dont l'attelage était plus frais. A minuit la lune disparut et il fallut avancer dans l'obscurité. Mouti fut même obligé de descendre plusieurs fois et de conduire par la bride les pauvres bêtes, dont l'une tombait de temps en temps et qu'il fallait battre cruellement pour la forcer à se relever. Une fois le chariot faillit verser; une autre fois, rouler dans un précipice.

Vers deux heures du matin, John reconnut que les chevaux étaient absolument à bout de forces. Ayant heureusement trouvé de l'eau à quinze milles de Heidelberg, il s'arrêta, fit boire les chevaux et leur donna autant de fourrage qu'ils en purent manger. L'un d'eux se coucha et refusa la nourriture, signe certain d'épuisement; un second mangea couché, les deux autres prirent leur repas comme à l'ordinaire. Alors il fallut attendre l'aurore. Mouti dormit un peu, mais John n'osa pas. Tout ce qu'il put faire, fut de manger quelques bouchées de gibier conservé, de boire un demi-verre d'eau mêlée d'eau-de-vie et de s'asseoir ensuite, son fusil entre les jambes.

Enfin le jour parut et de nouveau il donna la provende aux chevaux. Une autre difficulté se produisit. Le cheval qui avait refusé de manger, était évidemment trop faible pour tirer; il fallut changer le mode d'attelage, mettre un cheval en arbalète et attacher le malade à l'arrière du chariot. Puis on se remit en route.

A onze heures, les voyageurs atteignirent une auberge située à vingt milles de Prétoria; il n'y restait que deux chats et un chien errant. Les habitants avaient fui devant les Boers. Là, John mit ses chevaux à l'écurie et leur donna tout le fourrage qui lui restait, avant de repartir pour la dernière étape. Le chemin était affreux et Niel savait que le pays devait être infesté d'ennemis, mais il eut l'heureuse chance de n'en pas rencontrer un seul. Il lui fallut quatre heures pour faire ces vingt milles et, au sommet d'une montée d'où l'on descendait dans Prétoria, il aperçut deux hommes à cheval, sur la crête d'une colline rocheuse, à six cents mètres environ de l'endroit où il se trouvait. Il crut d'abord qu'ils allaient descendre, mais ils changèrent d'avis et mirent pied à terre.

Pendant qu'il se demandait ce que cela signifiait, il vit un petit nuage de fumée blanche, puis un second et, un instant après, deux balles sifflèrent successivement, l'une à trois pieds de sa tête, l'autre sous le ventre du premier cheval. Les Boers tiraient sur lui.

Pressé de ne plus servir de cible, il mit ses chevaux au galop et se déroba derrière un accident de terrain, avant que l'ennemi pût recharger. Après cela il ne vit plus rien.

John arriva enfin en vue de Prétoria, qui est la plus jolie ville de l'Afrique australe, avec ses maisons blanches et rouges, ses grands bouquets d'arbres, ses haies de rosiers et sa ceinture de vertes plaines. La lumière dorée de l'après-midi embellissait encore tout cela, et John rendit grâces à Dieu. Il se savait en sûreté désormais; aussi permit-il à ses chevaux fatigués de descendre lentement et de traverser au pas, la petite plaine qui le séparait encore de la ville. A sa gauche étaient la prison et la caserne, autour desquelles se trouvaient rassemblés des centaines de chariots et de tentes. Il se dirigea de ce côté. Évidemment les habitants avaient abandonné la ville et campaient. Lorsqu'il ne fut plus qu'à un demi-mille, un piquet de cavaliers suivi d'une foule bigarrée, à cheval et à pied, s'avança au-devant de lui.

« Qui va là? » cria une voix, dont l'accent anglais ne laissait aucun doute.

« Un ami, bien content de vous voir », répondit John, avec la satisfaction d'un homme à qui l'on vient d'enlever un poids écrasant.

CHAPITRE XVI

PRÉTORIA

Revenons à Jess, qui ne passait pas le temps bien gaiement à Prétoria, même avant la déclaration de guerre. Tous ceux qui ont fait un grand effort moral et sont entrés dans la voie douloureuse du sacrifice, ont ressenti la réaction qui se produit aussi certainement que la nuit succède au jour. On est fort pour renoncer à la passion et chanter son chant d'adieu, mais on l'est moins, quand une fois on se trouve seul dans les ténèbres. Tout d'abord le souvenir vous soutient, puis il s'affaiblit; « on ne voit que la nuit, n'entend que le silence », et l'épreuve est d'autant plus dure, lorsqu'on a soi-même choisi sa prison, et qu'on s'y est enfermé.

Jess s'était ensevelie de ses propres mains, et elle le savait. Ce qu'elle avait fait n'était pas absolument inéluctable; elle avait agi d'après sa propre volonté et assez naturellement elle le regrettait quelquefois. L'abnégation est un ange au visage austère, avec lequel il faut lutter longtemps, pour qu'il consente à murmurer doucement des paroles de consolation. C'est là une de ces choses que le temps nous révèle plus tard, quand il lui plait; le moment n'était pas encore venu pour Jess. Extérieurement elle ne laissait rien voir de la souffrance qui lui rongeait le cœur; elle était pâle et silencieuse, il est vrai, mais ne l'avait-elle pas toujours été? Seulement elle avait renoncé à la musique et au chant.

Les semaines s'écoulèrent donc assez tristement pour la pauvre fille qui, en apparence, vivait comme tout le monde à Prétoria. Le jour vint où elle pensa qu'il serait indiscret à elle, de prolonger davantage son séjour et qu'elle devrait retourner à Belle-Fontaine. Elle redoutait ce retour; elle priait ardemment pour être « délivrée de la tentation ». Elle ignorait presque complètement ce qui se passait chez elle. Bessie et son oncle lui écrivaient, sans lui dire ce qu'elle désirait le plus savoir. Les lettres de Bessie étaient, il est vrai, pleines d'allusions à ce que faisait le capitaine Niel, mais elle n'allait pas plus loin. Néanmoins sa réticence en disait plus à l'esprit observateur de sa sœur, que ses paroles mêmes. Pourquoi cette réticence? Sans doute parce que rien n'était encore décidé. Alors elle pensait à ce que tout cela signifiait pour elle et, de temps à autre, elle se laissait entraîner à une explosion de jalousie dont un témoin eût été péniblement affecté.

Noël approchait; on avait tant pressé Jess de rester pour les fêtes, qu'elle avait consenti à ne rentrer à Belle-Fontaine que pour le jour de l'an. Bien qu'on parlât beaucoup des Boers à Prétoria, Jess était trop préoccupée de ses propres affaires, pour prêter grande attention à ces propos. Du reste l'opinion publique demeurait assez calme ; on était habitué depuis longtemps aux bravades des Boers qui, jusqu'alors, s'en étaient tenus aux paroles. Mais tout à coup, le 18 décembre, se répandit la nouvelle que la république venait d'être proclamée !

La surexcitation fut grande. On parla aussitôt de camper et Jess, malgré son vif désir de retourner à la ferme, n'en vit plus la possibilité. Deux jours après, un sous-officier blessé, portant le drapeau du 94e régiment caché sous ses habits, entra en boitant dans Prétoria. Il avait vu le massacre de Bronker's Spruit ; le récit qu'il en faisait, glaçait le sang dans les veines.

La confusion devint indescriptible ; la loi martiale fut proclamée ; la ville fut abandonnée ; les habitants reçurent l'ordre d'aller camper sur la colline qui la dominait. Jeunes et vieux, enfants et femmes, malades, tous se réfugièrent sous la protection de la forteresse, n'ayant que des tentes, des chariots et des hangars pour abris. Jess fut obligée de partager un chariot avec son amie, la mère et la sœur de celle-ci, et n'y trouva que bien juste une place pour se coucher. Quant à dormir au milieu des bruits du camp, il n'y fallait pas songer.

Ce fut le lendemain de cette première nuit d'épreuve, qu'elle reçut par la malle (la dernière qui devait arriver à Prétoria) la lettre dans laquelle Bessie lui annonçait ses fiançailles. Elle s'éloigna du camp, jusqu'à un endroit appelé « le Signal », où elle savait qu'on ne la dérangerait pas et, sous un bouquet de mimosas, elle s'assit et rompit le cachet. Avant la fin de la première page, elle vit ce qui allait suivre et serra les dents. Puis elle lut tout, jusqu'au bout, sans broncher, quoique les expressions de tendresse la brûlassent comme un fer rouge.

Ainsi donc le dénouement était venu! Eh bien! elle s'y attendait et l'avait même préparé; elle n'avait donc aucune raison de s'en plaindre. Au contraire, elle devait s'en réjouir et, pendant quelques instants, elle se réjouit en vérité du bonheur de sa sœur; elle aimait tant Bessie!

Et pourtant elle en voulait à John, comme on en veut à ceux qui vous ont blessé sans le savoir. Pourquoi était-il en son pouvoir de la faire souffrir ainsi! Cependant elle espéra qu'il serait heureux avec Bessie! Ensuite elle espéra que ces misérables Boers prendraient Prétoria et qu'une balle la délivrerait une fois pour toutes. Elle ne désirait plus vivre. Que ferait-elle? Épouserait-elle n'importe qui, pour élever une nichée d'enfants! Cela lui serait matériellement impossible. Non! Elle s'en irait en Europe, se jetterait dans un grand courant de vie, lutterait et essayerait de se faire une place parmi ses contemporains. Elle en avait la force; elle le savait et, maintenant qu'elle échappait à la passion, elle aurait d'autant plus de chance de réussir, car le succès est aux impassibles. Elle ne resterait pas à la ferme après le mariage de John et de Bessie; elle y était bien résolue et même, si c'était possible, elle ne retournerait pas à Belle-Fontaine avant le mariage. Elle ne *le* verrait plus, jamais, jamais! Hélas! pourquoi l'avait elle rencontré?

Plus calme, sinon plus heureuse, une fois son parti bien pris, elle se leva pour retourner au camp, mais elle fit un détour par la route de Heidelberg, car elle désirait être seule le plus longtemps possible. Elle marchait depuis une dizaine de minutes, lorsqu'elle aperçut un chariot dont l'aspect lui sembla familier, et quatre chevaux gris, qu'elle crut reconnaître aussi; trois étaient attelés, le quatrième suivait, attaché derrière le chariot. Des hommes marchaient à côté du véhicule et parlaient tous à la fois. Elle s'arrêtait pour laisser passer la petite troupe, quand tout à coup elle reconnut John Niel parmi les hommes et le Zulu Mouti sur le siège. Il était là, celui qu'elle venait de jurer de ne plus revoir, et sa vue lui causa une telle impression de faiblesse, qu'elle faillit se laisser tomber sur le sol. Il y avait dans cette apparition quelque chose de surnaturel, qui semblait se produire pour lui prouver son impuissance en face du destin. Elle le sentit. En un instant cette pensée l'envahit, qu'elle ne pouvait se sauver, qu'elle était simplement un instrument aux mains d'une puissance supérieure, dont sa passion accomplissait la volonté et pour laquelle sa destinée individuelle importait fort peu. C'était un raisonnement insensé, une doctrine dangereuse, mais il faut convenir que les circonstances leur donnaient une apparence de vérité. Après tout, la limite qui sépare le fatalisme du libre arbitre n'a jamais été tracée par personne, pas même par saint Paul. Comment décider que Jess avait tort ou raison? Si supérieure qu'elle fût, elle ne pouvait, pas plus que d'autres, trancher la question.

La petite bande se rapprochait. Tout à coup, en levant la tête, John aperçut ces deux yeux sombres qui, par moments, semblaient vraiment refléter l'âme de Jess. Il dit quelque chose aux hommes qui l'entouraient, puis à Mouti, qui continua sa route avec la voiture, et s'avança souriant et les mains tendues vers la jeune fille.

« Comment vous portez-vous, Jess? dit-il. Enfin je vous retrouve et en sûreté!

— Pourquoi êtes-vous venu? répondit-elle, presque avec colère; pourquoi avez-vous quitté Bessie et mon oncle?

— Je suis venu parce qu'on m'a envoyé et aussi parce que je l'ai désiré. Je voulais vous ramener avant que Prétoria fût assiégée.

— Vous étiez donc fou? Comment avez-vous pu croire que nous retournerions à Belle-Fontaine? Nous allons être enfermés ici tous les deux maintenant.

— C'est ce que je vois. Eh bien! après tout, ce n'est pas un si grand malheur, ajouta-t-il gaiement.

— C'en est un très grand au contraire », répliqua Jess, en frappant du pied; et tout à coup elle fondit en larmes.

John était trop simple et trop droit, pour attribuer ce chagrin à autre chose que l'inquiétude causée par les circonstances et la perspective d'une longue captivité dans une ville qui pouvait être prise *vi et armis*. Pourtant il fut un peu blessé de cette réception après son long et périlleux voyage, et vraiment il en avait bien le droit.

« En vérité, Jess, reprit-il, vous pourriez, ce me semble, me parler un peu plus amicalement, eu égard à..., à bien des choses. Voyons, ne pleurez plus. Tout le monde va bien à Belle-Fontaine, où nous retournerons quelque jour, j'y compte bien. Ce n'est pas sans peine que je suis arrivé ici, je vous en réponds. »

Elle cessa subitement de pleurer et sourit; la pluie d'orage était passée.

« Comment avez-vous pu passer, Capitaine? Contez-moi tout cela. »

Elle l'écouta en silence, pendant qu'il racontait les principaux incidents de son voyage et, quand il eut fini, elle lui dit d'un ton tout différent :

« Que vous êtes bon d'avoir ainsi risqué votre vie pour moi! Seulement je ne conçois pas qu'à vous tous, vous n'ayez pas vu que ce serait complètement inutile. Nous allons être enfermés ici et ce sera bien triste pour vous et pour Bessie.

— Ah! vous savez donc que nous sommes fiancés? dit-il.

— Oui; j'ai reçu la lettre de Bessie, il y a environ deux heures. Je vous félicite tous deux. Vous aurez la plus charmante et la plus jolie femme de la contrée, capitaine Niel, et Bessie aura un mari dont toute femme pourrait être fière. »

Ce disant, elle lui fit un signe, demi-salut, demi-révérence, d'un petit air de dignité gracieuse, tout à fait séduisant.

« Merci, dit-il simplement; oui, je crois que je suis un heureux homme.

— Maintenant, reprit Jess, il faut nous occuper du chariot et lui trouver une place dans ce misérable camp. Vous devez mourir de faim et de fatigue. »

Au bout de quelques minutes, ils retrouvèrent la voiture que Mouti, après avoir dételé les chevaux, avait placée près de celle de Mme Neville, et la première personne qu'ils virent, fut cette dame elle-même. C'était une bonne et maternelle personne, habituée à la vie rude de la colonie et peu émue d'un incident comme celui qui se produisait en ce moment.

« Bonté du ciel ! capitaine Niel », s'écria-t-elle, aussitôt que Jess eut fait la présentation, « vous êtes un homme résolu, d'avoir forcé le blocus au milieu de ces affreux Boers! Les brutes! J'aurais été moins étonnée, s'ils vous avaient tiré une balle, ou flagellé avec un nerf de bœuf. Ce n'est pas que votre venue serve à grand'chose, car vous ne sortirez pas d'ici avant que l'armée de secours du général Colley arrive, et pour cela il faudra deux mois. Enfin! Jess pourra coucher dans le chariot, c'est toujours ça! Quant à vous, on vous donnera une tente et vous la placerez à côté. Ce ne sera peut-être pas strictement convenable, mais, dans le cas où nous sommes, on n'y regarde pas de si près. Allez trouver le gouverneur. Je parie qu'il sera enchanté de vous voir. Je l'ai aperçu à l'autre bout du camp, il y a cinq minutes. Pendant ce temps-là, nous ferons le ménage. »

Quand John revint une demi-heure après, il vit avec plaisir que Mme Neville avait tenu parole, et surtout que Jess lui avait préparé un beefsteak, qu'elle lui servit sur une petite table, placée près du chariot. Assis sur un escabeau, il fit honneur au repas improvisé, servi par Jess, tandis que Mme Neville bavardait à son aise.

« A propos, dit-elle, Jess m'a raconté que vous étiez fiancé à sa sœur. Je vous félicite. Un homme a besoin d'une femme dans un pays comme celui-ci. Ce n'est pas comme en Angleterre où, cinq fois sur six, il ferait aussi bien de se couper la gorge que de se marier. C'est une économie ici et les enfants sont une bénédiction, selon le vœu de la nature, au lieu d'être une charge, ce qui arrive souvent dans les pays civilisés. C'est une jolie fille que Bessie; je ne la connais guère du reste, mais elle n'a pas l'intelligence de Jess. Au fait, j'y pense, puisque vous allez être le beau-frère de Jess, vous pourrez avoir soin d'elle, sans qu'on y trouve à redire. »

Jess écouta tout ce bavardage et eut l'idée d'aller demander aux religieuses du couvent de lui donner asile, mais Mme Neville ne voulut pas en entendre parler.

« Des religieuses, quand votre beau-frère est là ; du moins il sera votre beau-frère, si les Boers ne nous envoient pas tous dans l'autre monde! Allons donc! Les religieuses auront bien assez à faire pour leur propre compte. »

Quant à John, il mangeait son beefsteak et ne disait rien. L'arrangement proposé lui paraissait tout à fait convenable.

CHAPITRE XVII

LE 12 FÉVRIER

John s'habitua vite à l'existence du camp, moins désagréable en somme qu'on aurait pu le croire, car les ennuis en étaient un peu compensés par le charme de la nouveauté. Quoiqu'il fût officier dans l'armée anglaise, il préféra, voyant que ses services en cette qualité n'étaient pas indispensables, s'engager comme volontaire dans la compagnie des carabiniers de Prétoria, avec le rang modeste de sergent, que lui octroya le commandant des troupes. Il était actif et ses devoirs militaires lui donnaient une occupation très suffisante. Le soir, quand il revenait au chariot près duquel il couchait, afin de protéger Jess en cas de danger, il la trouvait toujours prête à le bien recevoir et à lui donner tout le confort que permettaient les circonstances. Peu à peu, ils trouvèrent plus commode de faire leur petit ménage en dehors de celui de leurs amis, et de prendre leurs repas sur une petite table confectionnée au moyen d'une caisse d'emballage. Ils avaient l'air d'un jeune ménage jouant au pique-nique, pendant leur lune de miel ! Tout cela n'était pas parfaitement commode et pourtant ne manquait pas d'un certain charme. D'abord Jess, quand on arrivait à la bien connaître, était, pour un homme tel que John Niel, la plus délicieuse compagnie qu'il pût imaginer. Jamais, avant ce long tête-à-tête, il n'avait deviné toute la richesse et l'originalité de son intelligence, et encore moins à quel point elle pouvait être spirituelle, quand elle le voulait. Il y avait en elle une véritable veine humoristique et le plaisir qu'éprouvait John en l'écoutant, était d'autant plus vif, qu'il s'aperçut promptement du privilège qu'on lui accordait. Personne, parmi les parents et les amis de Jess, n'avait jamais soupçonné chez elle ce côté d'esprit. Une autre chose le frappa au bout de quelque temps. Jess devenait belle! Maigre et plus pâle que jamais, à l'arrivée du capitaine, elle était, un mois après, positivement rondelette et elle y gagnait d'une façon extraordinaire. Une teinte rosée se jouait capricieusement sur son visage pâle, et ses beaux yeux devenaient encore plus beaux et plus profonds.

« Qui dirait que c'est la même personne! » s'écria Mme Neville, un jour qu'elle regardait Jess gravement occupée à faire griller une côtelette; « la pauvre petite créature chétive est aujourd'hui réellement belle. Et cela, au milieu d'une existence qui me réduit à l'état d'ombre et qui a déjà tué à moitié ma pauvre chère fille.

— C'est peut-être l'effet du grand air », répondit John, qui, dans sa simplicité, ne songeait pas un instant que le remède merveilleux agissant sur Jess, pouvait être le bonheur.

Et pourtant ce n'était pas autre chose! Tout d'abord il y avait eu lutte, puis apaisement et enfin une idée lui était venue.

Pourquoi ne jouirait-elle pas de la société de John, pendant qu'elle le pouvait? Il avait été jeté sur sa route, sans qu'elle le voulût. Elle n'avait aucun désir de le détacher de Bessie. Il était, lui, parfaitement innocent; pour lui elle était la jeune personne qui se trouvait être la sœur de celle qu'il allait épouser; pas autre chose. Pourquoi ne cueillerait-elle pas les roses qui s'offraient à elle? Elle oubliait que la rose a un parfum dangereux, qui peut troubler les sens et faire tourner la tête. Elle se donna donc libre carrière et fut, pendant quelques semaines, plus près de connaître le vrai bonheur, qu'elle ne l'avait jamais été. Quelle chose merveilleuse que l'amour d'une femme, dans sa force et sa simplicité! Comme il idéalise les choses les plus banales de la vie et met de la joie dans les services les plus infimes! Plus la femme est fière, plus elle se réjouit de s'abaisser devant son idole. Peu de femmes savent aimer comme Jess, et, quand elles aiment, elles commettent généralement quelque fatale erreur, grâce à laquelle leur trésor d'affection gaspillé devient une cause de honte ou de douleur, pour elles-mêmes et pour d'autres.

Ils étaient enfermés depuis un mois à Prétoria, lorsque John eut, à son tour, une idée magnifique. A un quart de mille environ du camp, s'élevait une petite maisonnette, appelée par plaisanterie : *le Palais*. Elle était abandonnée comme les autres et le maître en était même absent. Un jour, en se promenant, John et Jess traversèrent le petit pont jeté sur l'écluse du canal, pour aller examiner la maisonnette. Par une allée bordée des deux côtés de jeunes gommiers, ils arrivèrent au cottage couvert en zinc; il n'y avait que deux pièces : une chambre à coucher et un salon assez grand, où se trouvaient encore une table et quelques chaises; derrière le cottage étaient la cuisine et l'écurie. Ils entrèrent, s'assirent près de la porte et regardèrent.

Le jardin descendait en pente, jusqu'à une vallée verdoyante, bornée en face et sur la droite par des collines boisées. Ce jardin, planté de vignes chargées pour le moment de raisins mûrissants, était entouré d'une belle haie de rosiers du Bengale en pleine floraison; près de l'habitation était une corbeille de roses doubles, d'une beauté et d'une richesse inconnues en Europe. En somme, c'était un délicieux petit endroit, un vrai paradis, après le bruit et l'agitation du camp; ils y restèrent longtemps, causant beaucoup de Belle-Fontaine, de Silas Croft et un peu de Bessie.

« Qu'on est bien ici! » dit Jess, paresseusement appuyée, les deux mains derrière la tête, et embrassant d'un regard le paisible paysage.

« Oui, répondit John. Au fait, j'ai une idée! Si nous établissions notre quartier général ici, pendant le jour, bien entendu? Nous pourrions nous y installer pour nos repas; nous y serions parfaitement en sûreté, car ces braves Boers n'essayeront jamais de prendre la ville d'assaut, j'en réponds. »

Jess réfléchit et conclut très vite que ce serait un arrangement charmant, de sorte que, dès le lendemain, elle mit le petit cottage en aussi bon état que le permettaient les circonstances et se transforma en maîtresse de maison. Elle et John furent ainsi plus que jamais rapprochés l'un de l'autre. Le siège traînait en longueur; aucune nouvelle n'arrivait du dehors, mais les habitants, persuadés que Colley venait à leur secours, s'en préoccupaient assez peu et s'amusaient à faire des paris au sujet de l'arrivée des troupes. De temps en temps, une sortie avait lieu; généralement sans résultat. John sortait naturellement avec les autres et alors Jess endurait des tourments d'autant plus cruels, qu'il lui fallait les cacher! Toutefois rien de fâcheux n'arriva et les choses suivirent un cours uniforme jusqu'au 12 février. Ce jour-là, on attaqua un endroit appelé la Maison-Rouge, occupé par les Boers.

Le détachement, formé de troupes régulières et de volontaires, quitta Prétoria avant le point du jour. John en faisait partie. Il fut très surpris en s'approchant du chariot où couchait Jess, pour chercher un objet dont il avait besoin, de trouver la jeune fille, assise sur une malle, malgré la rosée de la nuit, tenant en main une tasse de café brûlant, qu'elle avait préparée pour lui.

« Qu'est-ce que cela signifie, Jess? dit-il sévèrement. Je vous défends de vous lever au milieu de la nuit pour me faire du café.

— Je ne me suis pas levée, répondit-elle avec calme; je ne me suis pas couchée.

— C'est encore pis! » répliqua John, tout en dégustant son café avec satisfaction, tandis qu'assise sur sa malle, elle le regardait.

« Mettez un châle, reprit-il, et couvrez-vous la tête; vous serez traversée par la rosée de la nuit. Tenez, vos cheveux sont tout mouillés. »

Alors elle parla.

« John, dit-elle, car elle l'appelait toujours John maintenant, je voudrais que vous fissiez quelque chose pour moi : voulez-vous me le promettre?

— Que c'est bien d'une femme, de demander une promesse avant de dire de quoi il s'agit!

— C'est pour l'amour de Bessie, reprit-elle.

— Eh bien! que demandez-vous, Jess?

— Que vous n'alliez pas à cette sortie. Vous savez que vous pouvez facilement en être dispensé, si cela vous convient. »

Il se mit à rire et répondit :

« Quelle petite folle! Et pourquoi cela?

— Oh! je ne sais pas. Ne vous moquez pas de moi, si j'ai peur que quelque chose ne vous arrive.

— Dame! répliqua John par manière de consolation, toute balle a son billet de logement et je n'y peux rien. » Jess insista.

« Pensez à Bessie, dit-elle.

— Voyons, Jess! répondit-il, avec un peu d'humeur, à quoi bon essayer de m'ôter tout mon courage? Si je dois être frappé, à la grâce de Dieu! Je ne tournerai certes pas casaque, même pour l'amour de Bessie; donc calmez-vous et laissez-moi partir.

— Vous avez parfaitement raison, John, répondit-elle tranquillement, et je n'aurais pas aimé vous entendre parler autrement, mais je n'ai pas pu me taire. Adieu, John; que Dieu vous garde! » Elle lui tendit une main qu'il serra; puis il partit.

« Ma parole! elle m'a tout remué, se disait-il, en marchant avec la troupe, dans le brouillard blanc de l'aube. Elle pense probablement que je vais à la mort. C'est possible. Comment Bessie prendrait-elle la chose? Elle aurait sans doute bien du chagrin, mais j'imagine qu'elle se consolerait. Quant à Jess, si elle venait un jour à perdre son fiancé, je ne crois pas qu'elle s'en consolerait jamais. Voilà précisément la différence entre les deux sœurs : l'une est tout fleur, et l'autre est tout racine. »

Ensuite il se demanda comment se portait Bessie, ce qu'elle faisait, si elle pensait à lui, puis sa pensée revint à Jess; quelle charmante compagnie que la sienne! Comme elle était bonne et prévenante! Et dans le secret de son cœur, il espéra qu'elle resterait près d'eux, quand ils seraient mariés. Sans s'en rendre compte et très innocemment, ils en étaient arrivés à ce degré d'intimité où deux personnes se deviennent réciproquement tout à fait nécessaires dans leur vie quotidienne. Il ne savait pas encore quelle place tenait, dans ses pensées habituelles, cette jeune fille aux yeux profonds, ni à quel point son individualité absorbait la sienne propre. Il savait seulement qu'elle avait le don de le rendre parfaitement heureux en sa société. Quand il lui parlait, ou même quand il restait silencieux auprès d'elle, il se sentait envahi par une sensation de repos et de confiance, qu'il n'avait jamais éprouvée auprès d'une autre femme.

C'était, il est vrai, l'hommage inconscient, rendu par la nature la plus faible à la nature la plus forte, mais il y avait quelque chose de plus; il y avait l'influence de cette entière sympathie, de cet accord parfait, qui sont les signes les plus certains de l'affection la plus élevée. Quand ils s'unissent à la passion proprement dite, ce qui est assez rare, car ils se rencontrent plutôt dans les relations d'individus du même sexe, ils donnent à la tendresse quelque chose de plus qu'humain, et l'amour fondé sur cette sympathie, qu'il existe entre une mère et son fils, entre deux époux, ou bien entre ceux qui, malgré leur désir, n'en espèrent rien, cet amour-là ne meurt jamais.

Les réflexions de John furent assez promptement interrompues par la nécessité de revenir aux détails pratiques et désagréables de la situation.

Il vit tomber mort, l'homme qui marchait à côté de lui, et lui-même fut atteint par une balle qui passa entre sa selle et sa cuisse. Nous n'avons pas à entrer ici dans les détails de cette rencontre, aussi peu glorieuse pour les armes anglaises, que presque tous les combats de cette malheureuse guerre, pendant laquelle la défense de quelques villes fut seule de nature à consoler un peu l'orgueil national. L'issue du combat fut désastreuse et quelques heures après son départ du camp, John revenait, ayant pris en croupe un homme grièvement blessé (car l'ambulance était tombée aux mains des Boers). Pendant ce temps, des rapports exagérés circulaient parmi la population et, entre autres choses, on racontait que le capitaine Niel avait été tué. Un homme affirma l'avoir vu tomber, frappé d'une balle à la tête.

Mme Neville, l'ayant entendu, partit toute bouleversée pour en faire part à Jess.

Aussitôt le jour venu, Jess, selon sa coutume, s'était rendue à la petite maison qu'elle habitait pendant la journée. D'abord elle voulut travailler et ne put y parvenir; alors elle prit un livre qu'elle avait apporté, mais cela ne lui réussit pas mieux. Ses yeux ne suivaient pas les lignes, et ses oreilles entendaient anxieusement le bruit sourd du canon répercuté par les collines. Elle ne pouvait échapper au pressentiment de malheur qui s'était emparé d'elle. La plupart des gens doués d'imagination ont souffert de ce mal et en ont reconnu la folie, mais cette fois Jess était bien près de la vérité; il ne s'en fallut que d'une ligne que John fût tué.

Ne trouvant pas Jess au camp, Mme Neville prit la route du « Palais » sans pouvoir retenir ses larmes, car la bonne dame s'était fort attachée au capitaine Niel. Jess, avec cette finesse particulière de l'ouïe qui accompagne souvent la surexcitation nerveuse, entendit le léger bruit de la petite grille qui se refermait au bout du jardin, et courut aussitôt à l'angle de la maison pour voir qui entrait.

Un seul regard jeté sur le visage inondé de larmes de son amie, lui suffit. Elle comprit ce qu'on allait lui dire et saisit un des jeunes gommiers qui bordaient l'allée, afin de ne pas tomber.

« Qu'y a-t-il? dit-elle d'une voix faible; est-il mort?

— Hélas! oui, chère enfant; frappé à la tête », dit-on.

Jess, sans rien répondre, se soutint au jeune arbre; il lui semblait qu'elle allait mourir aussi et elle l'espérait. Ses yeux égarés se portèrent du visage de Mme Neville au sol dévasté de la prairie. Devant la grille « du Palais » passait un chemin qui se trouvait être le plus court pour revenir du lieu du combat, et par ce chemin, s'avançaient quatre Cafres portant quelque chose sur une civière que suivaient quatre carabiniers à cheval. Un habit recouvrait le visage du corps étendu sur la civière, mais on voyait les jambes bottées, éperonnées et dont les pieds tombaient écartés, de cette manière flasque dont la signification n'est que trop claire.

« Regardez, dit Jess, en étendant la main.

— Ah! le pauvre homme! le pauvre homme!

s'écria Mme Neville; on l'apporte ici pour l'ensevelir. »

Alors les beaux yeux de Jess se fermèrent et l'arbre cédant sous son poids, elle s'inclina avec lui; puis il se brisa et, avec un petit cri, elle tomba sans connaissance, au moment où le cadavre passait devant elle.

Deux minutes après, John, ayant appris qu'on faisait courir le bruit de sa mort, et craignant qu'il ne parvînt aux oreilles de Jess, arriva au galop, mit pied à terre aussi vite que sa blessure le lui permit et s'avança en boitant dans l'allée.

« Grand Dieu! capitaine Niel, dit Mme Neville à sa vue; nous vous croyions mort!

— Et voilà ce que vous lui avez sans doute conté », répondit-il sévèrement, les yeux fixés sur le visage mortellement pâle de Jess; « vous auriez pu attendre d'en être sûre. Pauvre enfant! Cela lui a donné un coup! »

John se baissa, passa ses bras sous le corps de la jeune fille, la souleva, non sans peine, la porta, toujours boitant, dans la maison, où il la déposa sur un divan et, avec l'aide de Mme Neville, fit de son mieux pour la ranimer; mais son évanouissement était si profond, que leurs efforts restèrent infructueux; alors Mme Neville, effrayée, courut au camp chercher de l'eau-de-vie, laissant à John le soin de lui frictionner les mains et de lui asperger le visage d'eau froide.

La bonne dame n'était partie que depuis trois ou quatre minutes, lorsque tout à coup Jess ouvrit les yeux et crut, en apercevant John, qu'elle allait s'évanouir de nouveau; car ses lèvres devinrent toutes blêmes et elle fut saisie d'un tremblement convulsif qui la secoua des pieds à la tête.

« Jess! Jess! s'écria-t-il, calmez-vous, au nom du ciel! Vous me faites peur!

— Je croyais que vous étiez..., je croyais que vous.... » Elle ne put achever, éclata en sanglots et tomba sur la poitrine de John, qui sentit sur son visage, la caresse de ses boucles brunes.

Comment ne pas être ému? John n'était qu'un homme, et la vue de cette femme étrange, à laquelle il s'attachait davantage chaque jour, plongée dans une émotion violente à son sujet, devait, à n'en pas douter, lui remuer le cœur profondément. Une corde vibra en lui, dont il ne se rendit pas compte tout d'abord, mais qui l'effraya et le charma en même temps. Que signifiait-elle?

« Jess! chère Jess! ne pleurez plus, je vous en prie; cela me fait trop de mal. »

Elle leva la tête et resta debout devant lui, appuyée d'une main sur la table. Elle le regardait. Son visage, inondé de larmes, ressemblait à un lis couvert de rosée, et dans ses yeux si beaux, brillait une flamme que jamais John n'avait vue dans des yeux de femme. Elle ne dit rien, mais sa physionomie était plus éloquente que toutes les paroles du monde, car les traits peuvent parfois traduire une pensée dans un langage à eux, plus subtil que tous ceux qu'on parle. Elle était là, devant lui, la poitrine soulevée par l'émotion, comme les flots par la tempête, incarnation vivante de l'amour le plus profond qu'une femme pût ressentir. Soudain quelque chose sembla passer devant ses yeux et l'aveugler; une puissance supérieure s'empara d'elle, absorbant tous ses doutes et toutes ses craintes; elle céda à une force qui, tout en faisant partie d'elle-même, la maîtrisait; et pour la première fois, son amour étant en cause, elle mit en jeu toute sa force. Elle savait, elle avait toujours su qu'elle pourrait dompter Niel, si elle le voulait. Comment le savait-elle? Elle l'ignorait, mais cela était, et, maintenant, cédant à une impulsion irrésistible, *elle voulut.*

Elle resta muette et immobile, le regard fixé sur John. Il balbutia :

« Pourquoi avez-vous eu si peur pour moi? »

Elle ne répondit pas; il sembla au jeune homme qu'une puissance invincible le dominait. Tout disparut devant l'intensité surhumaine de ce regard qui ne le quittait pas. Bessie, honneur, promesse, tout fut oublié; le feu qui couvait, jaillit en flamme et il comprit qu'il aimait cette femme, comme jamais il n'avait aimé créature vivante. Si fort qu'il fût, il trembla comme une feuille devant elle et, d'une voix étranglée, il murmura :

« Jess! que Dieu me pardonne, car je vous aime! »

Et il s'inclina vers elle, pour lui donner un baiser. Elle levait son visage vers lui, quand, tout à coup, elle s'arrêta et, posant une main sur la poitrine de John :

« Vous oubliez, dit-elle, que vous allez épouser Bessie. »

Accablé de honte et de douleur, le capitaine se détourna et sortit en trébuchant.

CHAPITRE XVIII

ET APRÈS?

Devant la porte du *Palais* et près d'une corbeille de fleurs quelque peu envahie par les mauvaises herbes, se trouvait une chaise en bois, dépourvue de son dossier. John n'eut pas plutôt franchi le seuil de la petite maison, qu'il se sentit près de s'évanouir comme Jess. C'était l'effet de la fatigue, de la perte de son sang et des fortes émotions qu'il venait de subir. Il s'assit donc promptement, et bientôt aperçut Mme Neville qui revenait, une bouteille d'eau-de-vie à la main.

« Ah! pensa-t-il, voilà juste ce qu'il me faut; si je ne bois pas un verre de cette eau-de-vie, je vais rouler à bas de mon siège, c'est certain. »

« Où est Jess? demanda Mme Neville, hors d'haleine.

— Là, dans la maison; elle est revenue à elle. »

Et il ajouta mentalement : « Il aurait mieux valu pour nous deux qu'elle ne revînt pas du tout. »

« Seigneur! quelle mine vous avez, Capitaine! » s'écria Mme Neville, en s'éventant avec son chapeau. « Si vous saviez dans quel état on est au camp! Les volontaires jurent qu'ils se vengeront des militaires qui les ont abandonnés; ils ont refusé de me croire, quand je leur ai dit que vous n'étiez pas mort. Mais, bonté du ciel! votre botte est pleine de sang! Vous êtes blessé après tout.

— Seriez-vous assez bonne pour me donner un peu d'eau-de-vie? » dit John, d'une voix faible.

Elle courut à un petit ruisseau qui coulait le long du chemin, remplit à moitié le verre qu'elle tenait et ajouta une autre moitié d'eau-de-vie. John but et se sentit mieux.

« Eh bien! vous faites une jolie paire à vous deux! reprit Mme Neville. Si vous aviez vu cette petite s'abattre sur le sol, quand je lui ai dit qu'on vous croyait mort! Dites donc, Capitaine, soyez prudent; si cette jeune fille ne vous aime pas encore, elle n'en est pas loin. Une jeune fille ne tombe pas comme ça pour le premier venu. Pardonnez à une vieille femme de vous parler franchement. C'est une fille étrange que Jess; elle en vaut dix pour ce qui est de l'intelligence, et si vous n'y prenez pas garde, vous vous trouverez dans une situation fort embarrassante, vu que vous allez épouser sa sœur. Jess n'est pas capable d'avoir une petite « flirtation » pour passer le temps, vous pouvez m'en croire. » Elle secoua la tête d'un air solennel, comme si elle soupçonnait le capitaine de jouer avec le jeune cœur de sa future belle-sœur et, sans attendre un mot de réponse, rentra dans la maison.

Quant à John, il se borna à pousser un gémissement; que pouvait-il faire de plus? La situation ne lui laissait aucun doute et si jamais homme eut honte de lui-même, ce fut John Niel en ce moment.

Profondément honorable, il souffrait cruellement de penser qu'il avait agi contrairement à l'honneur.

Il avait été coupable en disant à Jess qu'il l'aimait et d'autant plus coupable, que c'était vrai. Il l'aimait! Il s'était senti comme submergé par une vague immense, pendant qu'elle était debout devant lui, les yeux fixés sur les siens, réduisant à néant son affection pour Bessie, à qui l'unissaient les liens sacrés de l'honneur.

Quelle chose étrange et merveilleuse que cette passion sortie tout armée de son âme, pour en chasser tout ce qui n'était pas elle! Et malheureusement il le sentait; c'était une passion aussi durable que puissante.

Il se maudissait avec honte et colère, tout en essayant de reprendre son équilibre physique et en nouant un mouchoir aussi serré que possible autour de sa blessure.

Avait-il été assez fou! Pourquoi n'avait-il pas attendu plus longtemps, afin de se bien assurer de sa préférence pour l'une des deux sœurs? Pourquoi Jess était-elle partie et l'avait-elle laissé exposé à la tentation, auprès de sa sœur si jolie? Il était sûr maintenant que Jess l'avait aimé tout de suite.

Quelle situation désolante! Une seule chose lui paraissait certaine : il n'irait pas plus loin et ne romprait pas avec Bessie, mais ce n'en était plus consolant ni pour lui, ni pour Jess!

Il en était là de ses réflexions, lorsque le bandage de sa blessure glissa et le sang se mit à couler en telle abondance, qu'il fut bien forcé de rentrer en boitant, pour demander du secours.

Jess, en apparence remise de son agitation, parlait à Mme Neville, qui s'efforçait de lui faire boire un peu d'eau-de-vie. Aussitôt qu'elle aperçut le visage livide de John et la traînée de sang qu'il laissait derrière lui, elle s'écria en saisissant son chapeau :

« Couchez-vous sur le vieux lit qui est dans la petite chambre; je cours chercher le docteur. »

Il ne fut que trop heureux de suivre ce conseil, avec l'aide de Mme Neville, mais, longtemps avant l'arrivée du médecin, il avait, à son tour, et à la grande terreur de la pauvre femme qui s'efforçait en vain d'arrêter l'hémorragie, perdu entièrement connaissance. Le médecin, après avoir examiné la plaie, déclara que la balle avait frôlé l'enveloppe d'une des artères de la cuisse, sans la couper, mais que, depuis, l'artère s'était ouverte et qu'il était maintenant nécessaire de la rattacher. Avec l'aide du chloroforme, l'opération réussit. L'opérateur fit observer cependant que beaucoup de sang avait été perdu.

Quand tout fut fini, Mme Neville demanda si l'on pouvait transporter John à l'hôpital; le docteur s'y opposa formellement, disant que Jess devait rester pour le soigner et qu'il allait lui envoyer la femme d'un soldat pour la seconder.

Aux objections de Mme Neville, il répondit que, pendant le transport, le bandage de soie pourrait glisser et le blessé avoir une hémorragie mortelle.

Quant à Jess, elle ne dit rien, mais se mit aussitôt à faire les préparatifs nécessaires. Le destin les rapproduit de nouveau; elle acceptait avec joie une situation qu'elle n'eût certes pas cherchée.

Une heure après, au moment où John se remettait des effets pénibles du chloroforme, la femme du soldat arriva. Jess découvrit bientôt qu'elle était, non seulement d'une nature grossière, mais ignorante et sans soin et qu'elle ne pourrait guère remplir que la partie la plus infime de la tâche. Quand John s'éveilla et vit quelle était la personne inclinée vers lui, et dont la main fraîche lui pressait le front, il poussa un gémissement sourd et se rendormit, mais Jess ne dormit pas. Elle resta assise là toute la nuit, jusqu'à ce que la froide lueur du matin vînt éclairer le visage pâle de l'homme qu'elle aimait. Il dormait toujours et, comme la nuit était très chaude, elle n'avait laissé qu'un drap sur lui. Avant d'aller prendre un peu de repos, elle se retourna pour lui jeter un dernier regard et tout à coup elle vit le drap se teindre de sang.

L'artère s'était rouverte!...

Après avoir expédié la femme du soldat au médecin, elle éveilla aussitôt son malade, qui aurait sans doute passé paisiblement de son sommeil actuel à un autre plus profond. A eux deux ils firent de leur mieux pour arrêter ce flux mortel; Jess noua son mouchoir autour de la jambe et le serra au moyen d'un bâton, tandis que John appuyait son pouce sur l'artère coupée. Malgré leurs efforts, ils ne réussissaient qu'à demi et Jess commençait à croire qu'il allait mourir dans ses bras. Quelle torture de voir ainsi minute par minute, cette vie si chère s'écouler avec le sang!

« Je crois que je n'irai pas beaucoup plus loin, Jess, dit John. Soyez bénie, ma chérie. Tout commence à tourner autour de moi. »

Pauvre âme! elle ne pouvait que serrer les dents et attendre la fin!

Tout à coup le doigt du blessé cessa de presser l'artère, et il s'évanouit; mais, par une coïncidence étrange, le sang coula beaucoup moins fort.

Encore cinq minutes d'angoisse mortelle, puis elle entendit le pas rapide du docteur sur le gravier.

« Dieu soit loué! Vous voilà! s'écria-t-elle.

— J'étais près d'un pauvre garçon frappé par une balle au poumon et cette stupide femme, au lieu de venir me chercher, a attendu chez moi que je revinsse. Je vous ai amené une ordonnance pour la remplacer. Par Jupiter! il a saigné, en effet! Ordonnance, le chloroforme! »

Alors suivit une demi-heure d'horreur, et quand le pauvre John rouvrit les yeux, trop faible pour parler, il ne put que sourire. Pendant trois jours il fut en grand danger, car si l'artère se fût ouverte une troisième fois, il lui restait si peu de sang, qu'il serait probablement mort, avant qu'on eût le temps de le secourir. Parfois le délire causé par la faiblesse devenait violent; c'étaient là les heures dangereuses, car il était alors presque impossible de le faire tenir tranquille, et chaque mouvement jetait Jess dans une terreur folle. Tout était perdu, elle le savait, si les liens de soie glissaient. Elle n'avait qu'un moyen de le calmer : c'était de lui abandonner sa petite main fraîche et blanche, ou de la lui poser sur le front; cela seul produisait l'effet désiré sur son cerveau enfiévré. Pendant des heures elle restait ainsi, quoique son bras fût tout endolori et que son dos semblât devoir se briser, et enfin elle était récompensée par le calme qui revenait aux yeux du malade, calme bientôt suivi d'un sommeil paisible.

En dépit de tout, cette semaine fut peut-être la plus heureuse de sa vie. Il était là, celui qu'elle aimait avec l'intensité de sa nature profonde; elle le servait, le soignait; elle sentait qu'il l'aimait et qu'il avait besoin d'elle, comme un petit enfant de sa mère. Dans son délire, il avait sans cesse le nom de Jess sur les lèvres et presque toujours ce nom était accompagné d'une expression de tendresse.

Pendant ces sombres heures de maladie et d'alarme, elle sentait que leurs deux vies se confondaient dans une identité divine, qu'elle ne pouvait ni analyser, ni comprendre. Elle sentait qu'il en était ainsi, et que cela étant, quel que fût son sort à venir, cette union ne pourrait jamais être brisée; et elle était heureuse, quoiqu'elle sût que la guérison de John, c'était leur séparation pour la vie. Car, bien que Jess, dans une circonstance où elle avait perdu son empire sur elle-même, eût cédé à sa passion, elle n'entendait pas y donner suite. Elle avait, hélas! fait assez de mal à Bessie, en lui prenant le cœur de son futur mari. A cela il n'y avait plus de remède, mais elle n'irait pas plus loin. Sitôt guéri, John retournerait près de sa sœur.

Assise près du blessé, les regards fixés sur lui, elle passait ainsi les longues heures de la nuit et elle était heureuse. Là était sa joie! Bientôt il lui serait enlevé et elle resterait seule et désolée! Mais aussi longtemps qu'il resterait étendu là, il serait à elle!

Il y avait pour son cœur de femme, une douceur infinie à le voir s'endormir, quand elle lui posait une main sur le front, car ce désir de veiller sur le sommeil de l'être aimé, est une des plus hautes et des plus étranges manifestations de la passion! Un poète, qui connaissait bien le cœur humain, a pu dire en toute vérité, qu'il n'est pas de joie semblable à la joie d'une femme qui regarde dormir celui qu'elle aime.

Le temps passait. Aucun accident ne survint et enfin, un matin, John put interroger le pâle et expressif visage penché sur lui. Évidemment il essayait de se rappeler quelque chose.

« J'ai été très malade, Jess? dit-il, lentement.

— Oui, John.

— Et vous m'avez soigné?

— Oui, John.

— Est-ce que je vais guérir?

— Mais certainement. »

De nouveau il ferma les yeux :

« Il n'y a pas de nouvelles du dehors?

— Rien de nouveau; tout est dans le même état.

— Pas de nouvelles de Bessie?

— Aucune. Nous sommes tout à fait bloqués. »

Il se tut. Peu après, Jess reprit :

« John, je désire vous dire quelque chose. Quand on a le délire, ou qu'on va l'avoir, on dit parfois des choses dont on n'est pas responsable et qu'il vaut mieux oublier.

— Oui, répondit-il, je comprends.

— Donc, poursuivit-elle, du même ton mesuré, nous oublierons tout ce que vous pourrez imaginer avoir dit, ou que j'ai pu dire, depuis le moment où vous êtes rentré blessé et m'avez trouvée évanouie.

— Parfaitement, je renie tout.

— *Nous renions* tout », dit-elle, avec un petit signe de tête solennel; puis elle soupira, et ainsi fut ratifié cet audacieux pacte d'oubli!

Mais c'était un mensonge et tous deux le savaient bien. Si l'amour avait existé auparavant, y avait-il dans la faiblesse de l'un et dans le long et tendre dévouement de l'autre, quelque chose qui pût l'amoindrir! Hélas, non! Leur sympathie n'en était que plus complète et leur entente plus parfaite.

C'était un mensonge, comme on en voit chaque jour dans la vie. Tout le monde peut jouer plus ou moins la comédie, se peindre le visage, affecter de sourire, mais, malheureusement ou heureusement, on ne sait trop, on ne peut se tromper soi-même. Il y a certainement en nous une étincelle de l'éternelle vérité, car on ne peut mentir à son propre cœur.

Il en fut ainsi pour John et Jess. A partir de ce jour, ils affectèrent d'oublier cette heure, pendant laquelle l'une avait fait ployer l'autre devant sa force magnétique, comme le roseau devant la tempête.

Il fallait attribuer cela au délire.

Ils oublièrent que maintenant, hélas! ils s'aimaient d'un amour qui puisait sa force dans son désespoir. Ils parlaient de Bessie, du mariage de John, des projets européens de Jess, comme si tout cela n'était pas, pour eux, des questions de vie et de mort spirituelles. Bref, s'ils s'étaient égarés un court instant, désormais, disons-le à leur honneur, ils suivaient le chemin du devoir d'un pied ferme et sans crier quand les pierres les blessaient.

Mais, néanmoins, c'était un mensonge vivant et ils le savaient; car entre eux s'élevait le souvenir du passé irrévocable, qui les avait unis par des liens indissolubles.

CHAPITRE XIX

HANS COETZEE VIENT A PRÉTORIA

Une fois commencée, la convalescence de John fut rapide. Sa constitution vigoureuse répara promptement la perte de sang qu'il avait subie et, un mois après sa blessure, il était presque aussi fort qu'auparavant.

Un matin (le 20 mars), ils étaient, lui et Jess, assis dans le jardin du *Palais*. Étendu dans un long fauteuil américain, que Jess avait emprunté ou volé à quelque maison abandonnée, John fumait paisiblement. Près de lui s'étalaient de magnifiques grappes de raisin cueillies par Jess, et sur ses genoux était ouvert ce curieux journal, *les Nouvelles du Camp*, remarquable surtout par l'absence de toute nouvelle. Il n'est pas facile de composer un journal dans une ville assiégée.

Tous deux gardaient le silence, lui, faisant jaillir des petits nuages de fumée de sa pipe, elle, les mains croisées sur son ouvrage, les regards perdus au loin, sur les jeux d'ombre et de lumière qui zébraient les collines boisées.

C'était une journée délicieuse. Trop éloignés du camp pour souffrir du bruit, les habitants du petit cottage n'entendaient que le murmure des ruisseaux et de la brise embaumée qui agitait le feuillage raide et gris des gommiers.

Ils étaient assis à l'ombre de la petite maison que Jess avait appris à aimer, comme jamais elle n'avait aimé aucun autre lieu; autour d'eux s'épandaient les flots de la lumière d'or et au delà de la ligne rouge qui terminait le jardin, où les fleurs éclatantes des grenadiers semblaient vouloir humilier les roses, l'air embrasé frémissait au-dessus du mur en pierre brute, comme si des millions d'elfes eussent pris leurs ébats. Partout la paix et, au sein de cette paix, l'épanouissement d'une nature merveilleuse.

En contemplant cette richesse, cette splendeur radieuse, Jess croyait voir un coin du ciel; et pourtant, entraînée par cet étrange courant de mélancolie qui faisait partie de sa nature, elle se demandait combien d'êtres avaient subi en ce même lieu, les mêmes impressions, avant de rentrer dans l'oubli du passé; combien d'autres lui succéderaient, lorsqu'à son tour elle serait tombée dans le gouffre sans écho? Mais qu'importait tout cela? Les siècles s'ajouteraient aux siècles, le soleil continuerait à inonder la terre de sa lumière d'or, l'eau à murmurer dans sa course, les papillons à butiner sur les fleurs et les femmes à rêver les mêmes rêves!

Où serait-elle alors? vivrait-elle, aimerait-elle, souffrirait-elle, ailleurs, ou tout cela n'était-il qu'un mythe cruel? N'était-elle que poussière, ou possédait-elle une individualité au delà de la terre? Qu'est-ce qui l'attendait après le coucher du soleil? Le sommeil? Elle avait souvent souhaité que ce ne fût pas autre chose; mais maintenant elle ne voulait plus de cet espoir. Sa vie s'était concentrée en un sentiment nouveau qui ne mourrait jamais, elle le sentait, tant que la vie resterait en elle. Elle voulait un avenir maintenant, car s'il y en avait un pour elle, il y en aurait un aussi pour *lui* et le jour viendrait où ils seraient réunis. Oh! doux rêve, brillant comme une auréole au-dessus de la triste existence terrestre! Qui ne l'a fait et qui peut dire qu'il ne soit pas la vérité? Pourquoi n'existerait-il pas un lieu où l'amour survivrait à la passion, où Jess découvrirait qu'elle n'a pas en vain ouvert son cœur pur à l'espoir d'un bonheur dont, pendant quelques instants, l'ombre s'est approchée d'elle?

John ne fumait plus et, sans qu'elle s'en aperçût, contemplait son visage qui, en ce moment où elle ne se surveillait plus, avait perdu son impassibilité et semblait refléter la tendre et radieuse espérance flottant dans son esprit. Ses lèvres étaient entr'ouvertes et ses grands yeux, pleins d'une lumière étrange et douce, tandis que toute sa physionomie exprimait une aspiration ardente, un désir spiritualisé, semblables à ceux qu'il avait vus sur le visage de la Vierge mère, dans quelques tableaux des anciens maîtres. En ce moment, John trouvait à Jess une beauté plus divine que toutes celles dont ses yeux eussent jamais été frappés. Cette beauté le pénétrait, l'attirait, non pas comme l'avait attiré celle de Bessie, mais faisait appel à cette autre partie de sa nature dont seule Jess possédait la clé. Elle avait, en cet instant, le visage d'un esprit bien plus que d'une créature humaine, et John en fut presque effrayé.

« Jess, dit-il enfin, à quoi pensez-vous? »

Elle tressaillit et reprit aussitôt son expression habituelle; on eût dit qu'on lui mettait un masque.

« Pourquoi me demandez-vous cela? dit-elle.

— Parce que je voudrais le savoir; je ne vous ai jamais vue ainsi. »

Elle eut un petit rire.

« Vous me trouveriez absurde, si je vous disais à quoi je pensais! Peu importe! Tout cela s'en est lalé où s'en vont les rêves. En compensation, je vais vous dire à quoi je pense maintenant : c'est qu'il est temps que nous partions d'ici. Mon oncle et Bessie doivent être à moitié fous.

— Il y a deux mois que le siège dure; la colonne de secours ne peut tarder à se montrer », répondit John. Car ces bonnes gens de Prétoria nourrissaient le doux espoir qu'un beau matin, ils auraient le plaisir de voir briller au soleil, une longue file de baïonnettes anglaises, qui disperseraient les Boers comme un vent d'orage.

Jess hocha la tête. Elle commençait à ne plus croire aux armées de secours qui n'arrivaient jamais.

« Si nous ne faisons pas un effort, je suis d'avis que nous serons réduits par la famine; du reste nous n'en sommes pas loin. En attendant je vais chercher nos rations. Avez-vous tout ce qu'il vous faut?

— Oui, merci.

— Eh bien! restez tranquille jusqu'à ce que je revienne.

— Mais, répondit John en riant, je suis fort comme un cheval.

— C'est possible, mais c'est l'ordre du docteur. Au revoir. »

Jess prit son panier et sortit. Elle n'avait pas fait cinquante pas, qu'elle aperçut tout à coup une silhouette bien connue, montée sur un poney non moins connu. L'un et l'autre étaient gros et gras. Le personnage n'était autre que Hans Coetzee lui-même.

Jess n'en pouvait croire ses yeux. Le vieux Hans à Prétoria! Qu'est-ce que cela signifiait?

« Om Coetzee! Om Coetzee! » appela-t-elle, le voyant s'avancer à l'amble, vers la route de Heidelberg.

Le vieux Boer arrêta son poney et regarda autour de lui, d'un air tout mystifié.

« Par ici, Om Coetzee, par ici.

— Dieu tout-puissant! s'écria-t-il, en faisant faire demi-tour à son poney. Vous, missie Jess, vous! qui aurait cru vous voir ici!

— Et vous donc, Om Coetzee?

— Oui, oui, cela paraît étrange, je m'en doute bien; mais je suis un messager de paix, comme la colombe de Noé dans l'arche, vous savez? Le fait est », continua-t-il, en regardant autour de lui, pour voir si quelqu'un écoutait, « que j'ai été envoyé par le gouvernement, pour faire accepter un échange de prisonniers.

— Mais quel gouvernement?

— Quel gouvernement? Le Triumvirat, bien entendu, que le Seigneur bénisse et fasse prospérer! Ah! que c'est beau d'être patriote! Le cher Seigneur donne la force au bras du patriote et aussi l'adresse qui lui permet de frapper son ennemi au bon endroit.

— Vous êtes devenu merveilleusement patriotique, tout d'un coup, Om Coetzee, répliqua Jess, d'un ton acerbe.

— Oui, Missie, oui, je suis patriote jusqu'à la moelle des os. Je hais le gouvernement anglais. Qu'il soit damné! Reprenons notre terre; ayons notre Parlement. Dieu tout-puissant! j'ai vu, à la bataille de Laing, où était le bon droit. Ah! ces pauvres rooibaatjes! J'en ai tué quatre de ma main; le dernier roula la tête la première comme un chevreuil; j'en pleurai après. Ça ne me plaisait pas du tout d'aller me battre, mais Frank Muller m'envoya dire que si je n'y allais pas, il me ferait fusiller. Ah! c'est un démon que ce Frank Muller!

« J'y allai donc et quand je vis que le cher Seigneur avait mis dans la tête du général anglais d'être encore plus absurde ce jour-là que les autres, et de vouloir nous chasser du défilé de Laing avec mille de ses pauvres rooibaatjes, alors, comme je vous le disais, je vis où était le bon droit et je criai : Damné soit le gouvernement anglais! Que fait-il ici? Et je le répétai après la bataille d'Ingogo.

— Laissons cela, Om Coetzee; je vous ai entendu chanter sur un autre ton, et vous en changerez peut-être encore. Dites-moi comment vont mon oncle et ma sœur? Sont-ils toujours à la ferme?

— Dieu tout-puissant! vous ne supposez pas que je sois allé les voir, je pense? Mais j'ai entendu dire qu'ils sont à la ferme. C'est un joli domaine que Belle-Fontaine! Je crois que je l'achèterai, quand nous vous aurons chassés tous, vous autres Anglais. Et maintenant il faut que je continue ma route, sinon Frank Muller, ce démon d'homme, voudra savoir ce qui m'a retardé.

— Om Coetzee, reprit Jess, voulez-vous faire quelque chose pour moi? Nous sommes de vieux amis, vous savez, et c'est moi qui, un jour, décidai mon oncle à vous prêter cinq cents livres (12 500 fr.), quand vos bœufs moururent d'épidémie.

— Oui, répondit-il; je les lui rendrai, un jour,

quand nous aurons renvoyé tous les damnés Anglais. »

Sur ce, il assembla ses brides pour repartir, mais Jess les saisit et répéta :

« Voulez-vous me rendre un service?

— Lequel, lequel, Missie? Ce diable d'homme m'attend avec les prisonniers, au Kraal de Rooihuis.

— Je désire un laissez-passer pour moi et le capitaine Niel et une escorte, afin de retourner à Belle-Fontaine. »

Le vieux Boer leva ses grosses mains avec stupéfaction.

« Dieu tout-puissant! dit-il, c'est impossible! Un laissez-passer! Quelle idée! Allons, allons, il faut que je parte.

— Ce n'est pas impossible et vous le savez bien, Om Coetzee. Écoutez-moi : si j'obtiens le laissez-passer, je parlerai à mon oncle, au sujet des cinq cents livres, et peut-être ne vous fera-t-il pas tout rendre.

— Ah! fit le Boer, nous sommes de vieux amis, Missie, et je dis toujours : n'abandonnons jamais un ami. Seigneur! je ferais cent milles à cheval, je nagerais dans le sang pour un ami. Eh bien! je verrai, je verrai. Cela dépendra de ce démon, Frank Muller. Où vous trouverai-je? dans cette maison blanche, là-bas? Très bien. Demain l'escorte viendra avec les prisonniers et si je peux obtenir le laissez-passer, elle vous l'apportera. Mais, Missie, n'oubliez pas les cinq cents livres. Si vous n'en parlez pas à votre oncle, il aura affaire à moi! Seigneur! ce que c'est que d'avoir un bon cœur et d'aimer à aider ses amis! Bonjour, bonjour, Missie! » Et le vieux Boer s'éloigna, son large visage rayonnant d'une bienveillance inimaginable!

Après lui avoir jeté un regard de profond mépris, Jess reprit sa route vers le camp.

Lorsqu'elle revint au *Palais*, elle dit à John ce qui s'était passé, ajoutant qu'il serait bon de tout préparer, dans le cas où la réponse serait favorable ; en conséquence, le chariot fut rangé près de l'habitation, les ressorts furent graissés et Mouti reçut l'ordre de tenir les chevaux à proximité; tous étaient en bon état, quoiqu'un peu maigres, à cause du manque de très bonne nourriture.

Une heure environ après avoir quitté Jess, Hans Coetzee arriva en vue d'une petite maison en briques rouges et, de l'ombre qu'elle projetait, émergea un cavalier monté sur un robuste cheval noir. Le cavalier, grand et bel homme au visage dur, à la barbe dorée, abrita ses yeux de sa main, afin de mieux voir sur la route, frappa ensuite le cheval de ses éperons et le bel animal se précipita au galop, dans la direction de Hans Coetzee.

« Ah! » murmura celui-ci, c'est ce démon de Frank Muller! « Qu'est-ce qu'il peut bien me vouloir? J'ai toujours froid dans le dos, quand il s'approche de moi. »

Un instant après, le coursier noir s'arrêtait près du poney et l'arrêt était si soudain, que le Boer voyait, à sa grande terreur, les sabots du grand cheval cabré battre l'air à quelques pouces de sa tête.

« Dieu tout-puissant! s'écria le vieillard, en faisant volte-face; faites attention, neveu; faites attention; je n'ai pas envie d'être écrasé comme un hanneton. »

Frank Muller, car c'était lui, sourit méchamment; il avait fait exprès d'effrayer le vieillard dont il connaissait la lâcheté.

« Pourquoi avez-vous été si long! et qu'avez-vous fait des Anglais? demanda-t-il; vous devriez être ici depuis une demi-heure.

— Sans doute, sans doute, neveu, mais j'ai été

retenu; bien sûr vous n'admettez pas que je m'attarderais dans cette maudite place. Fi donc! Elle empeste l'anglais! » Et ce disant, il cracha par terre. « Je ne peux pas en perdre le goût dans la bouche.

— Vous mentez, Hans Coetzee, répondit tranquillement Muller; Anglais avec les Anglais, Boer avec les Boers. Prenez garde, ou nous vous démasquerons! Je vous connais, vous et vos discours. Vous rappelez-vous ce que vous disiez à l'Anglais Niel, à l'hôtellerie de Wakkerstroom, quand vous me vîtes en vous retournant? J'avais entendu et je n'oublie pas. Vous savez ce qui arrive « aux traîtres au pays »?

Les dents de Hans s'entre-choquèrent et son visage fleuri devint blême.

« Que voulez-vous dire, neveu? demanda-t-il.

— Moi? Je ne veux rien dire. Je vous avertissais seulement *en ami*. J'ai entendu raconter certaines choses sur vous, par.... » Il murmura un nom qui fit pâlir encore davantage le pauvre Hans.

« Eh bien! » ajouta son persécuteur, lorsqu'il eut bien joui de sa terreur, « eh bien! quelles conditions?

« Oh! bonnes, neveu, bonnes », dit-il vivement, trop heureux de changer de sujet; « j'ai trouvé les Anglais souples comme des gants. Ils échangeront leurs douze prisonniers pour quatre des nôtres. Les hommes seront ici demain, à dix heures. J'ai raconté au commandant les affaires de Laing et d'Ingogo; il ne voulait pas me croire; il s'imaginait que j'étais un menteur, comme lui. On commence à avoir faim là-bas; j'ai vu un Hottentot de ma connaissance, qui m'a dit que les os se montraient déjà.

— Ils perceront bientôt la peau, répliqua Muller. Nous voici arrivés à la maison, le général y est; il vient de Heidelberg; vous pouvez lui faire votre rapport. Qu'avez-vous appris du capitaine Niel? Est-il vrai qu'il soit mort?

— Non, il n'est pas mort. A propos, j'ai rencontré la nièce d'Om Croft, la brune. Elle est enfermée là-bas avec le capitaine, et elle m'a prié d'obtenir un laissez-passer pour qu'ils puissent retourner chez eux. Naturellement je lui ai répondu que c'était absurde et qu'il leur fallait subir la famine comme les autres. »

Muller, qui avait écouté cette dernière partie du récit avec un intérêt profond, arrêta subitement son cheval en s'écriant :

« Vraiment! Vous avez dit cela? Alors vous êtes un plus grand imbécile que je ne croyais. Qui vous a autorisé à décider s'ils auraient ou n'auraient pas un laissez-passer? »

CHAPITRE XX

LE GRAND HOMME

Complètement abasourdi par la riposte de Muller, Hans perdit contenance et se répéta au dedans de lui-même, pour la centième fois, que Frank était en vérité « un diable d'homme ». Un instant après, ils arrivaient à la porte de l'habitation, descendaient de cheval et Coetzee était introduit en présence de l'un des chefs de l'insurrection.

C'était un homme d'environ cinquante-cinq ans, court, voûté, laid, au nez long, aux yeux petits, aux cheveux plats. Le front toutefois était intelligent et la physionomie générale laissait deviner une finesse et des capacités au-dessus de la moyenne. Assis devant une table en bois blanc, le grand homme écrivait quelque chose, avec une peine évidente, sur un papier sale, tout en fumant une très grande pipe.

« Asseyez-vous, messieurs », dit-il, quand les deux compagnons entrèrent, et il leur indiqua, de la tige de sa pipe, un banc de sapin. Ils s'assirent donc, sans même soulever leurs chapeaux, tirèrent leurs pipes de leurs poches et se mirent en devoir de les allumer.

« Comment, au nom de Dieu, écrivez-vous « Excellence »? demanda le général, un instant après; je l'ai écrit de quatre manières différentes et chacune me paraît pire que les autres. »

Frank Muller fournit le renseignement demandé. En lui-même Hans se dit qu'il se trompait, mais il n'osa pas exprimer son opinion.

« Voilà! C'est fait », dit bientôt le général, contemplant sa page d'écriture d'un air de satisfaction presque enfantin. « Maudit soit celui qui inventa l'écriture! Nos pères s'en passaient fort bien; pourquoi ne ferions-nous pas de même? Quoique ce soit, il est vrai, utile pour les traités avec les Cafres. Neveu, je crois, après tout, que vous vous êtes trompé pour le mot Excellence! N'importe; ça passera. Quand un homme écrit une lettre comme celle-ci, à la reine d'Angleterre, il n'a pas à se préoccuper beaucoup de son orthographe! » Le général se renversa sur sa chaise, en riant doucement.

« Eh bien! Meinheer Coetzee, de quoi s'agit-il? Ah! je sais : des prisonniers. Eh bien! qu'avez-vous fait? »

Hans conta son histoire; il s'étendait avec complaisance, lorsque le général l'arrêta tout court.

« Très bien, très bien, cousin; ainsi ils rendront douze hommes pour quatre? C'est une assez juste proportion : ah! un instant; encore un mot. On m'a parlé de vous, cousin; j'ai entendu dire qu'on ne pouvait pas se fier à vous. Je ne sais s'il en est ainsi;

pour ma part je ne le crois pas. Seulement écoutez-moi : si c'était vrai et si je m'en assurais, par Dieu! je vous ferais couper en morceaux, à coups de fouet, fusiller ensuite et j'enverrais votre carcasse en cadeau aux Anglais. » A ces mots, il se pencha vers Coetzee, donna sur la table un vigoureux coup de poing dont le retentissement produisit un effet des plus désagréables sur les nerfs du pauvre Hans, et une lueur soudaine de férocité brilla dans les petits yeux du général, de manière à décontenancer un homme timide, fût-il parfaitement innocent.

« Je jure..., commença Hans.

— Ne jurez pas, cousin; vous êtes un ancien de l'Église! En outre, c'est inutile; je vous ai dit que je n'y croyais pas. Seulement il s'est produit dernièrement deux ou trois cas.... Non, ne cherchez pas. Vous ne rencontrerez nulle part les coupables. Bonjour, cousin, bonjour. N'oubliez pas de remercier le Dieu tout-puissant, de nos victoires. »

L'infortuné Hans partit fort abattu, comprenant que les jours de celui qui essaye, si adroitement que ce soit, de s'asseoir sur deux sièges à la fois, sont des jours qui menacent d'être comptés. Et si l'Anglais allait vaincre après tout (ce qu'il désirait au fond de son cœur), comment prouverait-il qu'il avait nourri cette espérance? Pendant qu'il se dirigeait vers la porte, le général le suivait d'un regard moitié malicieux, moitié menaçant, sous ses sourcils en broussaille.

« Un cauteleux, un lâche, un homme sans cœur pour le bien comme pour le mal, tel est Hans Coetzee, neveu; je le connais depuis des années. Bah! laissons-le. Il nous vendrait, s'il le pouvait, mais je crois l'avoir suffisamment effrayé; au reste, s'il le fallait, il s'apercevrait vite que je n'aboie jamais sans avoir l'intention de mordre. Assez sur ce sujet. Vous ai-je remercié pour la part que vous avez prise à la bataille de Majuba? Ah! quelle glorieuse victoire! Les astres sont pour nous, Frank. Combien étiez-vous en partant pour escalader la montagne?

— Quatre-vingts hommes.

— Et combien en arrivant?

— Cent soixante-dix à peu près.

— Et combien de victimes?

— Trois : un tué, deux blessés et quelques égratignures.

— Merveilleux! merveilleux! Il faut qu'il ait été fou ce général anglais. Qui l'a tué?

— Breytenbach. Le général Colley tenait un mouchoir blanc à la main; Breytenbach tira; Colley tomba comme une masse, et alors tous les autres coururent pêle-mêle jusqu'au bas de la montagne. Oh! ç'a été merveilleux. Ils auraient pu nous faire reculer de la main gauche. Voilà ce que c'est que de combattre pour une bonne cause, mon oncle. »

Le général eut un mauvais sourire et répliqua : « Voilà ce que c'est que d'avoir des hommes qui savent tirer, qui connaissent le pays et qui n'ont pas peur. Enfin, c'est fait et bien fait. Les astres sont pour nous, Frank, et jusqu'ici nous sommes vainqueurs. Mais comment cela finira-t-il? Vous êtes intelligent; dites-moi comment cela finira. »

Frank Muller se leva et fit deux fois la longueur de la chambre avant de répondre.

« Vous le dirai-je? » demanda-t-il; puis, sans attendre la réplique, il continua : « Nous reprendrons le pays; voilà comment cela finira; voilà ce que signifie l'armistice. Il y a des milliers de rooibaatjes au défilé de Laing; ils ne manquent pas de soldats; ils attendent l'occasion de céder, mon oncle; nous reprendrons le pays et vous serez président de la république. »

Le vieux général aspira la fumée de sa pipe.

« Vous avez une bonne tête, Frank, et vous ne l'avez pas perdue. Le gouvernement anglais va céder. Les astres continuent à nous être favorables. Mais cela signifie encore autre chose, Frank, et je vais vous le dire : cela signifie (et de nouveau il laissa tomber son poing lourd sur la table) le triomphe des Boers dans tout le sud de l'Afrique. Bürgers n'était pas si absurde après tout, quand il parlait d'une grande république hollandaise. Je suis allé deux fois en Angleterre et maintenant je connais l'Anglais. Il ne sait rien, rien. Il comprend sa boutique, il s'y enfonce et ne peut penser à autre chose. Quelquefois il s'en va ouvrir des boutiques au loin et réussit, parce qu'il comprend la boutique. Ils parlent beaucoup là-bas les Anglais, mais au fond c'est toujours une question de boutique. Ils parlent d'honneur et de patriotisme, mais tout cède à la boutique; croyez-moi, Frank, c'est la boutique qui a fait l'Angleterre; c'est par la boutique qu'elle périra. *Amen!* Nous aurons notre morceau. L'Afrique aux Africains. Le Transvaal d'abord, puis le reste. Shepstone était un habile homme; il voulait faire de tout le pays une grande boutique anglaise avec les noirs pour commis; mais nous avons changé tout cela. Cependant nous devons de la reconnaissance à Shepstone. Les Anglais ont payé nos dettes, battu les Zulus qui nous auraient détruits, puis ils se sont laissé battre et maintenant notre tour revient et, comme vous le dites, je serai le premier président.

— Oui, mon oncle, répondit Muller avec calme, et moi, je serai le second. »

Le grand homme le regarda.

« Vous êtes hardi, Frank, mais la hardiesse fait les hommes et les pays. Vous serez peut-être bien président; une bonne tête suffit pour mener beaucoup d'imbéciles.

— Oui, je serai président et alors je chasserai l'Anglais de l'Afrique Australe, avec l'aide des Zulus; ensuite je détruirai les Zulus, excepté un certain nombre que je garderai comme esclaves. Voilà mon plan, mon oncle; il est bon.

— Il est vaste; j'ignore s'il est bon; qui pourrait le dire? Vous l'exécuterez peut-être, neveu. Un homme qui possède une cervelle et l'argent, peut tout faire, *s'il vit*. Mais il y a un Dieu. Je crois, Frank Muller, qu'il y a un Dieu et que ce Dieu limite l'action de l'homme; s'il va trop loin, Dieu le tue! *Si vous vivez*, Frank Muller, vous ferez ces choses, mais peut-être Dieu vous frappera-t-il auparavant. Qui sait! Vous ferez ce que Dieu voudra; non ce que vous voudrez! »

Le plus âgé des deux hommes parlait sérieusement maintenant. Muller sentit que ce n'était pas là le verbiage que les gens en autorité, chez les Boers, trouvent bon d'adopter. Il disait ce qu'il pensait et Muller ressentit un frisson, malgré son prétendu scepticisme. Sa superstition endormie se réveilla un instant et il eut presque peur. Entre lui et ce brillant avenir de sang et de puissance, s'ouvrait un gouffre glacé. Si c'était la mort et que l'avenir ne fût qu'un rêve... ou pis encore! Il changea de visage et le général le remarqua.

« Enfin, reprit-il, qui vivra verra. En attendant vous avez rendu de grands services à l'État et vous en serez récompensé, cousin, si je suis président.... » Il appuya sur ces mots, d'une manière qui n'échappa point à son compagnon. « Si, avec l'aide des miens, je deviens *président*, je ne vous oublierai pas.

« Maintenant il faut que je remonte à cheval et que je sois au Défilé dans soixante heures, pour y attendre la réponse du général Wood. Vous veillerez à l'échange des prisonniers. »

Sur ce il éteignit sa pipe et se leva.

« A propos, Meinheer, dit Muller, assumant tout

à coup un ton respectueux, j'ai une faveur à vous demander.

— Qu'est-ce, neveu?

— Je voudrais un laissez-passer pour deux amis à moi, des Anglais qui désirent quitter Prétoria et retourner près de leurs parents, dans le district de Wakkerstroom. Ils me l'ont fait demander par Hans Coetzee.

— Je n'aime pas à donner des laissez-passer, répondit le général, avec irritation; vous savez ce qui en résulte et je m'étonne que vous m'en demandiez.

— C'est une petite faveur, Meinheer, et que je crois sans importance. Prétoria ne sera pas assiégée bien longtemps maintenant et j'ai des obligations envers ces personnes.

— Bien, bien, comme vous voudrez; vous êtes responsable des résultats. Écrivez le laissez-passer; je le signerai. »

Frank Muller s'assit, écrivit le papier avec la date. Les termes en étaient simples : Laissez passer les porteurs sains et saufs.

« C'est vague; cela pourrait servir à tout Prétoria, dit le général, en lisant.

— Je ne sais s'ils sont deux ou trois, répondit négligemment Muller.

— Bien, bien, vous êtes responsable », répéta le général; et il apposa une grossière signature au bas du papier.

« J'ai l'intention, si vous le permettez, d'escorter le chariot avec deux hommes. Vous savez que je pars demain, pour prendre le commandement du district de Wakkerstroom.

— Très bien! c'est votre affaire. Je ne ferai pas de questions, pourvu que vos amis ne nuisent pas à la cause. » Et il sortit sans ajouter un mot.

Resté seul, Frank Muller s'assit de nouveau, regarda le laissez-passer et s'entretint avec lui-même, car il était bien trop prudent pour s'entretenir avec d'autres. « Le Seigneur a livré mon ennemi entre mes mains », se dit-il, avec un sourire et caressant sa barbe d'or. « Je ne perdrai pas l'occasion qu'il m'offre dans sa merci, comme j'ai perdu celle de la chasse. En avant pour Bessie! Il me faudra sans doute tuer le vieux aussi; je le regrette, mais c'est inévitable. En outre s'il arrive quelque chose à Jess, Bessie prendra Belle-Fontaine et c'est un beau morceau. Non que j'aie besoin de terre; j'en ai assez.... Oui, j'épouserai Bessie. Elle mériterait que je n'en fisse rien; mais, après tout, le mariage est plus respectable et l'on est plus maître de sa femme. Et puis elle me sera utile plus tard, car une belle femme est une puissance, même parmi ces miens concitoyens, si l'on sait se servir d'elle pour amorcer ses lignes. Oui, je l'épouserai. La force! La captivité! Bah! c'est le moyen de conquérir une femme; d'ailleurs elles aiment cela! Et cela leur donne du prix. Ce sera une cour sanglante. Les baisers n'en seront que plus doux et en fin de compte elle m'aimera pour ce que j'aurai osé pour elle. Allons, Frank Muller, allons! Il y a dix ans, tu t'es dit : Il y a trois choses en ce monde; d'abord la richesse; secondement les femmes, si elles vous plaisent, ou plutôt *une femme*, si on la désire au-dessus de toutes les autres; troisièmement le pouvoir. Eh bien! tu as déjà la richesse, car tu es l'homme le plus riche du Transvaal. Dans huit jours tu auras la femme que tu aimes et qui vaut plus, à tes yeux, que le monde entier. Dans cinq ans, tu auras le pouvoir absolu sur ce pays. Ce vieillard est habile; il sera président; mais je suis plus habile que lui. Je prendrai bientôt son siège comme celui-ci (il alla s'asseoir sur la chaise du général); il descendra d'un cran et prendra le mien. Alors, je régnerai! Ma langue sera de miel et ma main de fer. Je passerai sur le pays comme un ouragan. Je chasserai les Anglais, avec l'aide des Cafres; ensuite j'exterminerai les Cafres et je prendrai leurs terres. Ah! cela vaudra la peine de vivre! » ajouta-t-il, les yeux flamboyants, les narines dilatées.

« Quelle belle chose que le pouvoir! Pouvoir tuer cet Anglais, ce John Niel, mon rival, par exemple! Aujourd'hui il est fort et plein de vie; dans trois jours il aura disparu; et c'est moi, moi qui l'aurai supprimé. Voilà le pouvoir! Mais quand le jour viendra où je n'aurai qu'à étendre la main pour envoyer des milliers d'hommes le rejoindre, alors ce sera le pouvoir absolu, et, avec Bessie, je serai heureux! »

Pendant plus d'une heure il rêva ainsi, jusqu'à ce qu'enfin sa raison se perdit dans une ivresse morale. Les tableaux se succédaient devant ses yeux. Il se voyait président et adressant la parole à l'Assemblée nationale, pour la ployer à sa volonté. Il se voyait général en chef d'une grande armée, battant les forces de l'Angleterre et les contraignant, par le carnage, à fuir devant lui; il choisissait même le champ de bataille, sur les flancs du Biggarsberg, dans le Natal. Il se voyait ensuite chassant les naturels de l'Afrique méridionale et régnant sans conteste sur un peuple soumis. Enfin il voyait quelque chose qui brillait à ses pieds. C'était une couronne!

Ce fut le dernier degré de son ivresse. La réaction survint. L'imagination qui l'avait entraîné, comme le papillon brillant entraîne l'enfant, changea subitement de couleur et le fit retomber à terre. Alors il se rappela les paroles du général : *Dieu limite l'action de l'homme; s'il va trop loin, Dieu le tue!*

Le papillon s'était posé sur un cercueil!

CHAPITRE XXI

JESS OBTIENT UN LAISSEZ-PASSER

Vers dix heures et demie du matin, le lendemain de son entrevue avec Hans Coetzee, Jess était, selon son habitude, au *Palais* et John achevait d'emballer dans le chariot les quelques objets en leur possession. Cela ne servirait probablement à rien, car ils n'obtiendraient sans doute pas le laissez-passer, mais, disait-il gaiement, c'était une distraction comme une autre.

« Jess, venez ici.

— Pourquoi faire? » demanda Jess, qui était assise sur le seuil de la porte et, sous prétexte de raccommoder quelque chose, contemplait son paysage de prédilection.

« Parce que j'ai à vous parler. »

Elle obéit, un peu fâchée contre elle-même.

« Eh bien! dit-elle avec humeur, me voici; qu'y a-t-il?

— J'ai fini d'emballer, voilà tout.

— Et vous allez me faire croire que vous m'avez fait venir pour me dire cela?

— Certainement! L'exercice est bon pour la jeunesse! »

Il se mit à rire et elle fit de même.

Ce n'était rien, rien du tout, mais c'était délicieux. Certaine affection réciproque, même sans être exprimée, a de ces façons de mettre du bonheur partout et de trouver toujours à rire.

A cet instant, Mme Neville arriva, s'éventant comme à l'ordinaire, avec son chapeau.

« Devinez ce qui se passe, capitaine Niel, dit-elle, très agitée. Les prisonniers sont revenus et j'ai entendu un Boer de l'escorte, dire qu'il avait un laissez-passer signé par le général pour des Anglais, et qu'il viendrait les chercher tout à l'heure. Qui cela peut-il être?

— C'est nous, répondit vivement Jess. Nous retournons chez nous. J'ai vu Hans Coetzee hier et je l'ai prié d'essayer de nous procurer un laissez-passer; il a sans doute réussi.

— Sortir de Prétoria! Eh bien! vous avez de la chance! Permettez-moi de m'asseoir et d'écrire une lettre à mon grand-oncle au Cap; vous la mettrez à la poste, quand vous pourrez. Il a quatre-vingt-quatorze ans et il est un peu en enfance, mais c'est égal, il sera content d'avoir de mes nouvelles.

— John, dit Jess, vous feriez bien de prévenir Mouti d'atteler les chevaux; il nous faudra partir tout à l'heure.

— Oui », répondit-il d'un air pensif, « il paraît que nous allons partir »; et il ajouta : « Êtes-vous contente de partir?

— Non! » dit-elle, avec une explosion de colère et frappant du pied; puis elle rentra dans la maison.

« Mouti », dit John au Zulu, qui flânait à la façon caractéristique de cette race intelligente, mais paresseuse, « attelez les chevaux : nous retournons à Belle-Fontaine.

— Bien, Koos (chef) », répondit le Zulu avec indifférence; et il se mit à l'œuvre, comme si c'était la chose la plus ordinaire du monde, de quitter une ville assiégée pour retourner chez soi. C'est une des beautés des Zulus; on ne peut pas les étonner; ils pensent sans doute que ce mélange extraordinaire de sagesse et de folie, dont se compose la race blanche, est capable de tout.

John, debout, regardait distraitement l'attelage des chevaux. Le fait est que, lui aussi, ne pouvait s'empêcher d'éprouver des regrets; il en était honteux, mais il n'y pouvait rien. Depuis quelque temps, il vivait dans un rêve et tout ce qui ne faisait pas partie de ce rêve, était confus pour lui, comme un paysage dans le brouillard. Il ne se rendait plus bien compte des proportions et de la situation relative des choses; la seule réalité, c'était son rêve; tout le reste était vague comme les gens et les faits que nous perdons de vue dans l'enfance et ne retrouvons que dans la vieillesse.

Désormais il faudrait cesser de rêver; le brouillard se dissiperait et John serait contraint de regarder les événements face à face. Jess, avec qui il avait partagé son rêve, partirait pour l'Europe; quant à lui, il épouserait Bessie et le séjour à Prétoria se perdrait dans les ténèbres du passé. Il le fallait; c'était là le devoir et il ne le fuirait pas; mais il n'eût pas été homme, s'il n'eût souffert de tout cela, dans le secret de son cœur.

Mouti avait amené les chevaux; il demanda s'il devait atteler.

« Attendez un peu, répondit John; c'est probablement une mauvaise plaisanterie. »

A peine avait-il prononcé ces paroles, qu'il aperçut deux Boers, armés jusqu'aux dents, et d'un aspect particulièrement désagréable, qui s'avançaient à cheval vers le *Palais*, escortés par quatre carabiniers. A la grille, ils mirent pied à terre et l'un deux vint le rejoindre à la porte de l'écurie.

« Le capitaine Niel? dit-il en anglais, d'un ton interrogateur.

— C'est moi.

— Alors voici une lettre pour vous »; et il lui tendit un papier plié.

John l'ouvrit et lut :

« Monsieur, le porteur a en main un sauf-conduit que vous désirez, paraît-il, afin de retourner avec miss Jess Croft, au district de Wakkerstroom. La seule condition attachée au laissez-passer, qui est signé par l'un des membres de l'honorable Triumvirat, est que vous n'emportiez aucune dépêche de Prétoria. Si vous donnez au porteur votre parole d'honneur à ce sujet, il vous remettra le laissez-passer. »

Cette lettre, assez bien écrite et en bon anglais, n'avait pas de signature.

« Qui a écrit ceci? demanda John au Boer.

— Cela ne vous regarde pas, lui fut-il répondu brièvement; voulez-vous donner votre parole?

— Oui.

— Très bien; voici le laissez-passer. » L'écriture était la même que celle de la lettre, mais il y avait la signature du général boer.

John l'examina et appela Jess pour qu'elle le lui traduisît.

« Cela veut dire : Laissez passer les porteurs sains et saufs; et la signature est bien celle du général, je l'ai déjà vue plusieurs fois.

— Quand devrons-nous partir? demanda John.

— Tout de suite, ou pas du tout.

— Il faut que je passe par le quartier général afin d'expliquer mon départ; on croirait que je me suis sauvé. »

Le Boer ne consentit, qu'après être allé à la grille consulter son compagnon, et tous deux déclarèrent qu'ils allaient se rendre aussi au quartier général, pour y attendre le chariot.

On attela les chevaux; en cinq minutes tout fut prêt et John, après avoir examiné avec soin les harnais et les bagages, alla chercher Jess. Il la trouva sur le seuil, contemplant cette maison qu'elle aimait tant, et où elle avait été si heureuse. Sa main était posée sur son front, comme pour protéger ses yeux contre le soleil; mais le soleil ne donnait pas sur elle et John devina pourquoi elle cachait ses yeux. Elle pleurait de cette manière calme et si émouvante, qu'ont certaines femmes; quelques grosses larmes coulaient lentement sur ses joues. John sentit sa gorge se serrer et tout naturellement chercha un dérivatif dans la brusquerie.

« Que diable faites-vous là? dit-il; allez-vous faire attendre les chevaux toute la journée? »

Jess ne se fâcha pas; elle comprit. A ce moment Mme Neville accourut, achevant de cacheter sa lettre.

« Voici, dit-elle; j'espère que je ne vous ai pas fait attendre. Adieu, ma chère; que Dieu vous garde! N'oubliez pas, quand vous le pourrez, d'écrire au *Times*. Allons! Ne pleurez pas. Je vous assure que je ne pleurerais guère si j'étais à votre place. »

Jess avait profité de l'occasion que lui offrait la chaude embrassade de Mme Neville, pour fondre en larmes.

Une minute après, ils étaient dans le chariot et Mouti g mpait derrière eux.

« Ne pleurez pas, chère enfant », dit John, en posant une main sur l'épaule de Jess; « il faut souffrir ce qu'on ne peut empêcher.

— C'est vrai, John! » Et elle sécha ses larmes.

Au quartier général, le capitaine expliqua les motifs de son départ. Tout d'abord l'officier qui remplaçait momentanément le commandant blessé, fit quelques objections, surtout lorsqu'il sut que Niel avait donné sa parole de ne pas emporter de dépêches; mais, en réfléchissant, il reconnut que ce départ pouvait faire plus de bien que de mal, en permettant au capitaine de faire savoir ce qui se passait *dans ce trou*. On échangea une poignée de main et John sortit pour se trouver en face d'une grande foule.

Le bruit de ce départ s'était répandu; tout le

monde voulait s'en assurer; semblable événement ne s'était pas produit depuis deux mois et plus et causait une surexcitation proportionnée à sa rareté.

« Oh! miss Croft », cria une femme, qui avait, comme Jess, été surprise par le siege pendant une visite chez des amis, « si vous pouviez envoyer une ligne à mon mari, à Maritzburg, pour lui dire que je me porte bien, à part les rhumatismes que j'ai gagnés en couchant par terre, et qu'il embrasse les jumeaux de ma part.

— Dites donc, Niel, prévenez ces damnés Boers que nous leur donnerons une bonne volée quand Colley nous aura secourus », dit à son tour un jeune et jovial Anglais, qui portait l'uniforme des carabiniers de Prétoria. Il ne se doutait guère que le pauvre Colley dormait paisiblement à six pieds sous terre, avec une balle boer dans le crâne.

« Allons, capitaine Niel, si vous êtes prêt, il faut nous mettre en route. » Joignant le geste aux paroles, l'un des Boers donna un tel coup de sa lourde cravache au premier cheval, que l'animal bondit presque en dehors des traits.

Les chevaux, en se précipitant au galop, dispersèrent la foule et nos voyageurs commencèrent leur voyage au milieu d'une bordée d'adieux.

Pendant plus d'une heure, rien de particulier ne se produisit; John allait bon train et les deux Boers suivaient à cheval. Au bout de ce temps, et à une courte distance de la maison rouge où Frank Muller avait obtenu, la veille, le laissez-passer du général, l'un des Boers se rapprocha et dit assez rudement qu'ils devaient dételer à la maison, où on leur servirait un repas. Comme il était près d'une heure, cette communication ne leur fut nullement désagréable; donc, à cinquante mètres de l'habitation, John arrêta les chevaux, les fit dételer et, après les avoir vus boire, se dirigea vers la maison rouge. Les deux Boers, assis déjà sous la véranda, firent signe aux voyageurs d'entrer dans une petite pièce où ils trouvèrent une femme hottentote, en train de placer le repas sur la table.

« Mangeons ce dîner, dit John à Jess; Dieu sait quand nous en aurons un autre. »

Comme ils s'asseyaient, les deux Boers entrèrent; l'un d'eux fit à l'autre une observation ironique, accompagnée d'un regard insultant et tous deux se mirent à rire.

John rougit, mais se tut. L'aspect de son escorte ne lui inspirait qu'une médiocre confiance. L'un des Boers, grand, gros, flasque, avait une expression particulièrement repoussante, à laquelle ajoutait une dent qui, de la mâchoire supérieure, retombait sur la lèvre inférieure. L'autre était un petit homme à la physionomie sardonique, orné d'une profusion de barbe, de favoris noirs et d'une longue chevelure qui tombait sur ses épaules. Quand il riait, ses sourcils s'abaissaient, ses favoris se rapprochaient et ses moustaches se relevaient de telle sorte, qu'on ne voyait presque plus son visage et qu'il ressemblait plus à un grand singe barbu qu'à un homme. Il avait le type boer le plus sauvage de la frontière la plus éloignée, et ne comprenait pas un mot d'anglais. Jess le surnomma « la Bête fauve » et l'autre « l'Unicorne », à cause de sa dent. Celui-ci parlait bien l'anglais, ayant passé plusieurs années à Natal, qu'il avait dû quitter à la suite de cruautés exercées sur des Cafres.

L'Unicorne était un homme extraordinairement pieux, et surprit fort le capitaine, en lui saisissant le bras, au moment où il allait découper la viande.

« Qu'y a-t-il? » demanda Niel.

Le Boer secoua tristement la tête.

« Ce n'est pas étonnant que la race anglaise soit maudite et nous ait été livrée comme le grand roi

Agag fut livré aux Israélites. Vous vous asseyez pour votre repas, sans rendre grâces au cher Seigneur ! »

Alors, rejetant sa tête en arrière, il se mit à psalmodier du nez, un long *benedicite* en hollandais, qu'il voulut ensuite traduire en anglais, ce qui prit un temps considérable. « La Bête fauve » termina par un *amen*, de son ton sardonique, et enfin les voyageurs eurent la liberté de commencer leur désagréable dîner; mais ne pouvant s'attendre à rien de très agréable, ils se résignèrent et firent contre fortune bon cœur; en somme il eût été plus fâcheux encore de ne pas dîner du tout.

CHAPITRE XXII

EN ROUTE

Leur repas achevé, Jess et John allaient se lever de table, quand la porte s'ouvrit et Frank Muller parut, toujours le même, caressant sa barbe d'or et conservant son expression sinistre.

Quand son regard froid tomba sur John, un faible sourire détendit sa bouche finement dessinée, mais cruelle.

Tout à coup il aperçut les deux Boers, dont l'un se curait les dents avec une fourchette d'acier, tandis que l'autre allumait sa pipe, à deux pouces de la tête de Jess, et aussitôt son visage prit une expression de colère.

« Que vous ai-je dit à tous deux? s'écria-t-il : que vous ne deviez pas manger avec les *prisonniers* (ce mot frappa désagréablement l'oreille de Jess). Je vous ai dit qu'ils devaient être traités avec tout le respect possible et je vous trouve vautrés sur la table et fumant en leur présence. Sortez ! »

L'homme au visage flasque se leva aussitôt avec un soupir, déposa sa fourchette et partit sans réflexion, car il reconnaissait que Meinheer Muller n'était pas un chef avec qui l'on pût plaisanter, mais son compagnon se montra plus récalcitrant.

« Eh quoi ! dit-il, secouant sa crinière en arrière, ne suis-je pas assez bon pour m'asseoir à table avec deux maudits Anglais, un soldat et une femme ? Si j'étais le maître, il cirerait mes bottes et elle préparerait mon tabac. »

Frank Muller, sans rien dire, bondit vers l'inférieur insubordonné et, d'une poussée de sa puissante épaule, l'envoya rouler à travers la porte ouverte, dans le corridor, au grand dommage de sa pipe et de son plus beau trait — son nez.

« Voilà ! dit Muller, en fermant la porte ; c'est la seule manière de traiter un individu de cette sorte ; et maintenant permettez-moi de vous souhaiter le bonjour, miss Jess », dit-il, en tendant à la jeune fille une main qu'elle prit assez froidement, il faut l'avouer.

Il ajouta poliment :

« J'ai eu grand plaisir à pouvoir vous rendre ce bon office. Je n'ai pas obtenu le sauf-conduit sans quelque peine ; il m'a même fallu faire valoir mes services, mais peu importe, je l'ai obtenu et je me charge de vous escorter jusqu'à Belle-Fontaine. »

Jess salua et Muller, se tournant vers John, qui était resté debout, lui parla ainsi :

« Capitaine Niel, nous avons eu quelques désaccords autrefois ; j'espère vous prouver par le service que je vous rends, que moi, du moins, je n'ai pas de rancune. J'irai plus loin. Comme je l'ai déjà dit, je reconnais que les torts étaient de mon côté, dans l'affaire de l'auberge, à Wakkerstroom. Donnons-nous la main et oublions tout cela. » Et s'avançant vers John, il lui tendit la main.

Jess était au courant de la situation; tout d'abord elle espéra que John ne prendrait pas cette main, puis, se rappelant leur position respective, elle espéra le contraire.

John pâlit un peu, se redressa et, délibérément, il mit sa main derrière son dos.

« Je le regrette, monsieur Muller, dit-il, mais, même dans les circonstances actuelles, je ne peux pas vous donner la main; vous savez pourquoi. »

Jess vit la colère furieuse, qui était le côté faible de Muller, se refléter sur son visage.

« Je ne sais rien, Capitaine, ayez la bonté de vous expliquer.

— Très bien, répondit John. Vous avez essayé de m'assassiner.

— Que voulez-vous dire? s'écria Muller, d'une voix tonnante.

— Ce que je dis. Vous avez tiré deux fois sur moi, sous prétexte de tirer sur un chevreuil. Tenez, voyez. » Il lui tendit son feutre mou, qu'il portait encore. « Voici la marque de l'une de vos balles. Je ne me doutais de rien alors; je sais tout maintenant et je refuse de vous tendre la main. »

Peu à peu la fureur avait maîtrisé Muller.

« Vous me payerez ça, Anglais menteur », dit-il, en portant la main au couteau de chasse qui pendait à sa ceinture.

Pendant quelques secondes, ils se regardèrent en face. John ne bougea pas. Calme et fort comme le tronc d'un chêne, son loyal visage présentait un contraste étrange avec la beauté démoniaque du grand Hollandais. Il reprit la parole d'une voix tranquille :

« J'ai eu le dessus une fois déjà sur vous, Frank Muller et, si c'est nécessaire, je l'aurai encore, malgré votre couteau. Mais en attendant je vous rappelle que j'ai un sauf-conduit signé par votre général et qui garantit notre sécurité. Et maintenant, monsieur Muller, ajouta-t-il, avec un éclair de ses yeux bleus, je suis prêt. »

Le Hollandais tira son couteau, puis le repoussa dans le fourreau. Il avait eu un instant la pensée d'en finir tout de suite; mais, même dans sa rage, il songea qu'il y aurait un témoin.

Toutefois la colère lui fit assez oublier la prudence, pour qu'il s'écriât :

« Un sauf-conduit du général! grand bien vous fasse, Capitaine! Vous êtes en mon pouvoir; je peux vous écraser, si bon me semble; mais (se maîtrisant tout à coup) je dois peut-être prendre certaines choses en considération; vous êtes un vaincu, vous en souffrez et cela vous en fait dire plus long que vous ne voudriez. Laissons tout cela, surtout devant une dame. Quelque jour, peut-être, aurons-nous le loisir de vider notre querelle, Capitaine; jusque-là, avec votre permission, nous n'en parlerons plus.

— Parfaitement, monsieur Muller, répliqua John; seulement ne me demandez pas de vous donner la main.

— Très bien, Capitaine; maintenant, si vous me le permettez, je vais dire qu'on attelle vos chevaux; il faut nous remettre en route, si nous voulons être à Heidelberg ce soir. »

Il salua et sortit; il se rendait compte que sa violence avait encore une fois failli compromettre le succès de son plan.

« Maudit homme! se dit-il. Il est ce que les Anglais appellent un *vrai gentleman*. Il a été courageux de refuser ma main, quand il sait qu'il est en mon pouvoir! »

« John, s'écria Jess, aussitôt que la porte se fut refermée, j'ai peur de cet homme. Si j'avais su qu'il fût pour quelque chose dans l'affaire du sauf-conduit, je ne l'aurais pas accepté. Il m'avait bien semblé reconnaître son écriture. Oh! que je voudrais que nous fussions encore à Prétoria!

— Il faut souffrir ce qu'on ne peut empêcher, répéta John, une seconde fois. Tâchons seulement d'en sortir le plus vite possible. Je ne crains rien pour vous, mais il me hait comme la peste; à cause de Bessie, sans doute.

— Oui, c'est cela, répondit Jess. Il était fou de Bessie.

— C'est curieux qu'un tel homme puisse aimer, remarqua John, en allumant sa pipe. Quel étrange mélange que la composition de la nature humaine! Dites donc, Jess, si ce Muller me hait tant, pourquoi m'a-t-il fait donner un laissez-passer? Quel a pu être son but?

— Je ne sais trop, répliqua Jess, en hochant la tête, mais tout cela ne me plaît guère.

— Je ne pense pas qu'il puisse avoir l'intention de m'assassiner? Il a essayé une fois déjà, pourtant.

— Oh! non, John, pas cela! s'écria Jess, avec angoisse.

— Je ne sais trop, après tout, si cela importerait beaucoup », répliqua John, avec une apparence de gaicté peu sincère. « Cela m'éviterait bien des ennuis et ne ferait qu'avancer un peu la fin. Mais je vous ai effrayée. N'en parlons plus; il n'a peut-être que de bonnes intentions pour le moment. Voilà Mouti qui nous appelle. Ces brutes lui auront-ils donné à manger? Dans le doute, je fais main basse sur ce reste de gigot; M. Frank Muller ne nous fera pas mourir de faim. » Sur ce, John sortit en riant gaiement.

Quelques minutes après, ils repartaient; au moment où ils allaient se mettre en route, Frank Muller s'approcha, ôta son chapeau et leur dit qu'il les rejoindrait probablement le lendemain, près de Heidelberg, où tout serait préparé pour qu'ils passassent une bonne nuit. S'il ne les rejoignait pas, c'est qu'il serait retenu par le service. En ce cas, les deux hommes avaient l'ordre de les conduire en sûreté jusqu'à Belle-Fontaine; et il ajouta, d'un ton significatif :

« Je ne crois pas que vous soyez exposés à de nouvelles impolitesses. »

Un instant après, il partait au galop, sur son grand cheval noir, laissant les deux voyageurs assez intrigués, mais surtout très soulagés.

« Il n'a vraiment pas l'air d'un homme qui va nous jouer un mauvais tour, dit John; à moins cependant qu'il n'aille nous préparer une chaude réception. »

Jess fit un mouvement d'épaules qui signifiait : Je n'y comprends rien; et tous deux s'installèrent pour leur longue et solitaire étape. Ils avaient plus de quarante milles à parcourir, mais leurs guides, ou plutôt leurs gardiens, ne leur permirent de dételer qu'une seule fois, en pleine prairie, un peu avant le coucher du soleil. Ils repartirent au crépuscule. La route était si affreuse que, jusqu'au lever de la lune, à neuf heures, le voyage ne fut pas sans danger. Enfin, vers onze heures, ils arrivèrent à Heidelberg. La ville semblait presque déserte. Évidemment, le plus grand nombre des Boers était parti en avant, et l'on n'avait laissé qu'une petite garnison au siège du gouvernement.

« Où devons-nous dételer? demanda John à « l'Unicorne », qui trottait à moitié endormi, près du chariot.

— A l'hôtel », répondit-il sèchement.

Ils se dirigèrent donc de ce côté, heureux de penser qu'ils allaient se reposer et de voir, en approchant, que les lumières n'étaient pas éteintes dans la maison.

Malgré les secousses terribles du chariot, Jess

dormait depuis deux heures, le bras passé dans le dossier du siège et la tête appuyée sur un pardessus dont John avait fait une sorte d'oreiller. Elle s'éveilla en tressaillant.

« Où sommes-nous? dit-elle. J'ai fait un rêve affreux. Il me semblait que j'étais morte.... Je voyageais à travers la vie, quand, soudain, tout s'arrêta; j'étais morte!

— Cela ne m'étonne pas, répliqua John en riant; aucune vie ne peut être plus dure que la route où nous avons passé. Nous sommes à l'hôtel; voici les garçons d'écurie qui viennent dételer les chevaux. »

Il descendit tout raide du chariot et aida, ou plutôt porta Jess, car elle ne pouvait plus se mouvoir.

Debout sur le seuil de l'hôtel, une bougie élevée au-dessus de sa tête, se tenait une femme, une Anglaise au visage agréable, qui leur souhaita cordialement la bienvenue.

« Frank Muller a passé par ici, il y a trois heures, et m'a donné l'ordre de vous attendre, dit-elle. Je suis bien contente de revoir des visages anglais, vous pouvez m'en croire. Mon nom est Gooch. Dites-moi si mon mari est à Prétoria. Il y est allé avec son chariot, juste au moment où le siège commençait, et je n'ai plus entendu parler de lui.

— Il est là-bas et se porte bien, répondit John. Il a été légèrement blessé à l'épaule, le mois dernier, mais il est tout à fait guéri.

— Oh! Dieu soit loué! s'écria la pauvre femme en pleurant; ces démons m'ont dit qu'il était mort, pour me tourmenter sans doute. Entrez, Miss; j'ai préparé pour vous un souper chaud; les garçons s'occuperont des chevaux. »

Ils entrèrent donc, trop heureux de trouver bon souper, bon accueil et bons lits.

Le lendemain matin, dès l'aurore, un de leurs

estimables gardes du corps leur fit dire qu'on ne partirait qu'à dix heures et demie, parce que les chevaux avaient besoin d'un plus long repos. Quiconque a fait un voyage dans un chariot de poste de l'Afrique australe, comprendra la satisfaction avec laquelle ils acceptèrent ces heures supplémentaires de repos dans de bons lits. A neuf heures, ils déjeunèrent et, comme dix heures et demie sonnaient, Mouti amena le chariot devant la porte et les deux Boers parurent.

« Qu'est-ce que nous vous devons, madame Gooch? demanda John.

— Rien du tout, capitaine Niel. Si vous saviez quel poids vous m'avez enlevé du cœur! En outre, nous sommes tout à fait ruinés. Les Boers ont pris les chevaux et les bestiaux de mon mari et, jusqu'à la semaine dernière, j'ai dû en loger six, sans recevoir un sou; il importe donc peu que vous me payiez.

— Du courage, madame Gooch, répliqua John, gaiement. Le gouvernement vous donnera des dédommagements, quand la guerre sera finie. »

Mme Gooch secoua la tête.

« Je ne m'attends pas à recevoir un centime, dit-elle. Si seulement mon mari me revient et que nous puissions sortir vivants de ce maudit pays, je m'estimerai heureuse.

« Tenez, Capitaine, j'ai mis dans le chariot un panier plein de provisions : pain, viande, œufs durs et une bouteille de bon cognac. Cela pourra vous être utile, ainsi qu'à la demoiselle, avant que vous arriviez chez vous. Je ne sais où vous coucherez ce soir, car les Anglais tiennent encore Standerton; vous ne pourrez donc pas y entrer; il vous faudra faire un détour. Ne me remerciez pas. Adieu, adieu, Miss; j'espère que vous arriverez à bon port. Soyez prudents toutefois et veillez. Les deux hommes qui vous escortent sont de la pire espèce. J'ai entendu dire que celui dont la dent fait saillie, a tué deux blessés à Bronker's Spruit, et je ne sais rien de bon sur l'autre. Ce matin ils riaient en parlant de vous dans la cuisine ; un de mes garçons les a entendus ; l'un d'eux a dit qu'en tout cas, ils seraient débarrassés de vous ce soir. Je ne sais ce que cela signifie ; peut-être va-t-on changer votre escorte ; somme toute, j'ai pensé qu'il valait mieux vous prévenir. »

John devint très grave, car ses soupçons se réveillaient. Mais à ce moment l'un des Boers parut et il fallut se remettre en route.

Cette seconde journée fut, sous bien des rapports, la contre-partie de la première. Le chemin était absolument désert. Ils ne virent ni Anglais, ni Boers, ni Cafres ; en fait de créatures vivantes, ils n'aperçurent que quelques troupeaux de chevreuils.

Vers deux heures, comme on repartait après une courte halte, un petit incident se produisit. Le cheval de « la Bête fauve » mit le pied dans un trou et tomba lourdement, jetant son cavalier sur la tête. Celui-ci se releva aussitôt, mais son front avait frappé sur la mâchoire d'un daim mort et le sang coulait abondamment sur son visage barbu. Son compagnon rit brutalement, car, pour certaines natures, la vue de la souffrance d'autrui a quelque chose d'irrésistiblement comique, mais le blessé jurait de toutes ses forces, essayant d'arrêter le sang avec le pan de son vêtement.

« Attendez un instant, dit Jess, il y a de l'eau dans cette mare » ; et, sans hésiter, elle descendit du chariot et conduisit l'homme à demi aveuglé par le sang, auprès de la source. Elle le fit mettre à genoux, baigna sa blessure qui n'était pas profonde, jusqu'à ce qu'elle cessât de saigner, puis appliqua dessus un tampon d'ouate, qu'elle se trouvait avoir dans le chariot, et banda le front du blessé avec son propre mouchoir. L'homme, si brute qu'il fût, parut touché de sa bonté.

« Dieu tout-puissant! dit-il, vous avez bon cœur et la main douce; ma propre femme n'aurait pas mieux fait; c'est dommage que vous soyez une damnée Anglaise. »

Jess remonta dans le véhicule sans rien répondre et l'on repartit, « la Bête fauve » ayant l'air plus sauvage et moins humain que jamais, avec le mouchoir maculé autour de sa tête et sa barbe épaisse, raidie par le sang qu'il n'avait pas voulu prendre la peine de laver.

Rien de nouveau n'eut lieu jusqu'au moment où, une heure avant le coucher du soleil, on dételа par ordre de l'escorte, dans un endroit où un sentier à peine tracé bifurquait du chemin de Standerton.

CHAPITRE XXIII

LE GUÉ DU VAAL

La journée avait été si accablante, que nos voyageurs s'assirent littéralement haletants, à l'ombre du chariot. La brise légère de l'après-midi était tombée, et l'air devenait d'une lourdeur étouffante.

Les deux Boers eux-mêmes semblaient en souffrir, car ils s'étaient étendus sur l'herbe à quelques pas sur la gauche et paraissaient dormir profondément. Quant aux chevaux, ils n'en pouvaient plus, refusaient même de manger et s'éloignaient d'un pas lourd, à longueur de leur licou, mordillant délicatement une bouchée d'herbe par-ci par-là. Le Zulu Mouti semblait seul insensible à cette terrible chaleur; assis sur un petit monticule, exposé en plein aux rayons du soleil couchant, il chantonnait tranquillement un air de sa composition, car les Zulus sont d'aussi grands improvisateurs que les Italiens.

« Encore un œuf, Jess, dit John, cela vous fera du bien.

— Non, merci; il m'est impossible de manger par cette chaleur.

— Essayez; Dieu sait quand nous ferons une autre halte! Je ne peux rien apprendre de notre charmante escorte; elle ne sait rien, ou ne veut rien dire.

— Impossible, John; un orage se prépare et je ne peux jamais manger avant un orage, surtout quand je suis fatiguée. »

La conversation cessa.

« John, reprit enfin Jess, où pensez-vous que nous camperons cette nuit? Si nous suivons la grande route, nous serons à Standerton dans une heure.

— Je ne suppose pas qu'ils aillent à Standerton; nous traverserons sans doute le Vaal à gué et il faudra nous résigner à cheminer sur la prairie. »

A cet instant, les deux Boers s'éveillèrent et se mirent à discuter quelque chose avec animation.

L'immense disque rouge du soleil descendait à l'horizon et semblait teindre le ciel et la terre dans le sang.

A cent mètres environ, le petit sentier escaladait le sommet d'une colline et John suivait du regard le soleil qui, peu à peu, disparaissait derrière la hauteur. Quelque chose détourna son attention et quand il reporta les yeux de ce côté, une silhouette de cavalier immobile se montrait au sommet, sous la brillante lumière de l'astre à son déclin. C'était Frank Muller. John le reconnut instantanément. Le cheval se présentait de profil, de sorte que, même à cette distance, chaque ligne des traits et jusqu'à la détente de la carabine se détachaient nettement sur le fond d'un rouge enfumé. L'homme et le cheval semblaient être en feu; l'effet produit était si extraordinaire, que John le fit remarquer à sa compagne. Elle frissonna involontairement.

« On dirait un démon dans l'enfer, murmura-t-elle; le feu a l'air de courir le long de son corps.

— Certes, c'est un démon, répliqua John, mais malheureusement il n'est pas encore arrivé à destination. Le voici qui vient comme un tourbillon. »

En effet, quelques secondes après, le grand cheval noir s'arrêtait subitement auprès du chariot et Muller, souriant, soulevait son chapeau.

« Vous voyez que je vous ai tenu parole, dit-il; je vous assure que ce n'a pas été sans peine; j'ai cru au dernier moment qu'il me faudrait y renoncer. Enfin, me voici.

— Où nous arrêterons-nous ce soir? demanda Jess; à Standerton?

— Non; c'est plus que je ne puis faire pour vous, je le crains. Mon plan est de traverser le Vaal à un gué que je connais, à douze milles d'ici, et de passer la nuit dans une ferme qui est sur l'autre rive. Ne vous inquiétez pas; je vous affirme que vous dormirez bien tous deux ce soir », ajouta-t-il, avec un sourire qui terrifia Jess.

« Mais ce gué, monsieur Muller, reprit John, est-il sûr? J'aurais cru que le Vaal serait grossi par les pluies récentes?

— Le gué est parfaitement sûr, capitaine Niel. Je l'ai traversé moi-même, il y a deux heures. Je sais que vous avez mauvaise opinion de moi, mais vous n'admettez pas, je suppose, que je vous conduirais à un gué dangereux? Voulez-vous ordonner au Zulu d'atteler vos chevaux? »

De nouveau, il salua et s'éloigna pour rejoindre les deux Boers.

John leva les épaules, puis alla aider Mouti à rassembler les quatre chevaux gris, très occupés, pour le moment, à combattre les mouches qui piquent toujours plus cruellement avant un orage. Les deux chevaux de l'escorte se tenaient à une cinquantaine de pas, comme s'ils eussent compris la situation et refusé d'avoir rien à démêler avec les animaux de l'Anglais maudit.

Les deux Boers se levèrent à la vue de Muller et se rapprochèrent de leurs chevaux, lentement suivis par le Hollandais.

En les voyant, leurs montures s'éloignèrent encore d'une trentaine de mètres; là, les trois hommes se réunirent.

« Écoutez », dit Muller sévèrement.

Les deux Boers levèrent les yeux.

« Continuez de détacher les rênes en écoutant. »

Ils obéirent.

« Vous comprenez les ordres donnés? Répétez-les, vous. »

L'homme à la grande dent se mit à réciter sa leçon, tout en ayant l'air de s'occuper des rênes.

« Conduire les prisonniers au bord du Vaal, les forcer à entrer dans l'eau, où il n'y a pas de gué, le soir, afin qu'ils se noient; s'ils ne se noient pas, tirer sur eux.

— Tels sont les ordres, ajouta « la Bête fauve » avec un ricanement.

— Vous les comprenez?

— Nous comprenons, Meinheer, mais excusez-nous, l'affaire est grave. Vous avez donné les ordres, montrez-nous la preuve qui vous y autorise.

— Oui, oui, dit l'autre; montrez-nous votre autorisation. Ces gens sont assez inoffensifs; montrez-nous l'ordre de les tuer. On ne tue pas ainsi les gens, même des Anglais, sans ordres précis, surtout quand il y a une jolie fille dont on ferait bien sa femme. »

Frank Muller grinça des dents.

« Vous faites de jolis subordonnés, s'écria-t-il. Je suis votre officier; quelle autre autorité vous faut-il? Mais j'ai pensé à cela. Voyez, dit-il, en tirant un papier de sa poche; lisez! Attention! Qu'on ne vous voie pas du chariot. »

Le gros homme flasque prit le papier, et lut, toujours courbé vers les jambes de son cheval :

« Exécuter les prisonniers et leur serviteur (un Anglais, une jeune fille anglaise et un Cafre zulu) comme ennemis de la république, d'après notre décret et selon les ordres de votre commandant. Pour cet acte, ceci sera votre garantie. »

— Vous voyez la signature et vous la reconnaissez? dit Muller.

— Nous la voyons et nous la reconnaissons.

— Très bien; rendez-moi le mandat. »

L'homme à la dent allait obéir; son compagnon l'arrêta.

« Non, dit-il, il faut que le mandat nous reste. Cette commission ne me plaît pas. S'il ne s'agissait que de l'Anglais et du Cafre..., mais la jeune fille? Si nous vous rendons le mandat, qu'aurons-nous à montrer pour nous justifier de l'œuvre de sang? Il faut que le mandat nous reste.

— Oui, oui, il a raison, reprit « l'Unicorne ». Mettez le papier dans votre poche, Jan.

— Maudits! rendez-le-moi, dit Muller, les dents serrées.

— Non, Frank Muller, non, répondit l'homme chevelu; si vous insistez pour avoir le papier, on vous le rendra, mais alors nous monterons à cheval, nous partirons et vous ferez votre besogne d'assassin vous-même. Allons, choisissez! Nous ne serons pas fâchés de retourner chez nous, car la tâche nous répugne. Je veux bien tirer sur des chevreuils ou des Cafres, mais pas sur des blancs. »

Frank Muller réfléchit un instant, puis se mit à rire.

« Vous êtes de drôles de gens, vous autres Boers des champs; mais peut-être avez-vous raison. Après tout, peu importe qui garde le mandat, pourvu que la chose soit bien faite. Pas de maladresse; c'est là l'important.

— Oui, oui, riposta le gros homme, fiez-vous à nous pour ça; ce ne seront pas les premiers que nous aurons fait rouler par terre. Si j'ai mon mandat, je ne demande pas mieux que de tirer sur des Anglais toute la nuit. Je ne connais pas de spectacle plus charmant que de voir tomber des Anglais.

— Assez parlé; montez à cheval; le chariot attend. Vous autres imbéciles, vous ne comprenez jamais la différence entre tuer quand c'est nécessaire, ou tuer pour le plaisir de tuer. Ces gens doivent mourir, *parce qu'ils ont trahi la patrie.* »

Frank Muller les regarda s'éloigner, tandis qu'un sourire particulièrement méchant se dessinait sur son beau visage. « Ah! mon ami, pensa-t-il en hollandais, ce mandat te faussera compagnie avant longtemps! Eh mais! cela suffirait pour me faire pendre, dans ce bienheureux pays! Le vieux.... ne pardonnerait pas, même à moi, d'avoir pris cette petite liberté avec son nom! Ciel! qu'on a de mal à se débarrasser d'un seul ennemi. Bessie en vaut la peine, mais, sans cette guerre, je ne serais jamais arrivé à mon but. J'ai bien fait de la voter. Je suis fâché pour Jess, de ce qui va arriver, et pourtant il le faut! Je ne veux pas qu'il reste de tout cela un témoin vivant. Ah! nous allons avoir un orage. Tant mieux! il est bon que de tels actes s'accomplissent pendant un orage. »

Muller ne se trompait pas. La tempête s'approchait rapidement, recouvrant les étoiles d'un voile couleur d'encre. Il y a peu de crépuscule dans le midi de l'Afrique; la nuit succède au jour presque sans transition. A peine le disque sanglant du soleil avait-il disparu, que la nuit et des astres sans nombre avaient envahi le ciel : maintenant l'orage s'approchait et dérobait aux yeux toutes ces beautés. L'air était d'une chaleur étouffante. Vers l'est, les éclairs brillaient sans intermission. Vers l'ouest, une lueur rouge foncé, reflet du soleil couchant, se montrait encore à l'horizon.

Les chevaux avançaient avec peine, dans l'obscurité croissante. Heureusement le chemin était assez bon et Frank Muller marchait en avant, pour guider les autres; sa belle silhouette virile se détachait nettement sur la lueur du couchant. Un silence de mort régnait sur la terre. Ni animaux, ni oiseaux, ni brin d'herbe ou bouffée d'air n'en animaient la surface. Les seuls signes de vie venaient des langues de feu qui se jouaient au sein de l'orage. Les milles s'ajoutaient aux milles sur la lande désolée. On ne devait plus être loin de la rivière et l'on entendait au loin le sourd grondement du tonnerre.

C'était une nuit terrible. De grands nuages couleur de boue s'avançaient sur la prairie, poussés par un vent mystérieux. Tout à coup la lune, entourée d'une auréole sinistre, se leva et jeta sa lumière lugubre sur l'immensité obscure, qui sembla frissonner, comme si elle avait le pressentiment des terreurs si proches. Le chariot arrivait à la rivière, dont on entendait le murmure. A gauche, s'étendait une plaine semée de larges pierres blanches, semblables à des pierres tombales, sur lesquelles se jouaient les pâles rayons de la lune.

« Regardez, John, regardez, cria Jess, avec un rire nerveux ; on croirait voir un vaste cimetière, et les ombres qui les séparent, semblent être celles des morts enterrés là.

— Quelles absurdités! répliqua John sévèrement. A quoi pensez-vous donc? »

Il sentait qu'elle perdait un peu son équilibre moral et, comme il n'était pas loin de subir la même impression, il lui en voulait d'autant plus et tenait à se montrer positif et pratique.

Jess ne répondit rien, mais elle avait peur sans pouvoir dire pourquoi. Elle croyait faire un rêve horrible; en outre, l'approche de l'orage ébranlait ses nerfs. Les chevaux eux-mêmes, quoique si fatigués, hennissaient et s'agitaient avec inquiétude.

Les roues avançaient sans bruit sur l'herbe; on venait de franchir le sommet d'une de ces ondulations de terrain dont nous avons parlé.

« Nous avons quitté le chemin », cria tout à coup John à Muller, qui le précédait toujours de quinze ou vingt pas.

« Tout va bien! tout va bien! répondit Frank; nous coupons par le plus court, pour arriver au gué. »

Sa voix résonnait étrange et creuse, dans les profondeurs du silence. A cent mètres, la faible lumière qui brillait encore, se réfléchissait sur la large surface de la rivière.

En cinq minutes, ils furent sur la rive, mais l'obscurité augmentait et l'on ne distinguait pas l'autre bord.

« Tournez à gauche, cria Muller; le gué est à quelques mètres en aval; l'eau est trop profonde ici, pour les chevaux. »

John obéit, suivit le cheval de Muller sur une longueur de trois cents mètres environ et l'on atteignit un endroit où l'eau se précipitait et tourbillonnait en grondant.

« Voici l'endroit, dit Muller; dépêchez-vous; la maison est sur l'autre rive et vous ferez bien d'y arriver avant que l'orage éclate.

— Tout cela est fort bien, répliqua John, mais je ne vois pas à un pouce devant moi et je ne sais où passer.

— Allez tout droit; il n'y a pas plus de trois pieds d'eau et pas une roche.

— Je n'avance pas, c'est mon dernier mot.

— Il le faut, Capitaine; vous ne pouvez pas rester ici, et en tout cas nous ne le pouvons pas. Regardez! » De la main, il montrait l'orient, qui maintenant présentait un spectacle aussi effrayant que magnifique.

Droit devant eux, gonflé par le poids du vent comme le centre d'une voile, se précipitait le grand nuage, chargé de tempête, illuminé sur toute sa surface, par des éclairs incessants, qui l'enlaçaient comme d'immenses serpents de feu. Mais ce qu'il y avait peut-être de plus terrifiant, c'était le silence absolu de la nature, en ce moment. Le grondement lointain du tonnerre se taisait et la grande tempête s'avançait majestueuse et muette, semblable au passage d'une armée d'ombres, sans bruit de pas ni de roues. Seul le vent ailé courait devant elle, et derrière elle s'abaissait un rideau de pluie.

Comme Muller parlait, un courant d'air glacé s'abattit sur le chariot, le fit pencher et les éclairs devinrent encore plus fréquents. L'orage éclatait au-dessus des voyageurs.

« Avancez, avancez, cria Muller, vous serez tués ici; la foudre frappe toujours près de l'eau. »

Au même instant il fouetta énergiquement les chevaux de timon.

« Enjambez le siège, Mouti, et restez près de moi pour m'aider à tenir les rênes », dit John au Zulu, qui obéit aussitôt et se plaça entre lui et Jess.

« Tenez-vous ferme et priez, Jess, car je crois que nous en avons besoin. Doucement, mes chevaux! doucement! »

Ceux-ci reculaient et se cabraient, mais Muller d'un côté et le gros Boer de l'autre les frappaient si cruellement, qu'enfin ils plongèrent dans la rivière.

Le tourbillon d'air avait passé; on n'entendit, pendant quelques instants, que le bruissement de l'eau et le sifflement de la pluie qui s'avançait.

Tout alla bien sur un espace de quinze ou vingt mètres; puis, tout à coup, John découvrit qu'il entrait dans l'eau profonde; les deux chevaux de volée perdaient pied et résistaient avec peine au courant de la rivière grossie.

« Soyez maudit! cria-t-il; il n'y a pas de gué ici.

— Avancez, avancez; il n'y a rien à craindre », répondit la voix de Muller.

John, sans plus rien dire, fit un effort désespéré pour détourner les chevaux. Jess, à ce moment, se retourna sur son siège et un éclair lui montra Muller et ses deux compagnons, à pied sur la rive, le canon de leurs carabines braqué droit sur le chariot.

« Oh, mon Dieu! cria-t-elle, ils vont tirer sur nous! »

A peine prononçait-elle ces mots, que trois langues de flamme jaillirent des carabines et le Zulu Mouti, assis près d'elle, tomba lourdement, la tête la première, au fond du chariot, tandis que l'un des chevaux se cabrait droit dans les airs, avec un cri d'agonie, et plongeait aussitôt dans l'eau jaillissante.

Alors suivit une scène d'horreur qui défie toute description. Au-dessus, l'orage faisait explosion dans toute sa fureur et la foudre frappait à tout instant la rivière.

Le tonnerre résonnait comme la trompette du jugement dernier. Le vent tourbillonnait et faisait écumer la surface des eaux. Tout à coup, il s'engouffra sous la couverture du chariot, enleva celui-ci de dessus les roues et le déposa sur l'eau, où il se mit à flotter. Alors les deux chevaux de volée, affolés par la furie de l'ouragan et par les convulsions du pauvre cheval agonisant, tirèrent avec une telle force sur les traits, qu'ils parvinrent à s'en affranchir et disparurent entre l'obscurité du ciel et celle des ondes bouillonnantes. Le chariot flottait toujours, tantôt touchant le fond, tantôt fendant l'eau comme un bateau, oscillant de côté et d'autre, puis tournant lentement sur lui-même. Avec lui flottait le cheval mort, qui attirait après lui l'autre timonier dont les efforts pour se détacher étaient horribles à voir, à la lueur des éclairs. Enfin il enfonça et fut étouffé.

Et au milieu de tout ce fracas, de ces fureurs de la tempête, on entendait nettes et claires, les détonations des trois carabines, chaque fois qu'un éclair montrait le chariot aux meurtriers debout sur la rive. Mouti gisait immobile, au fond du véhicule, une balle entre ses larges épaules, une autre dans le crâne; mais John se sentait encore bien vivant, quoique quelque chose eût sifflé à son oreille et rasé sa joue. Instinctivement il étendit le bras, attira Jess, la plaça en travers sur ses genoux et se pencha sur elle, avec un faible espoir que son corps la protégerait contre les balles.

Quelque puissance miséricordieuse les protégeait sans doute, car, bien qu'un projectile eût coupé l'habit de John et que deux autres eussent traversé la jupe de Jess, aucun ne les atteignit. Bientôt le tir s'égara et enfin la pluie tomba si dru, les enveloppa d'un voile si épais, que les éclairs mêmes furent impuissants à les révéler aux regards des assassins.

« Arrêtons-nous, dit Frank Muller; le chariot a coulé; ils sont morts! Comment auraient-ils échappé à notre feu et au Vaal débordé? »

Les deux Boers cessèrent donc de tirer. « L'Unicorne », hochant doucement la tête, fit observer à son compagnon que les damnés Anglais ne pouvaient guère être plus mouillés dans la rivière, qu'eux-mêmes sous la pluie. « La Bête fauve » ne répondit pas. Sa conscience était troublée; il lui restait quelque semblant d'imagination; il songeait aux douces mains qui avaient pansé sa blessure le matin; le mouchoir, *son* mouchoir, *à elle*, entourait encore son front *à lui*! Maintenant ces doigts se crispaient sans doute dans une dernière lutte d'agonie, sur les pierres glissantes du Vaal, à moins qu'ils ne fussent déjà détendus par la mort. C'était une pensée pénible, mais il se consolait, en se rappelant le mandat et aussi en se disant qu'il n'avait certainement tué personne, car il avait eu soin de toujours tirer loin du but, c'est-à-dire du chariot.

Muller aussi pensait au mandat. Il fallait qu'il le reprît d'une manière quelconque, même si....

« Abritons-nous là-bas, sous la berge. Il y a près d'ici, à une cinquantaine de mètres, un endroit où elle s'incline et surplombe. La pluie nous noie; nous ne pouvons pas remonter à cheval, avant qu'elle cesse. Et puis j'ai besoin d'une gorgée d'eau-de-vie. Seigneur tout-puissant! je vois encore la figure de cette jeune fille; l'éclair me l'a montrée, juste au moment où je tirais. Enfin! elle est au ciel, la pauvre enfant! Si toutefois les Anglais vont jamais au ciel! » C'était « l'Unicorne » qui parlait ainsi; « la Bête fauve » ne répondit pas et le suivit pour se rapprocher des chevaux. Les patients animaux attendaient leurs maîtres; l'eau ruisselait de leurs têtes baissées.

Muller, debout près du sien, vit les deux hommes disparaître dans l'obscurité. Comment reprendre ce papier, sans teindre ses mains plus rouges qu'elles ne l'étaient déjà?

La réponse à sa question ne se fit pas attendre. A ce moment même, un éclair aveuglant, suivi aussitôt d'un épouvantable coup de tonnerre, illumina tout le paysage d'une lumière plus éclatante que celle du jour; il n'est pas rare que la tempête se termine ainsi au midi de l'Afrique. Au cœur de ce foyer lumiceux, blanc et intense, Muller aperçut ses deux complices et leurs chevaux à une quarantaine de pas, aussi distinctement que le grand roi de la Bible vit les hommes dans la fournaise. Ils étaient debout; une seconde après, bêtes et gens roulaient sur la terre; puis tout rentra dans l'ombre.

Muller, d'abord ébranlé par le choc, courut en appelant les Boers, mais l'écho seul de sa voix lui répondit. Il arriva près du groupe; la lune commençait à lutter faiblement contre la pluie. Ses pâles rayons tombaient sur deux formes étendues, l'une sur le dos, les traits convulsés, tournés vers le ciel, et l'autre sur le visage; près d'eux étaient les deux chevaux, dont le plus rapproché gisait les jambes en l'air. La foudre les avait frappés tous et les coupables étaient allés rendre leurs comptes à Dieu. Frank Muller vit cela et, oubliant le mandat comme le reste, dans l'horreur de ce qui lui semblait être un effet tangible du jugement suprême, il se précipita vers son cheval et s'enfuit comme un possédé poursuivi par toutes les terreurs de l'enfer.

CHAPITRE XXIV

L'OMBRE DE LA MORT

Le feu avait cessé sur la rive et John, qui gardait sa présence d'esprit, en vrai Anglo-Saxon flegmatique, comprit que, pour le moment du moins, il n'y avait plus de danger de ce côté. Jess restait immobile dans ses bras, la tête posée sur sa poitrine. Une idée horrible traversa le cerveau de Niel. Peut-être Jess avait-elle été atteinte! Peut-être était-elle morte!

« Jess, Jess », cria-t-il, à travers le tumulte de la tempête, « êtes-vous saine et sauve? »

Elle souleva un peu la tête et répondit : « Je le crois; que se passe-t-il?

— Dieu seul le sait! Ne bougez pas; tout s'arrangera. »

Mais, en lui-même, il se disait qu'ils étaient en danger imminent d'être noyés. Ils descendaient, dans un chariot, une rivière en furie; bientôt sans doute le chariot verserait et alors....

Un instant après, une roue frappa quelque chose; le chariot fit un grand bond, puis avança un peu, en grinçant sur le fond.

« Nous y voilà », pensa John, car l'eau envahissait le véhicule et le faisait pencher de côté.

Crac! Le brancard était brisé et le chariot tournait. Ils avaient touché, par le travers, une roche qui s'élevait du lit de la rivière et la force du courant avait entraîné les chevaux morts d'un côté, le chariot de l'autre. En conséquence ils se trouvaient, pour ainsi dire, à l'ancre sur la roche, les cadavres des chevaux faisant office d'ancres et les traits en cuir très épais remplaçant le câble. Aussi longtemps que les traits et le reste du harnachement tiendraient bon, ils seraient relativement en sûreté, mais ils ignoraient cela. Par le fait ils ne savaient plus rien. Au-dessus d'eux grondait l'orage, autour d'eux bouillonnaient les eaux et sifflait la pluie. Ils ne savaient rien, si ce n'est qu'ils étaient là, atomes vivants et sans ressources, ballottés sur les eaux furieuses, par une nuit épouvantable et menacés de mort de tous côtés. Étroitement enlacés, ils se laissaient bercer, lorsque brilla cet éclair terrible qui, à leur insu, frappa deux de leurs ennemis et qui, pour un instant, illumina, malgré le rideau de pluie, les tourbillons d'eau et les deux bords de la rivière.

Il leur fit voir la roche à laquelle ils étaient attachés, la tête de l'un des pauvres chevaux qui, secoué par le courant, semblait lutter contre la mort, et le corps de l'infortuné Mouti couché sur le visage, le bras pendant par-dessus le bord du chariot et laissant filtrer l'eau entre les doigts, comme font souvent (rapprochement ironique et sinistre) les passagers d'une barque de plaisance.

Tout cela disparut en un clin d'œil; mais peu à peu l'orage s'éloigna et la lune se fit jour à travers les nuages. La pluie cessa enfin, la tempête se tut et l'on n'entendit plus que le murmure des eaux agitées.

« John, demanda Jess, pouvons-nous faire quelque chose?

— Rien, chère Jess.

— Échapperons-nous au danger? »

Il hésita.

« Nous sommes dans les mains de Dieu, chère enfant. Si le chariot verse, nous serons noyés. Savez-vous nager?

— Non.

— Si nous pouvons tenir jusqu'au jour, nous gagnerons peut-être la rive, à moins que ces démons ne tirent sur nous. Je ne crois pas que nous ayons grand'chance de leur échapper.

— Avez-vous peur de mourir, John? »

De nouveau il hésita.

« Je ne sais pas trop, ma chérie. J'espère mourir en homme.

— Dites-moi franchement ce que vous pensez. Nous reste-t-il quelque espoir? »

Nouveau silence. Il se demandait s'il devait dire toute la vérité; après réflexion il s'y décida.

« Je n'en vois aucun, Jess; si nous ne sommes pas noyés, nous serons certainement fusillés. Ils nous attendront jusqu'au matin sur la rive et, pour leur propre sécurité, ils n'oseront pas nous laisser vivre. »

Il ignorait que deux des assassins étaient morts et que le troisième avait fui terrifié.

« Chère Jess, reprit-il, à quoi bon mentir? Notre fin peut venir à tout instant; il semble impossible qu'elle ne vienne pas avant le lever du soleil. »

C'étaient là des paroles solennelles et terribles, et le lecteur le comprendra, s'il peut se rendre compte de la situation de nos deux personnages. Il est affreux de se sentir, en pleine force, en pleine jeunesse, face à face avec une mort violente, de savoir que l'on peut, d'un instant à l'autre, entrer dans cet inconnu, plus redoutable peut-être que la vie. John sentait son cœur défaillir devant cette force de la mort. Mais il est quelque chose de plus fort encore : c'est l'amour parfait d'une femme. Contre cela, la mort elle-même ne peut pas prévaloir. Au regard de John, répondait en ce moment le regard de Jess rempli d'une lumière surnaturelle. Elle ne craignait pas la mort, si elle allait au-devant d'elle avec son bien-aimé. La mort était son espoir et sa délivrance. Ici-bas, elle n'attendait rien; au delà elle pouvait trouver tout. Ses fers tombaient, brisés par une main toute-puissante. Le devoir était satisfait, sa mission remplie et elle était libre!... libre de mourir avec son bien-aimé. Oui, son amour était plus profond que la tombe et maintenant il se redressait dans toute sa force, prêt à s'élancer vers les régions de l'amour éternel.

« Vous êtes bien sûr, John? demanda-t-elle encore.

— Oui, chère; oui. Pourquoi me contraindre à vous le répéter? Je ne vois aucun espoir. »

Les bras de la jeune fille enlaçaient le cou de John; il sentait sur ses joues la caresse de ses boucles soyeuses et le souffle de son haleine.

« C'est que j'ai quelque chose à vous dire, John, et je ne peux vous le dire que si nous devons mourir.

Vous savez ce que c'est, mais je désire que vous l'entendiez de mes lèvres, avant que je meure. Je vous aime, John, je vous aime, je vous aime! et je suis heureuse de mourir, parce que je peux mourir et quitter ce monde avec vous. »

Il entendit! Et si puissant était cet amour, que le sien, oublié dans la terreur du moment, se réveilla dans toute sa force et son ardeur; lui aussi oublia la mort imminente, pour ne penser qu'à sa passion refoulée jusque-là. Jess était dans ses bras, telle qu'il l'avait prise pour la protéger contre les balles; il baissa la tête pour la mieux regarder. La lune éclairait ce visage pâle et laissait voir dans ses yeux, ce dont aucun homme ne peut se détourner, quand il l'a vu. Une fois encore, même à cette heure et dans ce lieu, le sentiment de soumission complète à la douce tyrannie de Jess s'empara de lui, comme cet autre jour, dans la petite maison de Prétoria. Mais maintenant toute considération terrestre ayant disparu, il n'hésita plus à presser de ses lèvres les lèvres de la jeune fille. Jamais, peut-être, la lune n'avait éclairé scène d'amour aussi saisissante, aussi pathétique. Ces deux êtres goûtaient la joie la plus entière, la plus intense que la vie puisse offrir, tandis que sur eux planait l'ombre de la mort, et qu'à leurs pieds, à moitié caché par les eaux, se raidissait le cadavre du Zulu! Le chariot se balançait dans le courant de la rivière torrentueuse; les corps des chevaux morts plongeaient et reparaissaient selon les ondulations de l'eau, sur laquelle se jouaient les rayons de la lune. Au-dessus des deux amants, le ciel étendait ses profondeurs d'un bleu sombre et parsemées d'étoiles, que tout à l'heure, peut-être, leurs âmes franchiraient; à droite et à gauche, les rives indistinctes allaient se perdre dans l'ombre; mais ils ne voyaient rien de tout cela; ils ne se rappelaient rien, si ce n'est que leurs cœurs s'étaient rencontrés; ils étaient heureux d'un bonheur enivrant, que l'humanité goûte rarement. Le passé n'existait plus; l'avenir allait commencer et entre les deux planait leur passion sanctifiée par la fin prochaine.

Pourquoi les blâmerait-on? Ils avaient été fidèles à leurs promesses et suivi, en se sacrifiant, le chemin du devoir. Mais les engagements de la vie cessent avec elle, et maintenant que l'espérance était morte, que la dernière heure allait sonner, pourquoi auraient-ils refusé ce bonheur, avant d'entrer dans l'inconnu? Raisonnaient-ils ainsi? Raisonnaient-ils encore?

Jess avait posé sa tête sur le cœur de son ami, dans ce muet abandon d'adoration, si rare en ce monde et si supérieur à la passion vulgaire. En plongeant au plus profond des yeux de Jess, Niel était heureux d'avoir vécu et d'arriver ainsi à la mort. Quant à elle, perdue dans l'immensité de son amour, elle soulageait son cœur par des sanglots.

Et les longues heures passaient, sans qu'ils y prissent garde, lorsqu'enfin un air plus froid vint leur annoncer l'approche de l'aube. La mort qu'ils attendaient n'était pas encore venue; elle ne devait pas être loin désormais.

« John, murmura Jess, croyez-vous qu'ils nous tueront avec leurs carabines?

— Oui, répondit-il, d'une voix étranglée; il le faut pour leur propre salut.

— Je voudrais que ce fût fini. »

Tout à coup elle s'arracha de ses bras avec un petit cri, et le chariot oscilla violemment.

« J'oubliais, dit-elle; vous savez nager; pourquoi ne gagneriez-vous pas la rive et ne vous sauveriez-vous pas à la faveur de l'obscurité? Il n'y a pas plus de cinquante mètres et le courant n'est plus aussi rapide. »

L'idée de se sauver sans Jess n'était même pas venue à John, et lui parut si absurde, qu'il se mit positivement à rire.

« Ne dites pas d'enfantillages, Jess.

— Mais je le veux. Partez! Il le faut. Qu'importe que je meure maintenant! Je sais que vous m'aimez et je peux mourir heureuse. Je vous attendrai. Oh! John, n'importe où je serai, si je vis et si je me souviens, je vous attendrai, ne l'oubliez jamais. Et maintenant partez, je l'exige; je vous défends de me désobéir; je me jetterai plutôt dans la rivière. Oh! le chariot verse!

— Cramponnez-vous! Tenez ferme! cria John; les traits sont brisés! »

Il ne se trompait pas; le cuir épais était enfin usé par la friction continuelle sur le roc. Le chariot tourna sur lui-même, puis s'inclina de telle sorte que le cadavre du pauvre Mouti glissa et disparut dans la rivière. Le chariot, allégé de ce poids, reprit un instant l'équilibre, mais n'étant plus soutenu par les corps des chevaux et la force du vent, il se remplit d'eau peu à peu et s'enfonça en tournant sur lui-même. John comprit que tout était perdu et que la mort serait certaine, s'ils restaient dans le véhicule, car ils seraient maintenus sous l'eau par la couverture de toile. Avec une prière muette, il saisit Jess par la taille et sauta dans la rivière; au même instant le chariot sombra.

« Ne bougez pas, au nom du ciel! » cria-t-il, quand il revint sur l'eau.

A la lueur incertaine de l'aube naissante, il pouvait distinguer la rive gauche du Vaal, par laquelle ils étaient entrés dans la rivière le soir précédent. Elle semblait être à une quarantaine de mètres, mais la vitesse du courant était au moins de six nœuds et il comprit qu'avec son fardeau il lui serait impossible d'atteindre le bord. La seule chose à faire était de se maintenir sur l'eau; heureusement elle n'était pas froide et John était un nageur vigoureux. Bientôt il aperçut, à cinquante pas environ, de larges roches éparses dans le lit du Vaal. Alors, saisissant Jess par les cheveux, il fit un effort désespéré. L'eau écumait furieuse autour des roches. A un certain moment, il sentit qu'il avait pied, mais cela ne dura pas et tout à coup il fut emporté et roulé au fond de la rivière, sur de gros galets ronds, qui le contusionnaient douloureusement. Sans savoir comment, il se releva, tenant toujours Jess; deux fois encore il en fut de même. Enfin l'eau ne lui vint plus que jusqu'aux hanches, mais il lui fallait porter Jess dans ses bras. En la soulevant, il éprouva une défaillance qui lui parut mortelle; néanmoins il tint bon et enfin tous deux tombèrent comme une masse sur une large roche plate, où John perdit connaissance.

Lorsqu'il reprit ses sens, il aperçut Jess qui, revenue à elle plus promptement, essayait de lui réchauffer les mains. Il comprit que son évanouissement avait dû être assez long, car le soleil était levé. Se redressant avec peine, il se secoua; il n'avait que des contusions.

« Êtes-vous blessée? » demanda-t-il à Jess qui pâle, faible et meurtrie, les vêtements déchirés par les balles et les roches et ruisselants d'eau, présentait un spectacle vraiment digne de compassion.

« Non, répondit-elle faiblement, pas beaucoup. »

Tous deux, tremblant de froid, s'assirent en plein soleil.

« Que faire? dit John.

— Mourir, répliqua-t-elle farouche. Je voulais mourir; pourquoi m'en avez-vous empêchée? Il est des situations dont on ne sort que par la mort; la nôtre est du nombre.

— Ne craignez rien, dit-il; votre désir sera vite

satisfait; les assassins nous poursuivront sans tarder. »

De légères couches de brouillard couvraient le lit et les bords de la rivière, mais elles s'élevaient à mesure que le soleil montait dans le ciel. L'endroit où ils avaient atterri, se trouvait à trois cents mètres en aval de celui où la foudre avait frappé les deux Boers et leurs chevaux. Voyant le brouillard s'élever, John insista pour que Jess se blottît avec lui derrière une roche, afin de pouvoir observer la rive, sans être découverts. Peu après, ils distinguèrent, à deux cents mètres, deux chevaux qui paissaient tranquillement.

« Ah! je m'en doutais, dit John; les bandits ont mis pied à terre là-bas. Dieu merci! j'ai encore mon revolver et les cartouches ne sont pas mouillées. J'ai l'intention de vendre chèrement nos vies.

— Mais, John », s'écria Jess, qui suivait le mouvement de son bras étendu vers la rive, « ce ne sont pas les chevaux des Boers; ce sont nos deux chevaux de volée qui se sont détachés dans l'eau; voyez, ils ont encore leur collier.

— Par Jupiter! ce sont eux. Si nous pouvons seulement les attraper sans être pris nous-mêmes, nous sortirons peut-être d'ici.

— Il n'y a aucun abri aux environs, reprit Jess, et je ne vois pas apparence de Boers. Ils auront cru nous avoir tués et seront partis. »

John porta ses regards alentour et, pour la première fois, un rayon d'espoir se glissa dans son cœur. Ils survivraient peut-être, après tout!

« Allons voir, Jess; à quoi bon rester ici? Il faut que nous cherchions à manger quelque part; je suis d'une faiblesse indicible. »

Elle se releva sans un mot, prit la main qu'il lui tendait et ils se mirent en marche le long de la rive.

Ils n'avaient guère fait que trente pas, lorsque John poussa un cri de joie et se précipita vers quelque chose de blanc, qui s'était pris dans les roseaux C'était le panier de provisions que la femme de l'aubergiste leur avait donné à Heidelberg. Il avait été enlevé par l'eau et, comme le couvercle était bien attaché, rien ne s'était perdu. John l'ouvrit et retrouva la bouteille d'eau-de-vie, presque tous les œufs, la viande et le pain; ce dernier en bouillie, par exemple. Il se hâta de déboucher la bouteille, remplit à moitié, avec de l'eau, un verre cassé au fond du panier, ajouta la même quantité d'eau-de-vie et fit boire le tout à Jess qui, en conséquence, ressembla bientôt un peu moins à un cadavre. Il répéta la même cérémonie pour son propre compte et il lui sembla qu'une vie nouvelle s'infiltrait en lui. Après cela ils avancèrent prudemment.

Les chevaux se laissèrent prendre sans peine, ne paraissant pas avoir souffert de l'aventure, quoique l'un d'eux eût été égratigné par une balle.

Il y a un arbre là-bas, où la berge surplombe; nous ferons bien d'y attacher les chevaux, de procéder à notre toilette et de déjeuner, dit John presque gaiement.

Ils se dirigèrent donc vers l'arbre.

Tout à coup, John, qui marchait le premier, recula en poussant un cri de frayeur et les chevaux devinrent rétifs; devant eux, raidis par la mort et déjà gonflés et décomposés, comme il arrive parfois aux gens foudroyés, leurs carabines tordues dans leurs mains, leurs vêtements hachés et enlevés par l'explosion des cartouches, étaient étendus les corps des deux Boers; spectacle terrifiant et de nature à faire réfléchir les plus sceptiques!

« Et il se trouve des gens pour prétendre qu'il n'y a ni Dieu, ni châtiment pour les coupables! » s'écria John.

CHAPITRE XXV

ATTENTE

On se rappelle que John avait quitté Belle-Fontaine pour Prétoria, vers la fin de décembre. Avec lui avaient disparu la vie et la joie de la maison.

« Seigneur! Bessie », dit Silas Croft, le soir qui suivit le départ, « comme cette maison est triste sans John! »

Bessie, qui pleurait secrètement dans un coin, fut entièrement de cet avis.

Puis, quelques jours après, arriva la nouvelle de l'investissement de Prétoria, mais rien de John ; tout ce qu'on put savoir, c'est qu'il avait traversé Standerton sain et sauf. Les jours passèrent sans rien apporter et enfin, un soir, Bessie éclata en sanglots convulsifs.

« Pourquoi l'avez-vous envoyé là-bas? dit-elle à son oncle. Je savais bien que c'était absurde. Il ne pouvait aider Jess en rien, ni la ramener ; il était certain que tous deux seraient bloqués. Et maintenant il est mort! Je suis sûre que ces Boers l'ont tué; tout cela est de votre faute et, s'il est mort, je ne vous parlerai plus jamais! »

Le vieillard battit en retraite, assez confus et effaré de cette explosion qui n'était pas du tout dans les habitudes de Bessie.

« Les femmes n'en font jamais d'autres, se dit-il; elles deviennent de vraies tigresses, quand il s'agit de l'homme qu'elles aiment. »

Il pouvait y avoir du vrai dans cette observation; mais une tigresse n'est pas agréable, en qualité d'animal domestique, et le pauvre vieux Silas eut le loisir de s'en apercevoir, pendant les deux mois qui suivirent. Plus Bessie réfléchissait, plus elle s'indignait qu'on eût éloigné son fiancé; elle oublia même qu'elle avait consenti à cet éloignement; bref son humeur changea complètement sous l'influence du chagrin, et le jour vint où son oncle n'osa presque plus prononcer le nom de John.

Pendant ce temps, tout allait aussi mal que possible au dedans, comme au dehors. Le lendemain du départ de John, deux ou trois Boers restés fidèles, et un marchand du lac Chrissie, dans la province de la Nouvelle-Écosse, s'arrêtèrent à Belle-Fontaine et supplièrent Silas Croft de se réfugier à Natal, avant qu'il fût trop tard; ils lui affirmèrent que les Boers tueraient certainement les Anglais sans défense. Il ne voulut rien entendre.

« Je suis Anglais, *Civis Romanus sum*, répondit-il, de son ton résolu, et je ne crois pas que les gens parmi lesquels j'ai vécu pendant vingt ans me toucheront. En tout cas, je ne vais pas me sauver et laisser mon bien à la merci d'une bande de voleurs. S'ils me tuent, ils auront à en répondre devant le gouvernement anglais; aussi je crois qu'ils me laisseront tranquille. Bessie peut partir, si bon lui semble, mais moi je reste; c'est mon dernier mot. »

Celui de Bessie fut le même et les braves gens repartirent sans délai, déplorant cette confiance imprudente et cet orgueil insulaire. Cette petite scène s'était passée avant le dîner. Après le repas, le vieux Silas eut l'idée de jeter un nouveau défi à ses ennemis. Il se rendit dans sa chambre à coucher, tira d'une armoire un très grand drapeau anglais et se dirigea ensuite vers un espace découvert, situé devant la maison, où un gommier jeune et très élevé servait de mât au pavillon et se voyait de très loin, quand, aux grands jours comme Noël, ou l'anniversaire de la naissance de la Reine, Silas Croft prenait plaisir à l'arborer.

« Jantjé, cria-t-il, venez m'aider à hisser le drapeau »; et aussitôt que les larges plis flottèrent au vent il se découvrit, agita son chapeau et, de sa voix puissante, poussa un hip! hip! hurrah! qui fit accourir Bessie pour savoir ce qui arrivait.

« Voilà! dit-il, d'un air triomphant; j'ai hissé mon pavillon, afin que tous ces gens sachent bien qu'un Anglais demeure ici. « God save the Queen! »

— Amen », répondit Bessie. Néanmoins, elle n'était pas bien sûre que ce défi jeté aux rebelles fût une sage mesure et faite pour calmer leurs passions surexcitées.

En effet, deux jours après, une patrouille composée de trois Boers, ayant aperçu de très loin l'étendard qui flottait au vent, arriva au galop et demanda des explications. Silas vit les hommes venir et, prenant sa carabine, alla se planter sous le drapeau, pour lequel il éprouvait une vénération presque superstitieuse. On n'oserait pas, pensait-il, y toucher ou molester ceux qu'il abritait.

« Que signifie ceci? Om Silas », demanda le chef des trois Boers, que le vieillard connaissait fort bien.

« Cela signifie qu'un Anglais demeure ici, Jan.

— Abaissez ce sale chiffon, riposta le Boer.

— Je vous enverrai au diable d'abord. »

A ces mots, le Boer mit pied à terre, s'avança vers le mât et là se trouva face à face avec le canon du fusil de Silas Croft.

« Il faudra me fusiller d'abord, Jan », lui dit celui-ci.

Les trois hommes se consultèrent, puis partirent.

Le fait est que, tout Anglais qu'il était, Silas Croft était très aimé des Boers, qui, pour la plupart, le connaissaient depuis leur enfance et l'avaient vu siéger deux fois à leur Assemblée nationale. Ce fut à cette popularité qu'il dut de n'être pas sommé, dès le début de la révolte, d'avoir à choisir entre la prison, ou le service actif contre son gouvernement et ses compatriotes.

Pendant quinze jours tout alla bien ; mais, au bout de ce temps, arriva la nouvelle de la défaite écrasante, subie au défilé de Laing-Hill par les Anglais. Tout d'abord Silas n'y voulut pas croire. « Aucun général n'aurait été assez fou pour livrer bataille en cet endroit », disait-il. Bientôt, hélas! la nouvelle fut confirmée par les indigènes.

Une semaine s'écoula encore, à la fin de laquelle on apprit la défaite d'Ingogo. Un matin, pendant le déjeuner, Jantjé amena un Cafre sous la véranda. Cet homme raconta qu'il avait vu le combat du haut d'une montagne ; les Anglais, complètement bloqués, se battaient admirablement, mais « leurs armes étaient fatiguées » et ils succomberaient avant la nuit. Les Boers ne souffraient pas, car « les Anglais ne pouvaient pas tirer droit ! »

La journée se traîna péniblement. A minuit, un espion indigène, que M. Croft avait envoyé chercher des nouvelles, revint dire que le général anglais avait pu rentrer au camp, mais non sans avoir fait des pertes cruelles et abandonné ses blessés dont un grand nombre étaient morts sous la pluie.

Un long intervalle d'incertitude et d'anxiété suivit ces événements ; mille bruits couraient, sans apporter de nouvelles positives. Silas reprit courage, quand on lui apprit qu'on envoyait de nombreux renforts aux Anglais.

« Ah ! Bessie, ma chérie, dit-il, joyeusement, ils chanteront bientôt un autre air ! Et il est grand temps. Je ne peux pas comprendre du tout à quoi l'armée a pensé. »

Le temps continuait sa marche lente et pénible, lorsqu'enfin arriva un jour terrible, jour que Bessie n'oubliera de sa vie. C'était le 20 février, juste une semaine avant le désastre définitif de Majuba Hill.

Bessie, debout sous la véranda, plongeait vaguement ses regards le long de la sombre avenue des Gommiers. Ce lieu paraissait si paisible, que l'on n'aurait certes pas deviné qu'une guerre sanglante se livrait à quelques milles de là. Les Cafres semblaient aller et venir comme d'habitude, pour leurs travaux, mais un observateur attentif aurait remarqué qu'ils s'arrêtaient de temps à autre, pour regarder du côté du Drakensberg et ensuite échanger quelques mots entre eux. Ils se racontaient que des choses extraordinaires se passaient, que les Boers battaient la grande nation blanche, qui était venue par les mers et avait fait trembler leur terre. On profitait de ces confidences pour s'accroupir sur le sol, prendre une prise de tabac et raconter où l'on avait passé la nuit dans les rochers, avec ses femmes, car lorsque les Boers sont appelés pour le service, les Cafres ne couchent pas dans leurs huttes, de crainte d'être surpris et fusillés. Puis on se demandait ce qu'on deviendrait, quand les Boers auraient dévoré les Anglais et repris le pays, et l'on en arrivait généralement à déclarer que mieux vaudrait émigrer au Natal.

Bessie se rendait compte de ce qui se passait, et parfois quelques paroles en harmonie avec ses tristes pensées parvenaient à son oreille. Impatientée, elle se détourna et son attention se fixa sur son vieux lévrier Stomp, tout à l'heure couché à ses pieds, qui maintenant grognait sourdement et dont les poils se hérissaient.

« C'est sans doute un Cafre étranger », se dit Bessie. Stomp détestait les Cafres qu'il ne connaissait pas. Bessie vit aussitôt qu'elle ne s'était pas trompée. Un indigène parut. Cet individu, borgne, à la physionomie scélérate et vêtu seulement d'un pantalon déguenillé, retenu autour de la taille par une ceinture de cuir, avait fixé dans sa chevelure, plusieurs petites vessies gonflées, comme en portent les soi-disant médecins sorciers. De la main gauche, il tenait un long bâton fendu à un bout. Dans la fente était une lettre.

« Ici, Stomp! » cria Bessie, tandis qu'un espoir brillait subitement dans son cœur. « Si la lettre était de John! »

Le chien obéit avec une répugnance évidente, ce Cafre lui déplaisait; aussi celui-ci ne s'approcha-t-il que lorsque Stomp eut été rappelé; du reste il se montra fort insolent, ne s'occupa nullement de Bessie et se contenta de s'accroupir devant elle, dans l'allée.

« Qu'y a-t-il? » demanda-t-elle en hollandais, les lèvres tremblantes.

« Une lettre, répondit l'homme.

— Donnez-la-moi.

— Non, Missie, pas avant que je vous aie bien regardée, pour voir si je ne me trompe pas : cheveux d'or, *un* (il comptait sur ses doigts); oui, c'est cela; grands yeux bleus, *deux*; très bien; grande, blanche et brillante comme une étoile.... Oui, la lettre est pour vous. » Sur ce, il lui poussa le bâton presque dans la figure.

« D'ou vient la lettre? » dit Bessie, en reculant et saisie d'un soupçon soudain.

« De Wakkerstroom, en dernier.

— De qui est-elle?

— Lisez-la et vous le saurez. »

Bessie prit la lettre, qui était enveloppée dans un morceau de journal, et la retourna plusieurs fois. Nous éprouvons tous une méfiance instinctive pour les lettres inconnues et singulières. Or celle-ci était particulièrement étrange d'aspect. D'abord elle ne portait pas d'adresse sur son enveloppe fort sale. Ensuite on voyait qu'une pièce de six sous lui avait servi de cachet.

« Êtes-vous sûr qu'elle soit pour moi? reprit Bessie.

— Oui, oui, bien, bien sûr, répliqua l'homme, avec un rire insolent. Il n'y a pas beaucoup de blanches comme vous dans le Transvaal. D'ailleurs je vous ai détaillée. » Et il recommença : cheveux d'or, etc.

Alors Bessie ouvrit l'enveloppe. Elle contenait une feuille de papier ordinaire, couverte d'une écriture hardie et ferme, quoique trahissant un certain manque d'habitude.

Bessie la connaissait bien et la revit avec un pressentiment de malheur. C'était celle de Frank Muller.

La jeune fille eut froid au cœur, mais il lui fallut lire ce qui suit :

« Au camp, près de Prétoria, 15 février.

« Chère Miss Bessie,

« Je regrette d'avoir à vous écrire, mais quoique nous nous soyons querellés dernièrement, vous, votre bon père et moi, je crois de mon devoir de vous envoyer cette lettre par un messager choisi. Hier, les malheureux habitants affamés de Prétoria ont fait une sortie et nos armes ont été de nouveau victorieuses; les habits rouges se sont enfuis, abandonnant leurs ambulances et emportant beaucoup de morts et de blessés. Parmi les premiers était le capitaine Niel.... »

Bessie poussa un cri étouffé, laissa tomber la lettre et saisit des deux mains l'un des piliers de la véranda.

Le vilain Cafre ricana, ramassa la lettre et la lui tendit. Elle la prit, sentant qu'il fallait tout apprendre, puis se remit à lire comme en un rêve affreux.

« ... qui demeurait chez votre oncle, mais Jan Vanzil l'a tué et plusieurs l'ont vu emporter; ils assurent qu'il était bien mort. Je crains que ceci ne vous fasse du chagrin, mais ce sont les hasards de la guerre et il est mort en combattant bravement.

« Présentez mes compliments respectueux à votre oncle. Nous nous sommes séparés avec colère, mais j'espère, dans les circonstances nouvelles où se trouve le pays, lui prouver que moi, du moins, je n'ai pas de rancune. Croyez-moi, chère Miss Bessie, votre humble et dévoué serviteur.

« FRANK MULLER. »

Après avoir jeté la lettre dans sa poche, Bessie saisit de nouveau le pilier pour se soutenir. Il lui semblait que la lumière du soleil faisait place à une obscurité glacée. Il était mort! son fiancé était mort! Elle restait seule et désolée. Toute la joie de sa vie disparaissait comme les rayons du soleil.

Elle ne sut jamais combien de temps elle était restée là, les yeux grands ouverts, sans rien voir. Elle avait perdu le sentiment du temps; il n'y avait plus de réel que ce fait écrasant : John était mort!

« Missie! » dit en bâillant le méchant borgne, fixant son œil unique sur ce douloureux visage.

Elle ne répondit pas; il répéta :

« Missie, y a-t-il une réponse? Il est temps que je parte; je veux voir les Boers prendre Prétoria. »

Bessie le regarda vaguement.

« Votre message est de ceux qui n'ont pas besoin de réponse », dit-elle.

La brute se mit à rire. « Non, je ne peux pas porter une lettre au Capitaine, reprit-il. J'ai vu Jan Vanzil le tuer. Il est tombé *comme ça!* » Et il s'abattit tout d'une pièce sur le sol, comme un homme frappé par une balle. Il continua : « Je ne peux pas lui porter un message, Missie, mais ce que je voulais dire, c'est que je pourrais porter une lettre de votre part à Frank Muller. Un Boer vivant vaut mieux qu'un Anglais mort et Frank Muller fera un beau mari.

— Partez! » commanda Bessie d'une voix étranglée, en lui montrant l'avenue de son bras étendu.

Il y avait dans cet ordre une telle énergie contenue, que l'homme bondit sur ses pieds, et au même instant, Stomp, qui l'avait guetté tout le temps avec des grognements sourds, interprétant le geste de sa maîtresse comme un ordre d'agir, sauta droit à la gorge du messager. Le chien, grand et lourd, frappa l'homme en pleine poitrine, de telle sorte que tous deux roulèrent sur le sol. Ce fut une scène terrible : l'homme se débattait, criait, jurait; le chien le roulait, le mordait de façon à lui laisser des marques ineffaçables.

Bessie, dont l'énergie semblait épuisée, ne paraissait pas voir ce qui se passait. Son oncle accourut avec deux Cafres.

« Holà! holà! cria-t-il de sa forte voix; qu'y a-t-il donc? »

Il réussit enfin, avec l'aide des Cafres, à faire lâcher prise au chien, et l'homme se releva en trébuchant, saignant d'une demi-douzaine de morsures.

Tout d'abord, il ramassa son bâton sans parler. Ensuite il tourna son visage couvert de sang, son œil unique flamboyant de fureur, vers la pauvre Bessie, la menaça de ses deux poings crispés, et l'accabla d'injures.

« Vous me payerez ça.... Frank Muller vous le fera payer. Je suis son serviteur! Je....

— Partez, qui que vous soyez, tonna la voix de Silas Croft, ou, par le ciel! je lance le chien sur vous. » Il montrait, en parlant, Stomp qui luttait furieux avec les deux Cafres.

Le messager le regarda; puis, avec une dernière menace de son poing, il s'enfuit en courant et ne se retourna qu'une fois, pour s'assurer que le chien ne le poursuivait pas.

Bessie le suivit de son regard vague, avec autant

d'indifférence qu'elle en avait témoigné pendant la lutte. Tout à coup, elle se redressa et rentra dans le salon.

« Que signifie tout cela? Bessie, demanda son oncle, qui la rejoignait. Que veut dire cet homme, au sujet de Frank Muller?

— Cela veut dire, cher oncle », répondit-elle enfin, d'une voix qui hésitait entre le sanglot et le rire convulsif, « que je suis veuve avant d'avoir été mariée. John est mort!

— Mort! mort! » répéta le vieillard, portant la main à son front et tournant sur lui-même avec égarement. « John est mort!

— Lisez, mon oncle », dit Bessie, en lui tendant la lettre de Muller.

Il la prit d'une main si tremblante, qu'il fut très long à la lire.

« Grand Dieu! s'écria-t-il enfin, quel coup! Ma pauvre Bessie! » Il la prit dans ses bras et la baisa tendrement.

Une pensée lui traversa subitement l'esprit. « C'est peut-être un mensonge, comme Frank Muller en fait souvent, dit-il; ou bien peut-être s'est-il trompé. »

Bessie resta muette. Pour le moment du moins, tout espoir l'avait abandonnée.

CHAPITRE XXVI

UN FAMILIER DE FRANK MULLER

L'étude des éléments opposés, qui concourent à former un caractère comme celui de Frank Muller, si intéressante qu'elle puisse être, n'est pas de nature à être essayée ici dans le détail. Un tel caractère, en son entier développement, est heureusement difficile à rencontrer dans un pays très civilisé. La lourde main de la loi pèserait sur lui, jusqu'à ce qu'elle l'eût réduit au niveau de la masse humaine qui l'entourerait. Mais ceux qui ont vécu dans ces contrées à demi sauvages, où une poignée d'hommes appartenant à une race supérieure règne sur des masses d'une race inférieure ont certainement rencontré ses pareils. Les solitudes sont favorables à la production de puissantes individualités. Au contraire, la société des hommes très civilisés leur est adverse. Il en est des hommes comme des arbres; ceux qui croissent isolément dans la plaine développent, d'après les lois de leur nature, toute leur force et leur majesté. Ceux qui croissent dans la forêt, cherchent la lumière partout où elle se trouve; ils prennent pour cela la forme et la direction que leur imposent leurs voisins; avant tout, ils veulent vivre, n'importe comment et au prix de tous les sacrifices.

Ainsi de l'homme : livré à lui-même, ou entouré seulement du rebut de l'humanité, il devient, extérieurement, ce que l'esprit qui l'anime veut qu'il soit; mais placé parmi d'autres hommes, ses semblables, enchaîné par l'usage, retenu par la force de l'opinion publique, il devient aussi pareil aux autres, que les arbres élevés en espalier par la main du même jardinier sont pareils entre eux. Les angles de sa nature disparaissent sous la friction constante de la société et il devient, superficiellement du moins, identique à ceux qui l'entourent et le pressent.

La place d'un homme comme Frank Muller est sur les confins de la civilisation et de la barbarie. Trop civilisé pour posséder les vertus primitives, qui, telles qu'elles sont, représentent la quantité de bien accordée à l'homme par la nature; trop barbare pour accepter les restrictions adoucissantes d'une société cultivée, il participe aux forces et aux faiblesses des deux états. Animé de l'esprit de barbarie, où domine la superstition, et entièrement dépourvu de l'esprit de civilisation, qui se traduit par la pitié, il se tient entre les deux, insultant à l'un et à l'autre, et offre ainsi le spectacle moral le plus terrifiant qui soit au monde. Un peu plus civilisé, préparé par l'éducation et la réflexion, à maîtriser sa nature si bien armée pour le mal, habitué à vaincre ces fureurs sans frein, qui sont l'apanage de l'homme fort, mais sans culture, Frank Muller eût pu étonner le monde, comme un Napoléon.

Un peu plus sauvage au contraire, plus éloigné de l'influence inconsciente, mais réelle, d'une race de progrès, il eût pu écraser ses semblables et les détruire sans merci, dans l'emportement de sa rage et de ses appétits, comme un autre Attila. Mais ballotté entre deux forces qu'il ne reconnaissait pas, il devenait le jouet d'une puissance invisible qui transformait en obstacles, sur lesquels il trébuchait, des faiblesses dont il eût pu faire, en des circonstances différentes, les armes mortelles d'une force invincible et se sentait dominé par des accès de terreur superstitieuse.

Voyez-le galoper follement dans la nuit, loin de la scène de meurtre que son cerveau n'a pas craint de concevoir, ni sa main d'exécuter. Il ne croit à aucun dieu et cependant les craintes terribles qui surgissent dans son cœur, semblent prendre corps et lui crier : *Nous sommes les messagers d'un Dieu vengeur*. Il lève les yeux. Là haut, sur le fond noir de l'orage, l'éclair écrit ce nom redoutable et la voix du tonnerre le proclame. Il ferme ses yeux éblouis et les pas cadencés de son cheval deviennent un rythme qui répète : *Il y a un Dieu! il y a un Dieu!*

Et toujours il fuit, dans la nuit, ce qu'il n'est pas au pouvoir de l'homme de laisser derrière lui.

. . . .

Il était près de minuit, lorsque Frank Muller s'arrêta devant une misérable hutte en terre, perchée dans la solitude, sur la berge du Vaal, et flanquée d'un hangar assez délabré. Le lieu était silencieux comme la tombe; pas même un chien pour aboyer.

« Si cet animal de Cafre n'est pas là, dit Muller tout haut, je le ferai fouetter à mort. Hendrik! Hendrik! »

A cet appel, une ombre se leva à ses pieds mêmes et fit reculer le cheval si violemment, qu'il faillit désarçonner son cavalier.

« Au nom du diable! qui êtes-vous? » cria Frank Muller, dont les nerfs n'étaient plus en état de supporter le moindre choc.

« C'est moi, Baas », répondit l'apparition, se débarrassant de la couverture grise qui l'enveloppait et montrant la vilaine figure du sorcier qui avait porté la lettre à Bessie. Depuis plusieurs années déjà, il suivait Muller comme son ombre.

« Chien maudit! A quoi pensez-vous de vous cacher ainsi? C'est un de vos tours infernaux; prenez garde! » ajouta-t-il, en frappant sur les fontes de ses pistolets, « sinon, un de ces jours, je vous enverrai loin, vous et votre sorcellerie.

— Je suis bien fâché, Baas, gémit le mécréant, mais il y a une demi-heure je vous ai entendu venir; je ne sais pas ce qu'il y a dans l'air cette nuit; on aurait dit que vingt personnes galopaient après vous. Je les entendais distinctement : d'abord le grand cheval noir, puis tous ceux qui couraient derrière lui, comme s'ils vous eussent poursuivi; alors je sortis et je m'étendis pour écouter, et ce ne fut que lorsque vous arriviez, que les autres s'arrêtèrent un à un. C'étaient peut-être des démons!

— Malédiction! Assez de ce jargon de sorcier! » cria Muller, dont les dents s'entre-choquaient de crainte et d'agitation. « Prenez mon cheval et ayez-en grand soin; il a fourni une longue course et nous partons à l'aube. Dites-moi où sont les lumières et l'eau-de-vie! Si vous l'avez bue, je vous fouetterai.

— Tout cela est sur la planche à gauche de la porte, Baas, et il y a aussi de la viande et du pain. »

Muller sauta à bas de son cheval et entra dans la hutte, dont il ouvrit la porte branlante d'un coup de pied. Il trouva les allumettes, mais sa main tremblait si fort, qu'il en brûla plus d'une avant d'allumer la grossière chandelle que font les Boers, avec la graisse du mouton. Près de la chandelle étaient une bouteille d'eau-de-vie de pêche, un gobelet d'étain et une jarre d'eau de rivière. Il remplit le gobelet d'un mélange de liqueur et d'eau et but; puis il essaya de manger un peu, n'y réussit pas et s'en consola en revenant à l'eau-de-vie. Mais, bientôt, il lui sembla qu'il buvait du feu; alors il se mit à fumer.

Au bout de quelques instants, Hendrik vint lui dire que le cheval mangeait de bon appétit. Il allait se retirer, quand son maître lui fit signe de rester. L'homme fut surpris, car Muller ne recherchait guère sa société que lorsqu'il voulait le consulter, ou lui faire exercer son art prétendu de divination; le fait est que, pour le moment, Frank Muller eût été content de parler à un chien. Les événements de la nuit avaient abaissé cet homme terrible, plongé dans l'iniquité, dès sa première jeunesse, au niveau d'un enfant qui a peur dans l'obscurité. Il resta d'abord silencieux devant le Cafre accroupi à ses pieds. Puis les libations répétées produisirent leur effet, et il oublia un peu l'extrême prudence dont il ne se départait jamais, pas même avec son « confident noir », Hendrik

« Depuis combien de temps êtes-vous revenu? lui demanda-t-il.

— Depuis quatre jours, Baas.

— Avez-vous porté ma lettre à Om Croft?

— Oui, Baas. Je l'ai donnée à la Missie.

— Qu'a-t-elle fait?

— Elle l'a lue; ensuite elle s'est cramponnée à la véranda, comme ça. » Il essaya d'imiter l'attitude et la physionomie de la pauvre Bessie.

« Ainsi, elle l'a cru?

— Certainement.

— Et après?

— Elle a lancé le chien sur moi. Regardez! regardez! »

Il montrait les blessures, mal cicatrisées, que lui avaient faites les crocs de Stomp.

Muller rit un instant. « J'aurais voulu voir ça, noir imposteur, dit-il; cela prouve son courage. Vous êtes sans doute furieux et vous rêvez de vous venger?

— Assurément.

— Qui sait! Nous irons là-bas demain.

— Je le savais d'avance, Baas.

— Nous allons prendre le domaine; nous ferons juger Silas Croft par un conseil de guerre, pour avoir hissé le pavillon anglais et, si le verdict est contre lui, nous le fusillerons, Hendrik.

— Très bien, Baas », répondit le Cafre, en se frottant joyeusement les mains; « mais sera-t-il condamné?

— Je ne sais, répliqua l'autre, en caressant sa barbe d'or; cela dépendra de ce que Missie dira; et du verdict de la cour, ajouta-t-il après réflexion.

— Le verdict de la cour! le verdict de la cour! ricana le méchant conseiller, et le Baas la présidera! Ha! ha! pas n'est besoin d'être sorcier pour deviner le verdict. Et si la cour condamne Silas, qui se chargera de le fusiller, Baas?

— Je n'y ai pas pensé, mais peu importe; on trouvera toujours quelqu'un pour exécuter la sentence.

— Baas, j'ai fait beaucoup pour vous et n'ai pas été très payé. J'ai fait de vilaines choses. J'ai interprété des présages, préparé des filtres et *filé* vos ennemis. Voulez-vous m'accorder une faveur? Voulez-vous me laisser fusiller Om Croft, s'il est condamné? Ce n'est pas une grande faveur, Baas, et je l'ai méritée.

— Pourquoi désirez-vous le fusiller?

— Parce qu'il m'a fouetté une fois, il y a bien des années, pour ma sorcellerie, et parce que, l'autre jour, il m'a chassé de chez lui. En outre, c'est agréable de tirer sur un blanc. Je serais encore plus content, dit-il, en faisant claquer ses lèvres, si c'était la Missie qui a lancé le chien sur moi. Je.... »

En un clin d'œil, Muller saisit à la gorge le gredin stupéfait et lui administra force coups de pied et coups de fouet.

Cette parole brutale, à l'adresse de Bessie, avait remué tout ce qui restait de généreux en lui; en outre, si mauvais qu'il fût lui-même, il aimait trop follement cette femme, pour permettre qu'un homme insultât son nom, surtout un homme dont il pouvait redouter la sorcellerie, mais qu'il mettait d'ailleurs bien plus bas qu'un chien, dans son estime. En ce moment, il n'était pas moins dangereux de jouer avec les nerfs surexcités de Muller qu'avec un taureau furieux.

« Brute! monstre noir! hurla-t-il; si jamais vous osez prononcer ainsi son nom, je vous tuerai malgré toute votre magie. » Et il le lança avec tant de force contre le mur, que la hutte entière en fut ébranlée. L'homme tomba, resta d'abord étendu et gémissant, puis sortit en se traînant sur les mains et les genoux.

Muller le regarda, les sourcils froncés. Quand le Cafre eut disparu, il se leva, ferma la porte à double tour et tout à coup fondit en larmes, brisé sans doute par la fatigue physique et morale, par l'effet de la liqueur et aussi par la passion inassouvie (on ose à peine l'appeler amour), qui lui dévorait le cœur.

« Oh! Bessie, Bessie, gémissait-il; j'ai fait tout cela pour vous! Vous ne pourrez pas m'en vouloir de les avoir tués pour vous! Oh! ma chérie, ma chérie! si vous saviez seulement combien je vous aime! Oh! mon adorée, mon adorée! » Dans son angoisse, il se jeta sur la rude couche de la cabane et s'endormit en sanglotant.

Les crimes de Muller ne le rendaient pas plus heureux, car pour jouir du mal qu'il fait, il faut qu'un homme soit, non seulement sans conscience, mais sans passion; or Frank Muller était tourmenté par la superstition qui peut, au besoin, remplacer la première, et la seconde pesait littéralement sur sa vie entière; car la beauté de la jeune fille exerçait sur lui un pouvoir dominateur, dont certes elle ne se doutait pas.

Aux premières lueurs de l'aube, Hendrik se glissa humblement dans la hutte pour éveiller son maître, et une demi-heure après avoir traversé le Vaal, ils se dirigeaient vers Wakkerstroom.

L'énergie de Muller se raffermissait à mesure que se répandait la lumière du jour; quand le soleil se montra enfin dans toute sa gloire, il lui sembla que le poids du crime et de la terreur cessait de l'oppresser. Il se rendit compte de tout : les deux Boers frappés par la foudre, ce n'était qu'un accident heureux, car autrement il eût été forcé de les tuer lui-même, s'ils avaient refusé de lui restituer l'arrêt de mort. Il avait oublié ce papier, mais qu'importait cela? Il était peu probable qu'on retrouvât les corps, sur cette rive déserte, où les vautours les dévoraient sans doute déjà; si on les découvrait, le papier aurait certainement disparu, enlevé par le vent, ou serait devenu illisible. Du reste rien ne prouvait que Muller eût pris part au meurtre et, au besoin, Hendrik établirait un alibi. C'était un homme utile que ce Hendrik! En outre qui croirait à un meurtre? Deux Boers escortaient deux Anglais jusqu'à la rivière; là, ils se querellaient et tiraient les uns sur les autres, les chevaux plongeaient dans le Vaal, renversaient le chariot et tout était fini.

Muller se disait que tout était pour le mieux et que personne ne pourrait le soupçonner.

Alors il envisagea les résultats de ses honnêtes efforts, et le sang colora ses joues, tandis que la flamme de la jeunesse brillait dans ses yeux. Dans deux jours au plus, Bessie serait dans ses bras! Il ne pouvait plus échouer. Il était le maître absolu. Et puis Hendrik l'avait lu dans les astres, depuis longtemps [1]. Belle-Fontaine serait prise d'assaut le lendemain, s'il le fallait; le vieux Silas et Bessie seraient faits prisonniers, et Muller savait quelle pression il aurait à exercer ensuite. Il n'avait pas en vain parlé de fusiller. Bessie lui céderait, ou le vieillard mourrait et ensuite il la violenterait. Il n'avait plus rien à craindre, puisque le gouvernement anglais rendait les armes. On lui saurait gré de fusiller un rebelle anglais.

Oui, tout allait bien. Combien de temps lui avait-il fallu, pour conquérir Bessie? Trois ans! Il l'aimait depuis trois ans! Il aurait enfin sa récompense et, sa passion satisfaite, il appliquerait toutes ses facultés à la réalisation de ses projets ambitieux, dont le but ressemblait fort à un trône.

1. Il n'est pas rare de rencontrer en Afrique des blancs qui croient, plus ou moins, aux effets de la sorcellerie indigène, et qui n'hésitent pas, au défi de la loi, à consulter les docteurs-sorciers, surtout s'il s'agit de retrouver un objet perdu.

CHAPITRE XXVII

SILAS EST PERSUADÉ

Bessie fut d'abord accablée par le coup qui l'avait frappée; mais à mesure que les jours s'écoulaient, elle se relevait peu à peu, car elle avait du ressort et confiance dans l'avenir. Certaines âmes absorbent la douleur, comme l'éponge absorbe l'eau, et en sont mortellement atteintes; sur d'autres, au contraire, elle glisse comme l'eau sur le marbre, sans pénétrer au delà de la surface. Bessie appartenait à une catégorie moyenne, saine et vigoureuse; faite pour le bonheur, pour s'épanouir au soleil, elle ne devait pas languir à l'ombre d'un chagrin. Les femmes de sa trempe ne meurent pas de douleur, ne se condamnent pas à un célibat éternel, ne s'immolent pas en holocauste à une chère mémoire. Si leur premier amour leur est enlevé, elles pleurent et souffrent beaucoup, mais, après un laps de temps convenable, elles ne repoussent pas le second qui se présente.

Néanmoins ce fut une très pâle et silencieuse Bessie que l'on vit errer à Belle-Fontaine, après la visite du Cafre borgne. Toute son irritabilité avait disparu; elle ne reprochait plus à son oncle d'avoir envoyé John à Prétoria. Elle ne lui permettait même pas de s'accuser lui-même.

« Que la volonté de Dieu soit faite, mon oncle, lui dit-elle un soir; vous en avez été l'instrument; voilà tout. » Puis elle vint lui passer les bras autour du cou, appuya sa tête charmante sur l'épaule du vieillard, lui dit en pleurant que désormais ils étaient seuls au monde, et il la consola de son mieux. Chose étrange! ils ne pensaient guère à Jess, quand ils s'entretenaient ainsi. Jess était pour eux une énigme, quelque chose en dehors d'eux. Présente, ils l'aimaient et la laissaient libre de vivre à sa manière; absente, elle semblait s'effacer dans une ombre profonde. Une muraille s'élevait entre elle et les siens. Certes ils lui étaient attachés, mais les natures simples s'éloignent involontairement de ce qu'elles ne comprennent pas et ils ne faisaient pas exception à la règle. L'affection de Bessie pour sa sœur était bien peu de chose, comparée à la tendresse profonde, à l'abnégation absolue que Jess lui prodiguait, sans grandes démonstrations extérieures. Bessie lui préférait de beaucoup son vieil oncle. Aussi, dans ces jours d'épreuve, leurs deux cœurs se rapprochèrent-ils plus que jamais l'un de l'autre.

A mesure que le temps passait, tous deux se mirent à espérer de nouveau. N'était-il pas possible, après tout, que Muller eût menti? Ils savaient qu'il n'était pas homme à reculer devant une imposture, s'il y trouvait son compte, et son objectif, en cette circonstance, n'était pas douteux pour eux.

Un dimanche, huit jours après la visite de Hendrik, Bessie, assise sous la véranda, crut entendre un grondement sourd, qui lui parut être celui du canon, dans la direction du Drakensberg. Elle se leva et gravit la colline qui s'élevait derrière l'habitation. Arrivée au sommet, elle embrassa du regard la ligne imposante de la chaîne de montagnes. Au loin, sur la droite, dominait un pic abrupt, appelé Majuba et souvent enveloppé de nuages. Ce jour-là, on le voyait distinctement, et il sembla à la jeune fille que le bruit sourd, apporté par la brise, venait de là. Du reste elle ne vit rien. Bientôt l'écho se tut et elle pensa que, peut-être, elle n'avait entendu que celui d'un orage lointain.

Le lendemain, elle apprit que c'était bien le grondement de la grosse artillerie, couvrant la retraite des troupes anglaises sur les flancs du mont Majuba. Après cela, Silas Croft commença à se sentir quelque peu découragé; les revers se succédaient avec une telle obstination, que même sa foi robuste en la valeur britannique en était ébranlée.

Quatre semaines s'écoulèrent dans l'incertitude. Des bruits incessants couraient dans le pays, apportés soit par des indigènes, soit par des Boers de passage. Silas refusait d'y croire. Bientôt pourtant, il devint certain qu'un armistice était conclu entre les Anglais et les Boers, mais on en ignorait les termes et le but. Silas Croft fut d'avis que les Boers, effrayés par l'approche de forces anglaises considérables, se soumettaient sans plus lutter; quant à Bessie, elle hocha la tête avec incrédulité.

Un jour, c'était celui où John et Jess avaient quitté Prétoria, un Cafre apporta la nouvelle que l'armistice était rompu, que les Anglais s'avançaient en grand nombre, allaient forcer le Défilé et délivrer Prétoria. Les yeux de Bessie brillèrent à nouveau et Silas rayonna de joie.

« Il était temps! s'écria-t-il; depuis près de deux mois, j'avais presque honte de mon titre d'Anglais. Mais tout cela va finir; je savais bien qu'on ne nous abandonnerait pas. »

Et le vieillard, se redressant, se frappant la poitrine, avait l'air brave et fier, comme s'il eût été âgé de vingt-cinq ans, au lieu de soixante-dix.

Le reste du jour et les deux suivants s'écoulèrent sans qu'on reçût d'autres nouvelles; mais le lundi 23 mars, l'orage éclata.

Vers onze heures, Bessie venait de terminer ses occupations du matin, et son oncle, debout dans le salon, s'essuyait le front avec son foulard rouge, car il rentrait de sa tournée quotidienne à la ferme.

« Pas de nouvelles des troupes, Bessie? demanda-t-il, par la porte entre-bâillée.

— Non, mon oncle », répondit-elle, les larmes aux yeux, et soupirant au souvenir de celui dont elle n'espérait plus de nouvelles.

« Enfin! bon courage! ces sortes de choses prennent du temps, surtout avec nos soldats qui sont si lents! On aura dû attendre quelque chose, des canons ou des munitions; mais je suis sûr que nous aurons des nouvelles aujourd'hui. »

Il parlait encore, lorsque Jantjé accourut, tout bouleversé.

« Les Boers, Baas, les Boers! cria-t-il. Ils viennent avec un chariot; ils sont vingt; Frank Muller est à leur tête, sur son cheval noir; Hans Coetsee et le sorcier borgne le suivent. Je me cachais derrière un arbre dans l'avenue, quand je les ai aperçus. Ils vont s'emparer du domaine. »

Sans attendre pour donner d'autres explications, Jantjé se glissa à travers la maison et se cacha quelque part sur la colline, car il était, comme la plupart des Hottentots, extrêmement lâche.

Le vieillard jeta un regard effaré sur Bessie qui se tenait debout, pâle et tremblante, près de la porte. Ayant entendu des pas précipités sur l'avenue qui passait devant la maison, il se dirigea vers la porte-fenêtre. Une demi-douzaine de Cafres, employés à la ferme, avaient aperçu les Boers, jeté leurs outils et fuyaient vers la montagne. Comme ils passaient, un coup de feu retentit et le dernier d'entre eux, un jeune garçon de douze ans, roula sur le sol, frappé d'une balle entre les deux épaules. Bessie entendit ce cri : « Bien tiré, bien tiré! » puis le rire féroce qui suivit la chute de l'enfant et le piétinement des chevaux dans l'avenue.

« Oh! mon oncle, dit-elle, que faire? »

Le vieillard, sans répondre, alla prendre un fusil au râtelier, s'assit dans un fauteuil de bois qui faisait face à la porte-fenêtre et fit signe à sa nièce de venir le rejoindre.

« Nous les attendrons ainsi, dit-il; ils verront que nous n'avons pas peur d'eux. Ne craignez rien, ma chérie; ils n'oseront pas nous toucher; ils craindront les conséquences. »

A peine prononçait-il ces mots, que la cavalcade parut, conduite, ainsi que l'avait dit Jantjé, par Frank Muller, sur son cheval noir; après lui venaient Hans Coetzee, sur son gros poney, et le sorcier Hendrik, monté sur un animal indéfinissable : il portait un fusil et une zagaie à la main. Derrière eux suivaient quinze ou seize hommes armés, parmi lesquels Silas Croft reconnut la plupart des voisins près de qui, depuis vingt ans, il vivait en paix et amitié.

Devant la maison, ils s'arrêtèrent pour regarder autour d'eux. Ils ne voyaient pas encore bien à l'intérieur, à cause du contraste entre la brillante lumière du dehors et l'ombre au dedans.

« Les oiseaux se seront envolés, neveu, dit Hans Coetzee; ils auront eu vent de notre petite visite.

— Ils ne peuvent être loin, répondit Muller. Je les ai fait surveiller et je sais qu'ils n'ont pas quitté ces lieux. Descendez de cheval, Om Coetzee, et vous aussi, Hendrik, et regardez dans la maison. »

Le Cafre obéit avec empressement et dégringola aussitôt de sa monture, mais le Boer hésita.

« L'oncle Silas est très vif, dit-il; il pourrait bien tirer, s'il voyait envahir sa maison.

— Taisez-vous! tonna Frank Muller, et faites ce que je vous ordonne.

— Ah! le diable d'homme! » murmura l'infortuné Hans Coetzee, en se préparant à obéir.

Pendant ce temps, Hendrik avait sauté sous la véranda et, de son œil unique, explorait l'intérieur.

« Les voilà, Baas, les voilà : le vieux coq et la

petite poulette. » D'un coup de pied il ouvrit violemment la porte-fenêtre et l'on vit alors le vieillard assis dans son fauteuil, une carabine sur les genoux, et tenant sa belle nièce par la main. Frank mit pied à terre et s'avança, suivi d'une douzaine de Boers.

« Que voulez-vous, Frank Muller? pourquoi venez-vous chez moi avec tous ces hommes armés? demanda Silas Croft, sans se lever.

— Je vous somme, Silas Croft, de vous rendre pour être jugé comme traître et rebelle à la République. Je regrette », ajouta Muller, en saluant Bessie, qu'il n'avait pas quittée des yeux depuis son arrivée, « d'être obligé de vous arrêter devant une dame, mais mon devoir ne me laisse pas de choix.

— Je ne vous comprends pas, répondit Silas. Je suis le sujet de la reine Victoria; je suis Anglais. Comment donc puis-je être rebelle à aucune république? Je suis Anglais », répéta-t-il, d'une voix si forte, que chacun des Boers put l'entendre, « et je ne reconnais l'autorité d'aucune république. Cette maison est la mienne et je vous somme de la quitter, au nom de mes droits de sujet anglais.

— Ici, interrompit Muller froidement, les Anglais n'ont pas de droits, si ce n'est ceux que nous leur accordons.

— Fusillez-le, cria une voix.

— Silas Croft, voulez-vous vous rendre? demanda Muller, de la même voix froide.

— Non! répondit le vieillard avec force; je ne me rends pas à des rebelles armés contre la Reine. Je tire sur le premier qui ose me toucher. » Et se levant, il arma sa carabine.

« Faut-il tirer, Baas? faut-il tirer? » demanda le sorcier borgne, jouant avec la détente de son vieux fusil. Pour toute réponse, Muller lui frappa le visage du revers de sa main et dit à Hans Coetzee :

« Arrêtez cet homme. »

Le pauvre Hans hésita. La nature ne l'avait pas doué d'un grand courage et la vue de ce canon de fusil le faisait défaillir. Il se mit à balbutier des excuses.

« Vous décidez-vous, notre oncle, ou faut-il que je vous dénonce au général, comme ami des Anglais? » lui dit le malicieux Muller, qui se faisait un jeu de la lâcheté bien connue du personnage.

« J'y vais; certainement j'y vais, neveu. Excusez-moi,... une petite faiblesse,... la chaleur du soleil.... Mais je vais saisir le rebelle.... Un de ces jeunes gens aura peut-être l'obligeance de détourner son attention? C'est un homme violent,... je le connais depuis longtemps,... et un homme violent qui tient un fusil,... vous savez, cher cousin....

— Y allez-vous? répéta le maître terrible.

— Oui, oui, certainement. Cher oncle Silas, je vous en prie, déposez ce fusil; c'est si dangereux! Ne me regardez pas comme un taureau furieux, mais acceptez le joug. Vous êtes vieux, oncle Silas; nous ne voudrions pas vous faire de mal. Allons, venez, venez », poursuivit Hans, lui faisant signe de la main, comme à un cheval ombrageux qu'on veut amadouer.

« Hans Coetzee, traître et menteur que vous êtes, lui cria le vieillard, si vous faites un pas, par le ciel! je vous envoie une balle.

— Avancez, Hans, frappez-le sur la tête! » criaient les insulteurs, de la fenêtre, très soigneux, du reste, de s'écarter à droite et à gauche, afin de laisser un passage libre à la balle attendue.

Hans n'y tint plus! Il fondit en larmes, et Muller, le seul qui gardât son sang-froid, le saisit par le bras et, de toute sa force, le lança contre Silas. Il avait ses raisons pour désirer que celui-ci tuât quelqu'un et, comme il méprisait et détestait Hans Coetzee, il le choisissait pour victime.

La carabine fut levée, mais à cet instant, Bessie,

qui jusque-là était restée immobile, effarée, comprenant que le sang versé compliquerait encore la situation, se précipita sur l'arme qui partit; seulement la balle dévia et, au lieu de tuer Hans, se contenta de lui couper l'oreille et se perdit ensuite par la fenêtre. En un clin d'œil, la pièce fut remplie de fumée, Hans Coetzee se mit à hurler d'effroi et de douleur et, profitant du désordre, trois ou quatre hommes guidés par Hendrik, se précipitèrent dans la chambre et sur Silas Croft appuyé au mur, son fusil brandi au-dessus de sa tête, en guise de massue.

Quand les assaillants furent près de lui, ils hésitèrent, car, si vieux qu'il fût, il n'avait pas l'air rassurant. On eût dit un vieux lion acculé. Bientôt un des hommes essaya de le frapper, le manqua et, avant qu'il pût battre en retraite, Silas lui asséna un coup de crosse qui l'envoya rouler par terre, comme un bœuf assommé. Alors on l'entoura, mais il continua son jeu de moulinet avec son fusil et repoussa un second assaillant. A ce moment, le sorcier Hendrik, qui guettait l'occasion, frappa sa tête chauve du canon de son vieux fusil et le vieillard tomba. Heureusement le coup n'avait pas été porté avec beaucoup de force, et la blessure ne fut pas profonde. Mais quand les Boers virent Silas à terre, ils se jetèrent tous sur lui et l'auraient sans doute achevé à coups de pieds, si Bessie, poussant un grand cri, ne se fût précipitée sur son corps et ne l'eût entouré de ses bras.

Alors Frank Muller eut peur qu'elle ne fût blessée et intervint. D'un seul bond il fut au milieu des combattants, les jeta de tous côtés, grâce à sa grande force, comme autant de pièces d'un jeu de quilles, et réussit enfin à relever Silas.

« Emmenez-le d'ici », cria-t-il; et le vieillard, sa couronne de cheveux blancs tout ensanglantée, fut saisi, poussé, frappé, insulté, entraîné d'abord sous la véranda, puis dans l'allée, et enfin à l'espace découvert où l'étendard anglais, qu'il avait hissé deux mois auparavant, déployait fièrement ses plis à la brise. Là il tomba sur le gazon, le dos appuyé au mât, et demanda, d'une voix faible, de l'eau.

Bessie qui sanglotait, le cœur déchiré d'angoisse et d'indignation, fendit la foule pour courir à la maison et rapporter le verre d'eau. Une de ces brutes essaya de le renverser, mais elle l'évita et le donna à son oncle qui le but avidement.

« Merci, merci, ma chérie, dit-il; ne vous alarmez pas; je n'ai pas grand mal. Ah! si John eût été ici! Avertis une heure seulement à l'avance, nous aurions défendu la maison contre eux tous. »

Pendant ce temps, l'un des Boers, monté sur les épaules des autres, avait réussi à détacher la corde qui retenait le drapeau, et, après l'avoir renversé, l'avait mis à mi-mât en criant : « Vive la République! »

« Peut-être l'oncle Silas ne sait-il pas que nous sommes de nouveau en République? dit, d'un ton moqueur, l'un des voisins du vieux Croft.

— De quelle république parlez-vous? répondit le vieillard; le Transvaal est une colonie britannique. »

Il y eut un éclat de rire.

« Le gouvernement britannique s'est rendu, riposta le même homme. Il renonce au pays et doit l'évacuer dans les six mois.

— C'est un mensonge! dit Silas, bondissant sur ses pieds; un lâche mensonge. Quiconque prétend que les Anglais ont abandonné le pays à quelques milliers de bandits comme vous, et trahi de loyaux sujets, est un menteur, vomi par l'enfer. »

Il y eut un nouvel éclat de rire et, lorsqu'il prit fin, Frank Muller s'avança.

« Ce n'est pas un mensonge, Silas Croft, dit-il, et les lâches ne sont pas les Boers qui vous ont battus bien des fois, mais vos soldats, qui se sont toujours enfuis et votre gouvernement qui suit l'exemple de vos soldats. Regardez, ajouta-t-il, en tirant un papier de sa poche, vous connaissez cette signature, je pense? C'est celle du Triumvirat; écoutez ce qu'il dit :

« Très cher Herr Muller,

« Les présentes sont pour vous informer que, par « la force des armes qui combattent pour le droit et « la liberté, et aussi par la lâcheté du gouvernement « britannique, de ses généraux et de ses soldats, nous « avons, de par la volonté du Tout-Puissant, conclu « aujourd'hui une paix glorieuse avec l'ennemi. Le « gouvernement britannique cède sur presque tous les « points et ne sauve que les apparences. La République « sera rétablie et les dernières troupes quitteront le « pays dans six mois. Faites savoir ceci à tous et n'ou- « bliez pas de rendre grâces à Dieu pour nos victoires. »

Les Boers acclamèrent cette lecture et Bessie se tordit les mains. Quant au vieillard, il s'appuya au mât et sa tête ensanglantée se courba sur sa poitrine, comme s'il allait s'évanouir. Puis tout à coup il se releva, et, les poings crispés, brandis en l'air, éclata en un tel torrent de malédictions, que les Boers eux-mêmes reculèrent un instant, muets devant l'explosion de cette fureur qui puisait sa force dans un excès d'humiliation.

C'était un spectacle effrayant de voir ce sage et pieux vieillard, le visage meurtri, ses cheveux blancs souillés de sang, ses vêtements en lambeaux, frapper la terre du pied, menacer ceux qui l'entouraient, blasphémer son créateur, maudire le jour où il était né, couvrir d'insultes sa patrie bien-aimée, son titre d'Anglais, le gouvernement qui l'abandonnait et tomber enfin en convulsions, à l'ombre de son drapeau déshonoré!

CHAPITRE XXVIII

BESSIE EST MISE A LA QUESTION

Pendant ce temps, un autre drame se jouait derrière la maison. Après que le sorcier Hendrik eut renversé Silas Croft et aidé à le traîner jusqu'au mât du drapeau, l'idée lui vint qu'il pourrait bien profiter du désordre général, pour son propre compte. En conséquence, au moment où Frank Muller se mettait à lire la dépêche du Triumvirat, il se glissa dans la maison déserte, afin de voir ce qu'il pourrait voler. Passant par le salon, il s'appropria la montre et la chaîne d'or de Bessie, présents de son oncle aux avant-dernières fêtes de Noël; ensuite il passa dans la cuisine, où il trouva une belle provision de couverts d'argent. Il les engloutit dans les vastes poches de la capote militaire fort délabrée, dont il était vêtu, non sans être troublé par les aboiements de Stomp, le chien qui l'avait si malmené quelques semaines auparavant et qui, pour le moment, était enchaîné à sa niche, près de la cuisine. Ayant reconnu, par la fenêtre, que le pauvre animal ne pouvait se défendre, il se prépara, avec une joie infernale, à se venger de lui. Il avait laissé son fusil sur le gazon, mais il tenait encore sa zagaie. Il sortit par la porte de la cuisine, s'avança jusqu'à quelques pas du chien qui le reconnut aussitôt et devint fou de fureur, s'amusa pendant quelques instants à l'irriter par ses gestes, et enfin, craignant que le vacarme n'attirât l'attention, il transperça tout à coup la pauvre bête de sa zagaie, et s'accroupit ensuite sur le sol, pour mieux jouir des convulsions d'agonie de sa victime.

Il se croyait seul, et se trompait, car le Hottentot

Jantjé s'était faufilé à travers les hautes herbes et les broussailles, de l'autre côté du mur, et son corps presque noir se pressait contre les pierres de la même couleur, de telle sorte qu'un œil inexpérimenté n'aurait pu le distinguer à douze pas. De temps à autre, il levait la tête au-dessus du mur, observait le sorcier, sans trop savoir quel parti prendre, et pendant qu'il hésitait, Hendrik tua le chien.

Or Jantjé avait l'amour des animaux qui généralement se rencontre chez les Hottentots et manque, au contraire, absolument aux Cafres. En outre, il affectionnait particulièrement Stomp, qui l'accompagnait toujours dans les occasions assez rares où il lui convenait de marcher comme un homme, au lieu de ramper comme un tigre, ou de se glisser comme un serpent. Le supplice de Stomp lui inspira donc un vif désir de vengeance, mais à la condition cependant qu'il n'y eût pas de péril pour lui. Il en cherchait le moyen, lorsque Hendrik donna un coup de pied au chien, retira sa zagaie du cadavre, et, pris subitement du désir de cacher son méfait, ôta le collier, enleva l'animal dans ses bras, le porta, non sans peine, dans la maison, et le dissimula sous la table de la cuisine. Ceci fait, il revint au mur, construit de pierres sans ciment, en retira une, déposa la montre et les couverts d'argent dans la cavité, et replaça la pierre. Puis, avant que Jantjé pût se rendre compte de ses intentions, il alluma une allumette, regarda autour de lui pour s'assurer que personne ne l'observait, leva le bras autant qu'il put et appliqua l'allumette au chaume épais qui servait de toit à l'habitation. Il n'était pas tombé de pluie depuis plusieurs jours et, grâce au soleil et au vent, le chaume était parfaitement sec. Aussi le feu embrasa le toit en une seconde.

Hendrik s'arrêta, les épaules appuyées au mur derrière lequel se trouvait Jantjé, et se frotta joyeusement les mains en admirant son ouvrage. La tentation fut irrésistible pour le Hottentot; la provocation était trop directe et l'occasion trop belle.

Il tenait le fameux bâton aux entailles. Le soulevant des deux mains, il frappa de toute sa force avec le gros bout le crâne sans défense du coquin.

Malgré la dureté du crâne, le mécréant tomba comme mort. Jantjé se hissa par-dessus le mur, souleva son ennemi évanoui, le traîna par un bras dans la cuisine et le fit rouler sous la table, en compagnie du chien mort. Ensuite, rempli d'une horrible joie, il se glissa dehors, ferma la porte à double tour et rampa jusqu'à une petite plantation située à quatre-vingts mètres environ, sur la droite de la maison, d'où il pourrait voir les progrès du feu et tout ce que feraient les Boers.

Dix minutes plus tard, Hendrik reprit ses sens pour se voir environné de flammes dans lesquelles il périt, sans qu'on pût entendre ses cris désespérés.

Au pied du mât, le pauvre Silas Croft se tordait dans les convulsions, malgré les soins de Bessie; au milieu d'un cercle de Boers qui fumaient, riaient et se donnaient des airs de triomphateurs.

Frank Muller contemplait avec un infernal sourire le beau visage de Bessie baigné de larmes.

Toup à coup il s'arrêta et jeta un cri, en montrant le toit d'où s'échappaient des panaches de fumée bleuâtre.

« Qui a mis le feu? cria-t-il. Par le ciel! je le ferai fusiller. »

Les Boers regardèrent stupéfaits. En un instant, le toit flamba comme de l'amadou, avec une rapidité extraordinaire. C'était l'heure où souvent une brise légère soufflait de la colline et bientôt elle inclina les flammes en un arc immense, vers les Boers qui ne tardèrent pas à sentir la chaleur et la fumée leur brûler le visage.

« Oh ! la maison brûle ! » cria Bessie, complètement écrasée par ce nouveau malheur.

« Ici tous, ordonna Muller, et voyez si l'on peut sauver quelque chose. On étouffe ici ; il faut en sortir. »

A ces mots il se baissa, prit Silas Croft dans ses bras et, suivi de Bessie, le porta dans la plantation où Jantjé s'était réfugié. Au centre se trouvait une petite clairière entourée de jeunes orangers et gommiers. Là, il déposa le vieillard sur une couche d'herbe et de feuilles sèches, et s'éloigna sans un mot, pour se rendre compte des progrès de l'incendie ; déjà l'on ne pouvait plus approcher de la maison. En un quart d'heure, l'intérieur ne fut plus qu'un bûcher incandescent ; au bout d'une demi-heure, il ne restait debout que les murs extérieurs, épais et faits de pierre, au-dessus desquels s'étendait un sombre voile de fumée. Belle-Fontaine n'était plus qu'une ruine noircie ; les communs et dépendances, couverts en fer galvanisé, restaient seuls intacts.

Il y avait à peine cinq minutes que Muller était parti, lorsque, à la grande joie de Bessie, son oncle ouvrit les yeux et put s'asseoir.

« Qu'y a-t-il ? qu'y a-t-il ? dit-il. Ah ! je me souviens. Qu'est-ce que cette odeur de feu ? Auraient-ils incendié la maison ?

— Hélas ! oui, mon oncle », répondit Bessie en pleurant amèrement.

Le vieillard poussa un gémissement.

« Il m'avait fallu dix ans pour la construire, morceau par morceau, presque pierre par pierre, et maintenant tout est détruit ! Pourquoi pas ? Que la volonté de Dieu soit faite ! Donnez-moi votre bras, ma chérie ; je voudrais de l'eau ; je me sens bien faible. »

Elle obéit, toujours sanglotant. A une courte distance, sur la limite de la plantation, coulait un petit ruisseau; Silas but avidement et lava ensuite son visage et sa blessure.

« Calmez-vous, chère enfant; je n'ai pas grand mal; je me sens mieux. Je crains d'avoir été absurde. Je n'ai pas assez appris à supporter le malheur et le déshonneur et, comme Job, il me semblait que Dieu nous avait abandonnés. Mais à présent je dis : Que sa volonté soit faite! Que vont-ils faire maintenant? Ah! nous le saurons bientôt, car voici notre ami Frank Muller.

— Je suis bien aise de voir que vous avez repris vos sens, oncle Croft, dit Frank poliment, et je regrette d'avoir à vous dire que la maison est perdue. Croyez-moi, si je tenais celui qui a mis le feu, je le ferais fusiller. Je n'avais ni le désir, ni l'intention de détruire votre propriété. »

Le vieillard inclina la tête sans répondre; son ardeur semblait éteinte.

« Quel est votre bon plaisir, monsieur? demanda Bessie. Peut-être, maintenant que nous sommes ruinés, nous permettrez-vous d'aller au Natal; je suppose que le pays est encore anglais?

— Oui, miss Bessie, il est encore anglais, pour le moment; bientôt il sera hollandais, mais je regrette de ne pouvoir vous y laisser aller. J'ai l'ordre de vous faire prisonniers tous deux et de faire juger votre oncle par un conseil de guerre. La remise, poursuivit-il vivement, et les deux petites pièces y attenant, n'ont pas été atteintes par le feu. Je les ferai préparer pour vous et, aussitôt que la chaleur sera supportable, on vous y conduira. »

Il se tourna vers les hommes qui l'avaient suivi et donna rapidement des ordres, que deux d'entre eux allèrent exécuter.

Silas Croft continuait à garder le silence; il ne paraissait même ni surpris, ni indigné de tout cela;

mais la pauvre Bessie, absolument anéantie, ne savait plus que dire à cet homme terrible et inaccessible aux remords, qu'elle voyait si calme et si froid devant eux.

Muller s'arrêta un instant et réfléchit en caressant sa barbe, puis s'adressa de nouveau à deux Boers restés derrière lui.

« Vous monterez la garde auprès du prisonnier et vous ne permettrez à personne de communiquer avec lui. Aussitôt que la petite pièce de gauche des écuries sera prête, vous l'y placerez, en ayant soin qu'il soit pourvu de tout le nécessaire. S'il s'échappe, s'il parle à quelqu'un, ou s'il est maltraité, vous serez responsables. Comprenez-vous?

— Oui, Meinheer.

— Très bien; n'oubliez rien. Et maintenant, miss Bessie, je vous demande un moment d'entretien.

— Non, monsieur; je ne veux pas quitter mon oncle.

— Je crains que vous n'y soyez forcée, répondit-il avec un froid sourire. Je vous supplie de réfléchir. Il y va de votre intérêt, à vous et à votre oncle; je vous conseille de venir. »

Bessie hésitait. Elle haïssait cet homme; elle avait de bonnes raisons pour se méfier de lui et pour craindre un tête-à-tête.

Tandis qu'elle hésitait, les deux Boers que Muller avait chargés de surveiller son oncle, se placèrent entre elle et lui. Muller fit quelques pas sur la droite; en désespoir de cause, elle le suivit et le rejoignit sous un oranger touffu, où elle attendit qu'il lui adressât la parole.

« Qu'avez-vous à me dire? » demanda-t-elle enfin, une main pressée sur son cœur pour en calmer les battements. Son instinct de femme lui faisait deviner ce qui allait venir et elle s'efforçait de prendre courage.

« Voici, miss Bessie, dit Frank Muller; depuis des années je vous aime et je désire vous épouser. Une fois encore, je vous demande d'être ma femme.

— Monsieur Frank Muller, répondit-elle, son énergie faisant tête à l'orage, je vous remercie de votre proposition, et tout ce que je peux vous dire, c'est que je la repousse une fois pour toutes.

— Réfléchissez, répéta-t-il. Je vous aime comme les femmes ne sont pas souvent aimées. Vous êtes dans ma pensée jour et nuit. Dans tout ce que j'ai fait, à chaque échelon que j'ai gravi, je me suis dit : C'est pour Bessie Croft que je veux épouser. Tout est bien changé dans ce pays. La rébellion est victorieuse. C'est moi qui ai déterminé la guerre, afin de vous conquérir. Je suis un homme important maintenant, et je le serai davantage. Vous grandirez avec moi. Réfléchissez.

— J'ai réfléchi et je ne veux pas vous épouser. Vous osez me le demander, sur les ruines de ma maison en cendres, après m'en avoir arrachée avec mon pauvre vieil oncle ! Je vous hais, entendez-vous? et je ne veux pas vous épouser. Je préférerais épouser un Cafre plutôt que vous, Frank Muller, si grand que vous puissiez être. »

Il sourit. « C'est à cause de l'Anglais Niel que vous me parlez ainsi? Il est mort. A quoi bon rester fidèle à un mort?

— Mort ou vivant, je l'aime de tout mon cœur et, s'il est mort, c'est par la main des vôtres, et son sang s'élève entre nous.

— Il est mort et j'en suis bien aise, reprit-il. Une fois encore, est-ce votre dernier mot?

— Oui.

— Très bien. Alors, moi je vous dis que vous m'épouserez ou....

— Ou quoi?

— Ou que votre oncle, ce vieillard que vous aimez tant, mourra!

— Que voulez-vous dire? demanda-t-elle d'une voix étouffée.

— Ce que je dis; ni plus ni moins. Croyez-vous que je laisserai la vie d'un vieillard s'interposer entre moi et mon désir? Jamais! si vous ne voulez pas m'épouser, Silas Croft sera mis en accusation pour tentative de meurtre et haute trahison, dans le délai d'une heure; dans une heure et demie il sera condamné à mort, et demain, à l'aube, il mourra par mon ordre. Je commande ici, avec droit de vie et de mort, et je vous affirme qu'il mourra! Que son sang retombe sur votre tête! »

Bessie saisit l'arbre pour se soutenir.

« Vous n'oserez pas, murmura-t-elle; vous n'oserez pas assassiner un vieillard innocent.

— Je n'oserai pas! Il faut que vous me connaissiez bien peu, Bessie Croft, pour parler de ce que je n'oserai pas faire, afin de vous conquérir. Pour cela, il n'est rien que je n'ose, ajouta-t-il, de sa belle voix sonore. Écoutez-moi. Promettez de m'épouser demain matin; je ferai venir le prêtre de Wakkerstroom, et votre oncle sera libre comme l'air, quoiqu'il soit traître au pays, quoiqu'il ait essayé de tuer un citoyen, après la conclusion de la paix. Refusez et il mourra. Choisissez.

— J'ai choisi, répondit-elle avec emportement. Frank Muller, parjure et traître, assassin que vous êtes, je ne vous épouserai pas.

— Très bien, très bien, Bessie; comme il vous plaira. Un mot encore. Vous ne direz pas que je ne vous ai pas prévenue. Si vous persistez, votre oncle mourra, mais vous ne m'échapperez pas. Vous ne voulez pas m'épouser? Même en ce pays, où je peux tant de choses, je ne peux pas vous y contraindre. Mais je peux vous forcer à être ma femme de fait, sinon en titre; et cela, je le ferai, quand votre oncle sera couché dans sa tombe. Je vous donnerai le choix une fois encore, mais une seule, après le jugement. Si vous refusez, il mourra, et ensuite je vous enlèverai de force et, dans huit jours, ma belle, vous serez trop heureuse de m'épouser pour couvrir votre honte.

— Vous êtes un démon, Frank Muller, un démon maudit. Mais vous ne m'effrayerez pas jusqu'au déshonneur. Je me tuerai et Dieu m'aidera! »

Elle se couvrit le visage de ses mains et fondit en larmes.

« Vous êtes charmante, quand vous pleurez, dit-il en riant; demain je sécherai vos larmes sous mes baisers. Comme il vous plaira! Holà! » cria-t-il à des hommes qui contemplaient les progrès de l'incendie, « venez ici. »

Quelques-uns obéirent. Il leur donna, au sujet de Bessie, les mêmes ordres qu'il avait déjà donnés pour Silas Croft. Elle devait être enfermée dans la petite chambre de l'autre côté des remises et ne communiquer avec personne. Il ajouta :

« Priez les citoyens de s'assembler dans la remise, afin de juger l'Anglais Silas Croft, pour trahison envers l'État et tentative de meurtre contre l'un de nous, pendant qu'il exécutait les ordres du Triumvirat. »

Deux hommes s'avancèrent, saisirent Bessie par les bras et, se soutenant à peine, elle fut conduite à travers la petite plantation, et ensuite par le chemin qui passait entre la colline et la maison, jusqu'à la pièce qui allait lui servir de prison. C'était une sorte de magasin rempli de sacs de pommes de terre et de farine. Là, on l'enferma.

Cette pièce n'avait pas de fenêtre; il n'y pénétrait un peu de jour que par les fentes de la porte et un trou ménagé dans le mur du fond, pour laisser entrer un peu d'air. Bessie tomba sur un sac de farine à moitié plein, et essaya de réfléchir. Sa première pensée fut de s'évader, mais elle en reconnut vite l'impossibilité. La porte épaisse était bien verrouillée; une sentinelle montait la garde devant; une autre était placée derrière le mur du fond. La jeune fille examina celui qui la séparait de la remise. Les briques dont il était construit s'étaient un peu disjointes, de sorte que, par les fentes, elle pouvait voir ce qui se passait de l'autre côté. Là aussi elle trouverait des hommes armés. Mais, en supposant même qu'elle réussît à s'évader, pouvait-elle abandonner son vieil oncle à son sort?

CHAPITRE XXIX

CONDAMNÉ A MORT

Pendant une demi-heure, le silence ne fut troublé que par les pas des sentinelles et la chute de quelques pans de murs calcinés. L'odeur de poussière et de fumée, la chaleur du soleil sur le toit de zinc, rendaient la petite chambre où se trouvait Bessie presque intolérable, et elle crut s'évanouir. Un peu d'air venait par une des fentes dans le mur de la remise; elle y appuya sa tête, afin de n'en rien perdre et de voir ce qui pourrait se passer. Bientôt plusieurs Boers entrèrent dans la remise et en retirèrent tous les chariots, excepté un seul qu'ils placèrent contre le mur opposé à celui contre lequel s'appuyait Bessie, puis ils disposèrent divers bancs et pièces de bois, et Bessie comprit qu'ils préparaient tout pour le conseil de guerre. Frank Muller n'avait pas menacé en vain.

Peu après, tous les Boers, à l'exception des sentinelles, défilèrent dans la remise et se placèrent sur deux rangs, dans le grand chariot qu'ils avaient gardé. Ensuite parut Hans Coetzee, la tête bandée avec un mouchoir taché de sang; il était pâle, et tremblait un peu, mais Bessie vit bien qu'il n'avait pas grand mal. Après lui entra Frank Muller, pâle aussi et l'air terrible, et aussitôt les rires et les plaisanteries cessèrent. D'ordinaire, le grand obstacle à toute organisation chez les Boers, est la difficulté d'obtenir l'obéissance de tous envers l'un d'eux; mais, très évidemment, il n'en était pas ainsi pour Muller : son ascendant était incontesté et incontestable.

Il s'avança sans hésiter, vers un banc placé seul, dans un espace vide, et s'assit avec sa carabine entre les jambes. Il y eut un silence, puis Bessie vit son vieil oncle amené par deux Boers qui s'arrêtèrent avec ui, au milieu de l'espace vide, à trois pas du président. Au même instant, Hans Coetzee grimpa dans un petit dog-cart qu'on avait disposé pour servir de banc des témoins et Muller tira de sa poche un carnet et un crayon.

« Silence! dit-il. Nous sommes assemblés ici, en conseil de guerre, pour juger l'Anglais Silas Croft. Il est accusé de s'être, par ses actes et par ses paroles, traîtreusement révolté contre le gouvernement, notamment en continuant d'arborer le drapeau anglais, après que ce pays eût été rendu à la république. En outre, d'avoir tenté d'assassiner un citoyen de la République, en tirant sur lui, avec un fusil chargé. Si ces accusations sont prouvées, il méritera la mort, d'après la loi martiale.

« Prisonnier Croft, que répondez-vous à ces accusations? »

Le vieillard, qui semblait calme et maître de lui, regarda son juge et répondit :

« Je suis sujet anglais. Je n'ai fait que défendre ma maison, après que vous aviez tué l'un de mes serviteurs. Je ne reconnais pas votre juridiction et je refuse de me défendre. »

Frank Muller reprit, après avoir inscrit quelques notes :

« Je récuse l'objection du prisonnier, quant à la juridiction de la Cour. Quant aux accusations, nous allons entendre les témoignages. Sur la première, nous sommes fixés, puisque nous avons tous vu flotter le drapeau anglais. Sur la seconde, nous allons entendre le citoyen Hans Coetzee, qui a été attaqué.

« Hans Coetzee, jurez-vous, au nom de Dieu et de la République, de dire la vérité, toute la vérité, rien que la vérité?

— Au nom du Seigneur tout-puissant, je le jure », répondit Hans Coetzee, du véhicule où il s'était installé.

« Parlez donc.

— J'entrais dans la maison du prisonnier pour l'arrêter, afin d'obéir à vos ordres respectés, quand le prisonnier leva sa carabine et tira sur moi. La balle me coupa l'oreille, me causant une vive souffrance et une abondante perte de sang. C'est là mon témoignage.

— Très bien! c'est la vérité », dirent quelques-uns des hommes assis dans le chariot.

« Prisonnier, avez-vous quelque question à poser au témoin? demanda Muller.

— Aucune; je n'admets pas votre juridiction, répéta le vieillard, avec énergie.

— Le prisonnier refuse d'interroger le témoin et, de nouveau, je récuse son objection. Messieurs, désirez-vous entendre d'autres témoignages?

— Non, non.

— Trouvez-vous le prisonnier coupable de ce dont on l'accuse?

— Oui, oui. »

Muller prit une note et poursuivit :

« Alors, le prisonnier ayant été reconnu coupable de haute trahison et de tentative de meurtre, il ne reste plus qu'à décider du châtiment que la loi doit infliger à de si grands crimes. Tout homme rendra son verdict après avoir dûment considéré s'il peut en aucune façon, d'après la voix sainte de sa conscience et les inspirations de la miséricorde, étendre sa merci jusqu'au prisonnier. En qualité de commandant et de président de la Cour, j'ai le droit de voter le premier et je dois vous dire, Messieurs, que je sais combien est lourde ma responsabilité devant Dieu et devant mon pays; je dois aussi vous recommander de n J pas vous laisser influencer ou entraîner par ma décision, car je ne suis, comme vous tous, qu'un homme sujet à l'erreur.

— Écoutez, écoutez », s'écria-t-on du chariot, quand il s'arrêta pour juger de l'effet produit par son discours.

« Messieurs et citoyens, mon inclination naturelle est en faveur du pardon. Le prisonnier est un vieillard, qui a vécu longtemps parmi nous comme un frère. C'est en réalité l'un des pionniers et, quoique Anglais, l'un des pères du pays. Pouvons-nous condamner un tel homme à une mort sanglante, surtout quand nous savons qu'il est le soutien d'une jeune nièce?

— Non, non, cria-t-on, en réponse à cet adroit appel aux meilleurs sentiments de la nature humaine.

— Messieurs, ces sentiments vous font honneur. Mon propre cœur aussi a, tout d'abord, crié : Non, non! Quelles que soient ses fautes, que le vieillard soit pardonné! Mais la réflexion est venue. Sans doute le prisonnier est vieux, mais son âge n'aurait-il pas dû lui enseigner la sagesse? Ce qu'on pardonne à la jeunesse, doit-il être pardonné à la mûre expérience de l'âge? Un homme a-t-il le droit de tuer et de trahir, parce qu'il est vieux?

— Non, certainement non, crièrent les mêmes voix, sur le chariot.

— Vient ensuite la seconde considération. Il était un ancien, un des pères du pays. N'aurait-il pas dû, en conséquence, refuser de le trahir au profit des Anglais impies et cruels? Car, Messieurs, bien que cette accusation ne soit pas portée contre lui, nous devons nous rappeler, pour comprendre toute sa conduite, que le prisonnier fut un de ces vils traîtres qui vendirent le pays à Shepstone? N'est-il pas contre nature qu'un père vende son propre enfant pour en faire un esclave? N'est ce pas un de ces cas où la justice s'oppose à la miséricorde?

— Certainement, certainement », s'écrièrent ces braves gens qui, presque tous, avaient voté l'annexion.

« Et puis, autre chose encore : cet homme a une nièce et tous les honnêtes gens doivent avoir soin que la jeunesse ne soit pas abandonnée sans ressources et sans protection, de peur qu'elle ne grandisse dans la haine et au préjudice de l'État. Mais en cette circonstance, ceci n'est pas à craindre, car le domaine revient légalement à la jeune fille et ce sera pour elle une bonne fortune d'être délivrée de ce vieillard violent et sans conscience. Et maintenant, vous ayant exposé mes arguments pour et contre, vous ayant adjurés de voter selon votre conscience, je fais connaître mon vote. C'est... », et, au milieu du plus profond silence, il se tourna vers le vieux Silas, dont pas un muscle ne tressaillit, « c'est *la mort!* »

Il y eut un petit frémissement.

La pauvre Bessie, à qui rien n'échappait, gémit dans l'amertume de son cœur.

Alors Hans Coetzee parla. Il avait le cœur déchiré

de devoir élever la voix contre celui qu'il avait considéré comme un frère, pendant bien des années. Mais que pouvait-il faire? Cet homme avait comploté contre leur cher pays, ce cher pays que le cher Seigneur leur avait donné, que leurs pères et eux avaient arrosé de leur sang. Quel châtiment méritait une si noire trahison? et comment maintenir les autres damnés Anglais dans le devoir, sinon en punissant celui-ci? Il ne pouvait, hélas! y avoir qu'une seule réponse, quoique, pour sa part, il ne la donnât qu'avec bien des larmes, et cette réponse, c'était... *la mort*.

Après cela il n'y eut plus de discours, mais chacun vota selon son âge, sur l'appel du président. D'abord il y eut un peu d'hésitation, car plus d'un avait de l'amitié pour le vieux Silas et ne se décidait pas facilement à le condamner.

Mais Frank Muller avait joué son jeu et, malgré ses adjurations d'indépendance, tous savaient bien ce qui leur arriverait, s'ils votaient contre le président. Tous refoulèrent donc leurs meilleurs sentiments, avec la facilité connue en pareil cas, et votèrent la sentence fatale.

Quand ce fut fini, Muller s'adressa au prisonnier:

« Vous avez entendu la sentence. Je n'ai plus à rappeler vos crimes. Vous avez été jugé impartialement par un conseil de guerre et selon notre loi. Avez-vous quelque raison à donner pour que la sentence ne soit pas exécutée, telle que l'ordonne le jugement? »

Le vieux Silas le regarda de ses yeux pleins de flamme et rejeta en arrière sa couronne de cheveux blancs, comme un vieux lion aux abois.

« Je n'ai rien à dire; si vous voulez commettre un assassinat, libre à vous, mécréant que vous êtes. Je pourrais invoquer mes cheveux blancs, mon serviteur tué, ma maison détruite après dix années de labeur. Je pourrais vous dire que j'ai été un bon citoyen, que j'ai vécu en paix et amitié dans le pays pendant vingt ans, que j'ai souvent fait du bien à beaucoup de ceux qui vont m'assassiner de sang-froid; mais je ne dirai rien. Fusillez-moi, si bon vous semble, et que mon sang pèse lourdement sur vos têtes. Ce matin, j'aurais dit que mon pays me vengerait; je ne peux plus le dire, car l'Angleterre m'a abandonné et je n'ai plus de patrie. Je remets donc ma vengeance aux mains de Dieu qui venge toujours, quoiqu'il diffère souvent pendant longtemps. Je n'ai pas peur de vous. J'ai perdu honneur, foyer, patrie; pourquoi ne perdrais-je pas aussi la vie? »

Frank Muller fixa son œil froid sur le visage vibrant du vieillard et sourit d'un terrible et triomphant sourire.

« Prisonnier, il est maintenant de mon devoir, au nom de Dieu et de la République, de vous prévenir que vous serez fusillé demain, à l'aube. Puisse le Dieu tout-puissant vous pardonner votre endurcissement et avoir pitié de votre âme!

« Emmenez le prisonnier et qu'un homme se rende de toute la vitesse de son cheval, à la maison qui est sur le versant de la colline, à une heure de distance de Wakkerstroom, et ramène avec lui le ministre de Dieu, afin qu'il vienne offrir ses consolations au condamné. Que deux hommes aillent creuser la tombe du prisonnier, dans le cimetière, derrière la maison. »

Les gardes posèrent la main sur les épaules de Silas et il sortit avec eux, sans prononcer une parole. Bessie le suivit des yeux par la fente du mur, jusqu'à ce que la chère et vénérable tête eût disparu; puis enfin, épuisée, anéantie par toutes les horreurs qui se succédaient sans relâche, elle tomba sans vie sur le sol.

Pendant ce temps, Frank Muller écrivait l'arrêt de

mort sur une feuille de son carnet. Il laissa au bas la place de sa signature en blanc, pour des raisons à lui connues. Il voulait le faire contresigner par tous les membres du prétendu tribunal, afin de les tenir tous dans sa main, par cette preuve irréfutable de leur complicité. Mais les Boers, si simples qu'ils soient, ne le sont pas assez pour ne pas percer à jour une manœuvre de ce genre. Tous, sans exception, avaient assez volontiers donné leur voix contre Silas Croft, mais en fournir la preuve par acte authentique, c'était une autre affaire. Aussitôt qu'ils eurent compris les intentions de leur redoutable et respecté commandant, ils furent saisis du désir immédiat et simultané de disparaître. Ils découvrirent tous, au même instant, que des affaires les appelaient au dehors; quelques-uns avaient même déjà, sous la conduite du terrible Hans, déserté leurs bancs de juges, pour gagner la porte, quand Muller, devinant leur dessein, cria d'une voix de tonnerre :

« Arrêtez! Personne ne sort sans avoir signé l'arrêt. »

Aussitôt ils se retournèrent d'un air innocent.

« Hans Coetzee, venez signer », dit encore Muller.

Et le malheureux s'avança, d'aussi bonne grâce qu'il put, murmurant en lui-même et très profondément mille malédictions contre « ce démon » Frank Muller. Il fit pourtant contre fortune bon cœur, et apposa sa signature, en souriant faiblement. Puis Muller en appela un autre qui essaya de se dérober, sous prétexte que son éducation avait été fort négligée et qu'il ne savait pas écrire. Vaine excuse! Très tranquillement Frank Muller écrivit son nom et lui fit mettre sa croix en regard. Après cela, aucun obstacle ne surgit et, en cinq minutes, le revers entier de la feuille fut couvert des signatures plus ou moins lisibles de tous les membres du Conseil.

Enfin Muller resta seul, la tête inclinée sur la poitrine, l'arrêt dans une main, tandis que de l'autre il caressait sa belle barbe, selon son habitude.

Bientôt il cessa et demeura immobile comme une statue de marbre. Le soleil déclinait derrière la colline; la vaste remise s'emplissait d'ombre qui, peu à peu, l'enveloppait et le revêtait d'une sombre et mystérieuse grandeur. On eût dit le roi du *Mal*, car le mal a ses princes comme le *Bien*, et il les marque de son sceau, les couronne d'un diadème qui sont, l'un et l'autre, les emblèmes de leur puissance; or, parmi eux, Frank Muller était certainement grand. Un petit sourire de triomphe se jouait sur son beau et cruel visage, une lueur brillait dans ses yeux froids. Il eût pu servir de modèle pour un portrait de son maître, le démon!

Il sortit assez promptement de sa rêverie. « Je la tiens, se dit-il, je la tiens comme dans un étau. Elle ne peut pas m'échapper; elle ne peut pas laisser mourir son oncle. Ces lâches m'ont bien servi. On joue d'eux aussi aisément que d'un violon, et je suis un artiste habile! Oui, nous voici bientôt à la fin du morceau! »

CHAPITRE XXX

IL FAUT NOUS SÉPARER

Silencieux et terrifiés, Jess et son compagnon regardaient les cadavres noircis des Boers. Il leur fallut passer devant ces restes défigurés, pour aller attacher les chevaux récalcitrants à l'arbre situé quelques pas plus loin. Jess prit ensuite quelques aliments dans le panier, et s'éloigna en disant à

John, qu'elle allait essayer de faire sécher ses vêtements au soleil et qu'elle lui conseillait d'en faire autant. Quand elle fut bien sûre que les rochers la cachaient entièrement, elle entreprit d'enlever l'un après l'autre ses vêtements trempés; y étant parvenue, elle les tordit, les étendit sur de larges pierres plates, chauffées aux rayons du soleil, puis elle lava ses meurtrissures et ses cheveux pleins de sable et de boue et, ceci fait, elle s'assit à l'ombre d'une roche et, tout en apaisant sa faim, se mit à réfléchir à sa situation. Elle avait le cœur si gonflé de douleur et d'amertume, qu'elle se prenait à regretter de ne pas être étendue quelque part sous ces eaux écumantes. Elle avait compté sur la mort, et elle vivait! Et elle pouvait vivre longtemps, bien des années, avec sa honte et sa souffrance. Tous les sentiments héroïques, toute la grandeur plus qu'humaine de sa passion spiritualisée par la pensée de sa fin prochaine, tout cela redescendait au niveau d'un attachement défendu, dont il lui faudrait porter le poids. Et ce n'était pas tout! Elle avait trahi Bessie, et elle avait entraîné le fiancé de Bessie, l'avait fait manquer à son serment. La mort aurait absous tout cela. Jamais Jess n'aurait failli, si elle avait cru vivre, mais la mort l'avait trompée et rejetée dans la lutte.

Comment tout cela finirait-il, en supposant qu'ils fussent sauvés? Qu'espérer, sinon la souffrance? Elle n'irait pas plus loin; elle se le jurait, dût-elle briser son cœur et celui de Niel. Tout était changé; le souvenir de ces heures terribles et délicieuses, sur la rivière en furie, pendant lesquelles ils s'étaient donnés l'un à l'autre pour l'éternité, serait un souvenir et rien de plus. Ils avaient fait là un rêve de joie céleste; il fallait maintenant que ce rêve s'évanouît.

Et cependant ce n'était pas un rêve, pas plus du

moins que toute sa vie, que cette raison, cette énigme dont elle cherchait en vain la solution. Hélas! ce n'était pas un rêve! C'était une partie de ce passé immortel qui, ayant été, est toujours et ne peut plus changer. Mais désormais il fallait que cette réalité indestructible, impérissable, disparût; il fallait affecter de la croire morte et oubliée. Oh! c'était amer, bien amer!

Que serait-ce donc de partir, de quitter John pour toujours? de le savoir marié à sa propre sœur, de se dire que le charme de Bessie se glissait peu à peu dans la place qu'elle aurait laissée vide? Que l'amour doux et constant de Bessie recouvrait d'oubli le souvenir de la passion ardente, comme le crépuscule efface peu à peu les splendeurs du jour.

Et cependant il le fallait; elle y était résolue. Ah! que n'était-elle morte quand il lui donnait ce baiser sur les lèvres? Et la pauvre enfant sanglotait dans sa détresse, comme Ève devant les reproches d'Adam!

Mais les larmes ne remédient à rien et Jess le comprit. Essuyant donc ses yeux, elle prit le parti de rentrer dans ses vêtements à demi séchés; un petit peigne de poche lui permit de remettre un ordre relatif dans sa chevelure et lorsque, après des efforts surhumains, elle eut réintégré ses chaussures, elle retourna vers l'endroit où elle avait laissé John, une heure auparavant.

Elle le trouva occupé à transporter les selles et les brides des chevaux morts, sur leurs deux chevaux gris.

« Eh mais! vous avez fait toilette, Jess, s'écria-t-il; avez-vous pu sécher vos vêtements? Les miens le sont à peu près.

— Oui », répondit-elle.

Il la regarda et reprit : « Vous avez pleuré, ma chérie. Allons! du courage! notre ciel est sombre, il est vrai, mais à quoi bon pleurer?

— John, dit Jess, presque durement, laissons tout cela. Nous étions morts cette nuit, nous vivons maintenant. Qui sait, ajouta-t-elle avec l'ombre d'un sourire, si vous ne verrez pas Bessie demain? »

Le visage de John se contracta, au souvenir brusquement réveillé de leur terrible et inextricable situation.

« Ma bien-aimée Jess, que faire? » demanda-t-il.

Dans son angoisse elle frappa du pied.

« Je vous ai dit qu'il fallait renoncer à tout cela! A quoi pensez-vous? A partir d'aujourd'hui nous sommes morts l'un pour l'autre. C'est votre faute. Pourquoi ne m'avez-vous pas laissée mourir? Oh! John! John! dit-elle en gémissant, pourquoi m'avez-vous fait vivre? Pourquoi ne sommes-nous pas morts tous deux? Morts, ou... endormis? Il faut nous séparer, John! Il le faut. Et que deviendrai-je sans vous? »

Sa douleur était si poignante, que John n'osa pas lui répondre tout de suite. Enfin il dit :

« Ne vaudrait-il pas mieux tout avouer à Bessie? Je me mépriserais pour le reste de mes jours, mais en vérité je suis presque tenté de le faire.

— Non, non, non! cria-t-elle, avec emportement; je vous le défends. Jurez-moi que jamais vous ne lui direz un mot de tout ceci. Je ne veux pas que son bonheur soit détruit. Nous avons péché; nous devons souffrir. Bessie est innocente et n'a que des droits. J'ai promis à ma chère mère de veiller sur Bessie, de la protéger; je ne la trahirai jamais, jamais. Vous l'épouserez et je partirai. Nous n'avons pas d'autre parti à prendre. »

John la regardait, ne sachant que dire. Un désespoir aigu lui traversait le cœur, tandis qu'il contemplait ce visage pâle et passionné, ces grands yeux obscurcis par les larmes. Comment aurait-il la force de se séparer d'elle? Malgré lui, il lui tendit les bras. Elle le repoussa, presque avec colère.

« Qu'avez-vous fait de votre honneur? lui cria-t-elle. Ne suis-je pas assez malheureuse, sans que vous me tentiez? Je vous dis que tout est fini. Achevez de seller ce cheval et partons. Mieux vaut en finir tout de suite, à moins cependant que les Boers ne nous reprennent et ne nous fusillent, ce que, pour ma part, je souhaite ardemment. Rappelez-vous désormais que je suis votre belle-sœur; rien de plus. Sinon je vous quitte; je pars de mon côté, et je vous laisse aller du vôtre. »

John se tut. La détermination de Jess était aussi écrasante que la nécessité cruelle qui l'inspirait et, chez lui, l'honneur et la raison approuvaient ce qui révoltait sa passion. Il se détourna accablé, regrettant comme Jess que la mort n'eût pas mis fin à leurs souffrances.

Les chevaux étaient prêts. Il n'y avait que des selles d'homme, mais heureusement Jess montait comme une écuyère de profession et pouvait même se tenir sur une selle d'homme, en ayant maintes fois fait l'expérience à Belle-Fontaine. Aussitôt que les chevaux furent sellés, elle surprit John en sautant agilement sur le sien et se déclara prête à partir, après avoir passé un pied dans l'étrier.

« Vous feriez bien de monter autrement, dit John; je sais que ce n'est pas l'usage, mais vous tomberez.

— Vous verrez », répliqua-t-elle avec un sourire. Quand elle eut mis son cheval au petit galop, John remarqua, stupéfait, qu'elle se tenait droite et ferme sur son siège glissant, comme sur une selle de chasse, grâce à un balancement instinctif du corps très curieux à observer. Lorsqu'ils furent en pleine prairie, ils firent halte pour s'orienter, et au même instant Jess montra de la main, à son compagnon, les longues files de vautours qui descendaient se repaître du cadavre des assassins foudroyés.

En suivant la rivière, on arriverait à Standerton,

et, si l'on pouvait pénétrer dans la ville, ce serait le salut, puisque la ville était aux mains des Anglais. Mais nos fugitifs savaient qu'elle était investie par les Boers et n'osèrent pas tenter de passer. Ils avaient bien le sauf-conduit signé par le général boer; toutefois, après les événements de la veille, ils ne se fiaient guère à l'efficacité des sauf-conduits. Ils décidèrent donc d'éviter Standerton et de poursuivre leur chemin, jusqu'à ce qu'ils trouvassent un gué pour traverser le Vaal. Tous deux connaissaient bien le pays et, de plus, John possédait une petite boussole suspendue à sa chaîne de montre, ce qui leur permettrait de s'orienter avec sûreté, sans suivre les routes tracées. Sur celles-ci ils couraient le risque presque certain d'être découverts, tandis que sur la plaine ils ne rencontreraient fort probablement que des animaux; s'ils apercevaient des habitations, ils pourraient les éviter, et du reste les habitants mâles seraient sans doute à l'armée.

Ils avaient fait environ dix milles, quand ils arrivèrent à un endroit où l'eau leur parut peu profonde. Des traces de roues prouvaient même qu'un chariot avait dû passer là, pendant les jours précédents.

« Essayons », dit John, et ils plongèrent sans hésiter.

Au milieu de la rivière l'eau était profonde, le courant assez fort et les chevaux perdirent pied sur un espace de quelques mètres; mais, sans se laisser effrayer, ils gagnèrent l'autre rive, où, après avoir consulté sa boussole, John piqua droit sur Belle-Fontaine. A midi, ils mirent pied à terre pendant une heure, dans un endroit où se trouvait de l'eau, et dînèrent d'une partie de la nourriture qui leur restait. Ensuite ils reprirent leur route solitaire. De toute la journée, ils ne virent que de grands troupeaux de daims et de chevreuils qui passèrent près d'eux au galop, comme des escadrons de cavalerie, et quelques compagnies de vautours qui se disputaient une proie. Enfin le crépuscule les enveloppa dans le désert.

« Que faire maintenant? dit John. La nuit viendra dans une heure. » Jess glissa de sa selle et répondit :

« Dormir, si nous pouvons ».

Elle disait vrai; il n'y avait absolument rien d'autre à faire. John entrava les chevaux et, pour plus de sûreté, les attacha l'un à l'autre, car la situation deviendrait terrible, s'ils s'égaraient.

Pendant ce temps, la nuit tombait et nos deux fugitifs contemplaient la vaste plaine, avec une sorte de désespoir. Ils ne voyaient qu'elle et n'entendaient que le vent, dont le souffle faisait onduler les hautes herbes comme les vagues de la mer. Aucun abri, aucun accident de terrain, si ce n'est deux fourmilières [1], sur lesquelles ils se réfugièrent pour suivre des yeux le déclin du jour.

« Ne pensez-vous pas que nous ferions mieux de rester l'un près de l'autre? Nous aurions plus chaud, suggéra John.

— Non, répliqua Jess, d'un ton bref. Je suis très bien comme ça. »

Malheureusement ce n'était pas très vrai, car déjà les dents de la pauvre enfant claquaient de froid. Bientôt ils reconnurent que pour entretenir la circulation du sang, il leur fallait, malgré leur fatigue, marcher de long en large. Au bout d'une heure et demie, la brise tomba et la température devint plus clémente à leurs corps épuisés par le voyage et la faim et, de plus, insuffisamment couverts. Puis la lune se leva et des animaux sauvages, loups et hyènes, rôdèrent en hurlant autour d'eux, sans qu'ils pussent les voir. C'en fut trop pour les nerfs de Jess qui

1. On sait que, dans ces pays, les fourmilières atteignent les proportions de véritables monticules.

enfin daigna prier John de se rapprocher d'elle. Ils passèrent ainsi toute la nuit, pressés l'un contre l'autre et vraiment, sans la chaleur qu'ils se communiquaient, ils n'en seraient probablement pas sortis vivants, car, si les journées étaient chaudes, les nuits commençaient à devenir froides sur les prairies des hautes terres et surtout après l'orage qui avait rafraîchi l'air.

En outre, une rosée abondante les pénétrait. Ils restaient immobiles, presque sans parler, sans dormir, et cependant ils ne se sentaient pas absolument malheureux, puisqu'ils partageaient leur misère. Enfin une lueur grise parut à l'orient. John se leva, secoua la rosée de son chapeau et de ses habits, et alla, clopin-clopant, à moitié perclus, rejoindre les chevaux dont la silhouette paraissait gigantesque dans la brume. Au lever du soleil, les chevaux étaient sellés; on repartit, mais cette fois John dut enlever Jess dans ses bras, pour la mettre en selle.

Vers huit heures ils s'arrêtèrent, achevèrent leurs maigres provisions, et se remirent ensuite en route, assez lentement, car les chevaux étaient presque aussi fatigués qu'eux et il fallait les ménager, si l'on voulait atteindre avant la nuit Belle-Fontaine, qui devait être encore à seize ou dix-sept milles. A midi, nouvelle halte nécessitée par une lassitude extrême et, environ deux heures plus tard, catastrophe dernière! Ils descendaient une petite colline, au bas de laquelle il fallait traverser une étroite vallée marécageuse, pour remonter de l'autre côté une colline semblable. En arrivant au sommet de celle-ci, ils se trouvèrent tout à coup face à face avec une troupe de Boers à cheval et armés!

CHAPITRE XXXI

JESS TROUVE UN AMI

Les Boers fondirent sur eux comme un faucon sur un moineau. John arrêta son cheval et tira son revolver.

« Arrêtez, lui cria Jess; la douceur est notre seule chance de salut. »

Il lui obéit et souhaita le bonjour au Boer le plus proche.

« Que faites-vous ici? » demanda le Hollandais.

Jess expliqua aussitôt qu'ils avaient un sauf-conduit et se rendaient à Belle-Fontaine.

« Ah! chez Om Croft, répondit le Boer, en prenant le papier; vous trouverez sans doute une assemblée funèbre. »

Jess ne comprit pas ce qu'il voulait dire. Il examina soigneusement le sauf-conduit et voulut savoir pourquoi il portait des traces d'humidité? Jess, n'osant pas révéler la vérité, dit qu'il était tombé dans une flaque d'eau.

Il allait le lui rendre, quand tout à coup ses regards tombèrent sur la selle de la jeune fille.

« Comment se fait-il que vous ayez une selle d'homme? Mais je connais celle-ci; laissez-moi voir de l'autre côté : oui, il y a un trou de balle; c'est celle de Swart Dirk. Comment l'avez-vous eue?

— Je la lui ai achetée, répondit-elle, sans hésiter un instant; je n'en trouvais pas d'autres. »

Le Boer hocha la tête.

« Il ne manque pas de selles à Prétoria et, par le temps qui court, les Boers ne sont pas disposés à vendre leurs selles à des Anglaises. Ah! l'autre est aussi une selle boer. Pas un Anglais n'en a de semblable. Ce sauf-conduit n'est pas suffisant, ajouta-t-il, d'un ton froid; il devrait être contresigné par le commandant local. Je dois vous arrêter. »

Jess essaya de lui donner d'autres explications, mais il répéta : « Il faut que je vous arrête », et donna des ordres en conséquence.

« Nous sommes repris, dit Jess à John; nous n'avons qu'à nous soumettre.

— Ça m'est à peu près égal, s'ils me donnent seulement un peu de nourriture, répondit-il philosophiquement; je meurs littéralement de faim.

— Et moi je suis à demi morte, répliqua Jess, avec un petit rire triste; qu'ils nous fusillent donc et que cela finisse!

— Du courage, Jess; la chance va peut-être tourner. »

Elle secoua la tête, comme quelqu'un qui s'attend au pire. Bientôt l'aimable jeunesse qui l'entourait trouva plaisant et spirituel de s'égayer à ses dépens. Ne préférerait-elle pas monter à califourchon? Avait-elle acheté sa robe à quelque vieille Hottentote qui n'en voulait plus? Et autres aimables saillies, qu'heureusement John ne comprenait presque pas. Un de ces jeunes Boers alla plus loin : il voulut passer des paroles aux gestes et pensa que ce serait fort drôle de faire perdre à la jeune fille l'équilibre qu'elle conservait si adroitement. Il poussa donc son propre cheval si brusquement contre celui de Jess, qu'il faillit renverser le pauvre animal épuisé. Plus prompte que lui, Jess évita la chute en se retenant à la crinière. Un instant après, le jeune homme, appelé Jacobus, revint à la charge et tendit le bras pour pousser sa victime qui supportait tout sans mot dire. Cette fois John le vit et son sang bouillonna dans ses veines. Sans réfléchir à ce qui pouvait en résulter, il fut en un clin d'œil près du misérable et, le prenant à la gorge, l'envoya rouler sur le sol, par-dessus la croupe de son cheval. Il y eut aussitôt une grande mêlée. John tira son revolver, les Boers levèrent leurs carabines et Jess crut que tout était fini. Elle se couvrit le visage de ses mains, mais non sans avoir remercié John dans un éclair de ses beaux yeux. Par un heureux hasard, le Boer qui avait pris le sauf-conduit se trouva être assez brave homme au fond; il avait observé la conduite de son subordonné et la désapprouvait complètement.

« A bas les fusils et laissez ces gens en repos! cria-t-il. C'est bien fait pour Jacobus : il avait essayé de faire tomber la jeune fille. Dieu tout-puissant! ce n'est pas étonnant que les Anglais nous traitent de bêtes brutes, quand ils nous voient faire de pareilles choses. A bas les fusils! vous dis-je, et que l'un de vous aide Jacobus à se relever. Il a l'air aussi malade qu'un jeune chevreuil qui a reçu une balle. »

Le calme fut donc rétabli, et le jovial Jacobus, que Jess voyait trembler de tous ses membres, avec une satisfaction intime, ayant été remis en selle avec quelque peine, acheva la route sans plus donner le moindre signe de gaieté.

Peu après cet incident, Jess montrant à John une colline longue et basse, qui émergeait de la plaine à une douzaine de milles, comme une grosse pierre sur un désert de sable, lui dit tout bas :

« Regardez; voilà Belle-Fontaine enfin!

— Nous n'y sommes pas encore », répondit-il tristement.

Au bout d'une demi-heure qui leur parut bien longue, et comme ils venaient de franchir la crête d'une petite montée, ils aperçurent tout à coup, au bas, la demeure de Hans Coetzee. Ainsi donc, c'était là qu'on les conduisait. A une centaine de mètres de la maison, les Boers firent halte pour se consulter; enfin le chef de la bande vint à Jess et lui rendit le sauf-conduit en disant :

« Vous pouvez vous en aller chez vous, mais il faut que l'Anglais reste avec nous, jusqu'à ce que nous sachions à quoi nous en tenir sur son compte.

— Il dit que je peux partir! que dois-je faire? demanda Jess. Il m'est bien pénible de vous laisser au milieu de ces hommes.

— Partez sans hésiter. Je suis de force à me tirer d'affaire tout seul, et quand même je n'y réussirais pas, vous ne pourriez pas m'aider. Peut-être trouverez-vous du secours à la ferme. En tout cas, partez, il le faut.

— Eh bien? demanda le Boer.

— Adieu, Jess! dit John, que Dieu vous garde! »

Elle répondit :

« Adieu, John », en le regardant bien en face et avec fermeté, puis elle se détourna pour lui cacher les larmes qui lui montaient aux yeux malgré elle.

Ce fut ainsi qu'ils se séparèrent.

Elle connaissait son chemin par la prairie, désormais; elle n'osait suivre la route, mais il y avait un sentier qui descendait derrière l'habitation de Belle-Fontaine, et ce fut de ce côté qu'elle se dirigea, vers cinq heures du soir, accablée de fatigue, torturée par la faim et le cœur plein d'angoisse.

Mais Jess avait une grande force morale, une volonté de fer, et elle persévéra, là où la plupart des femmes seraient mortes. Elle *voulait* arriver à Belle-Fontaine n'importe comment; elle savait donc qu'elle y arriverait. Cela fait et des secours envoyés à son ami, elle mourrait ensuite, s'il le fallait; peu lui importait.

L'allure de son cheval devenait de plus en plus lente; au lieu de l'amble, qui est la meilleure allure dans ces pays, il prenait à chaque instant un petit trot fort court, qui lui infligeait un véritable supplice, montée comme elle l'était. Bientôt il n'alla plus qu'au pas et enfin, un peu après six heures, le pauvre animal tomba, au pied de la colline qu'il fallait gravir et redescendre pour atteindre Belle-Fontaine. Jess se laissa glisser à terre et essaya vainement de le relever. Elle fit ce qu'elle put, lui ôta la bride et détacha la sangle, afin que la selle glissât, si la malheureuse bête se remettait sur pied. Quand elle s'éloigna, il la suivit du regard, comprenant qu'elle l'abandonnait. D'abord il hennit, puis se releva par un effort désespéré et marcha derrière elle, pendant une centaine de mètres, mais il retomba. Jess se retourna et, malgré son épuisement, se mit littéralement à *courir*, pour échapper au regard qu'elle vit dans ces grands yeux. Cette nuit-là, il y eut une pluie froide qui acheva le pauvre animal.

Il faisait presque nuit, lorsque Jess atteignit enfin le sommet de la colline et regarda dans la vallée. Elle savait que, de l'endroit où elle se trouvait, on voyait la lumière des fenêtres de la cuisine de Belle-Fontaine. Elle ne vit rien! Qu'est-ce que cela signifiait? Une nouvelle angoisse lui saisit le cœur et elle commença la descente. Elle était à mi-chemin, quand une gerbe d'étincelles jaillit tout à coup du site où devait être la maison; un pan de mur venait de s'écrouler dans les cendres encore brûlantes. De nouveau, Jess s'arrêta stupéfaite et terrifiée. Qu'était-il arrivé? Résolue à tout braver pour l'apprendre, elle s'avança très prudemment, mais à peine avait-elle fait vingt pas, qu'une main se posa sur son bras. Elle se retourna vivement, trop paralysée par la terreur, pour pouvoir crier, et aussitôt une voix bien connue murmura à son oreille : « Missie Jess, missie Jess, est-ce vous? je suis Jantjé! »

Elle poussa un soupir de soulagement et son cœur se remit à battre. Elle trouvait un ami, enfin! Il poursuivit :

« Je vous ai entendue descendre, quoique vous marchiez bien doucement, mais je ne pouvais pas distinguer qui c'était, parce que vous sautiez de roc en roc, au lieu de marcher comme à l'ordinaire. Je me disais bien que c'était une femme chaussée de bottines, mais impossible de rien voir; la lumière s'éteint en tombant sur le flanc de la colline et les étoiles ne sont pas levées. Alors je me suis mis sur votre gauche, parce que le vent souffle de droite, j'ai attendu que vous fussiez passée et je vous ai *flairée;* de la sorte je me suis assuré que c'était vous, vous ou missie Bessie, mais missie Bessie est enfermée, donc ce ne pouvait pas être elle.

— Bessie enfermée! Que voulez-vous dire? » Jess était si bouleversée, qu'elle ne remarqua même pas l'instinct étrange et animal qui avait guidé le Hottentot.

« Venez par ici, Missie, et je vous dirai tout. »

Il la conduisit à un amas fantastique de roches, où il passait les nuits. Jess connaissait bien cet endroit et plus d'une fois elle avait jeté un coup d'œil sur le chenil du Hottentot, mais sans y pénétrer.

« Attendez un instant, Missie, je vais allumer une bougie; j'en ai ici et l'on ne peut pas voir la lumière du dehors. »

Il disparut pendant quelques secondes, revint, prit Jess par la manche et la conduisit par un dédale entre les roches, jusqu'à une étroite ouverture où filtrait une lueur. Jantjé se glissa sur les genoux et les mains et Jess le suivit. Elle se trouva dans une petite chambre de six pieds carrés, haute de huit pieds et formée par la disposition naturelle de plusieurs roches que recouvrait une large dalle. Elle était fort sale, comme on devait s'y attendre de la part d'un Hottentot, et renfermait une curieuse collection de débris variés. Refusant un tabouret à trois pieds que lui offrait Jantjé, Jess se laissa tomber sur un amas de peaux et put se croire dans le repaire d'un chiffonnier. Le long des parois, s'étalaient en festons toute espèce de vêtements, depuis l'uniforme blanc d'un officier autrichien, jusqu'aux culottes d'un rôdeur du désert; le tout en un état plus ou moins avancé de décomposition et ramassé avec persévérance, pendant bien des années.

Dans les coins étaient des bâtons, des zagaies, des pierres et des os de formes singulières, des manches de couteaux, des débris de fusils, les restes d'une horloge américaine et bien d'autres objets, que cette pie humaine avait volés et entassés là. En somme, c'était un étrange réduit, et Jess se dit, en s'affaissant sur les peaux de bêtes, qu'à part les vieux habits et les fragments d'horloge, elle avait sous les yeux un spécimen assez réussi de la demeure d'un homme primitif.

« Avant de commencer votre récit, dites-moi, Jantjé, si vous avez quelque nourriture ici; je meurs de besoin. »

Jantjé fit une grimace qui pouvait passer pour un sourire de satisfaction. Il tira de dessous un amas de choses indescriptibles, une gourde recouverte d'un morceau de tôle placé autrefois au fond d'un poêle. Elle contenait du *maas*, sorte de petit-lait caillé, qu'une femme du voisinage lui avait apporté pour son souper. Si affamé qu'il fût (il n'avait rien mangé de la journée), il n'hésita pas un instant à donner tout à Jess, plus une cuiller de bois; accroupi devant elle, il laissait échapper, en la regardant manger, des exclamations gutturales de satisfaction sincère. Ignorant qu'elle prenait le souper d'un homme à jeun, Jess mangea tout, jusqu'à la dernière cuillerée, reconnaissante et reconfortée à mesure que les tourments de la faim s'apaisaient peu à peu.

« Maintenant, dit-elle, quand elle eut fini, contez-moi tout. »

Sans se faire prier, Jantjé rapporta de son mieux tous les événements du jour. Lorsqu'il dit de quelle manière brutale le vieillard avait été traité, les yeux de Jess lancèrent des flammes et ses dents grincèrent; quant à ce qu'elle éprouva, en apprenant qu'il était condamné à mort et devait être fusillé à l'aube, les paroles manquent pour l'exprimer. Jantjé ne savait rien de ce qui touchait Bessie, si ce n'est qu'elle avait eu un entretien avec Frank Muller dans le petit bois, et qu'à la suite de cet entretien elle avait été enfermée dans le magasin aux provisions. Mais pour Jess, cela suffisait; elle comprenait Muller mieux que personne peut-être, et n'ignorait aucun de ses desseins en ce qui concernait Bessie. Tout fut bientôt clair pour elle. Elle vit pourquoi il lui avait accordé ce sauf-conduit. Il voulait la noyer ainsi que John; elle vit pourquoi son vieil oncle avait été condamné à mort : c'était pour se servir de lui contre Bessie; cet homme était capable de tout. Oui, tout lui semblait clair comme la lumière du jour et dans son cœur elle jura que, malgré sa faiblesse, elle trouverait le moyen d'empêcher ces infamies. Mais comment? comment? Ah! si seulement John eût été là! Mais il était prisonnier et elle serait forcée d'agir seule. Elle pensa d'abord à se présenter hardiment devant Muller et à le dénoncer comme assassin, en présence de ses hommes; bien vite elle reconnut que c'était impraticable. Pour se sauver lui-même, il lui imposerait silence par tous les moyens. Si elle pouvait communiquer avec Bessie? En tout cas, il était indispensable qu'elle sût ce qui se passait. Autant être à cent lieues, que de rester à cent mètres de Belle-Fontaine.

« Jantjé, murmura-t-elle, dites-moi où sont les Boers.

— Quelques-uns sont dans la remise, Missie; d'autres sont placés en sentinelles; le reste est autour du chariot qu'ils ont amené et dételé sous les gommiers.

— Où est Frank Muller?

— Je ne sais pas, Missie; mais il a apporté une tente circulaire, qui est plantée entre les deux grands gommiers.

— Jantjé, il faut que je descende, pour voir ce qui se passe, et que vous veniez avec moi.

— Vous serez prise, Missie. Il y a une sentinelle derrière la remise et deux par devant. Cependant nous pourrions peut-être nous rapprocher; je vais voir quel temps il fait cette nuit. »

Peu après, il revint dire qu'il tombait une pluie fine et qu'il faisait très noir, parce que les nuages couvraient les étoiles.

« Partons tout de suite, dit Jess.

— Missie, vous feriez mieux de n'y pas aller; vous serez mouillée et les Boers vous prendront. Laissez-moi aller seul. Je peux me glisser comme un serpent et si les Boers m'attrapent, peu importe.

— Vous viendrez aussi, Jantjé, mais j'irai avec vous. Il le faut. »

Alors le Hottentot leva légèrement les épaules et céda. Il éteignit les bougies et tous deux, silencieux comme des fantômes, se glissèrent au dehors, dans la nuit.

CHAPITRE XXXII

IL MOURRA!

La nuit était calme et très sombre. Une petite pluie fine et douce, assez semblable à la brume d'Écosse, tombait sans relâche. Cet état de choses favorisait l'entreprise de Jess et de Jantjé et tous deux descendirent la colline sans encombre, jusqu'à quinze pas environ de la remise. Alors le Hottentot posa vivement sa main sur le bras de la jeune fille pour l'arrêter, car on entendait distinctement le pas de la sentinelle placée derrière le bâtiment. Pendant deux minutes, ils restèrent immobiles, ne sachant plus que faire, mais tout à coup ils aperçurent un homme qui tournait l'angle de la remise, une lanterne à la main. A cette vue, la première pensée de Jess fut de s'enfuir; d'un geste, Jantjé lui fit comprendre qu'il fallait rester. L'homme à la lanterne s'avança vers la sentinelle, en tenant la lumière au-dessus de sa tête; il paraissait gigantesque dans le brouillard. Il tourna la tête et Jess reconnut Frank Muller qui attendait l'approche de la sentinelle.

« Vous pouvez aller souper, dit-il à celle-ci, lorsqu'elle fut près de lui; revenez dans une demi-heure; pendant ce temps je suis responsable des prisonniers. »

L'homme grommela quelque chose contre la pluie et s'en alla, suivi de Muller.

« Venez maintenant, murmura Jantjé; il y a une ouverture dans le mur; vous pourrez parler à missie Bessie. »

En cinq secondes Jess fut à la muraille. Elle chercha de la main l'ouverture qu'elle connaissait bien, car souvent, dans leur enfance, les deux sœurs l'avaient utilisée pour les jeux de cache-cache, et elle allait appeler Bessie, quand subitement, la porte placée en face d'elle s'ouvrit, et Frank Muller entra. Il s'arrêta un instant sur le seuil, pour ouvrir la lanterne, afin d'avoir plus de lumière. Il était nu-tête; une sorte de cape en drap brun, jetée sur ses épaules, ajoutait à l'ampleur de sa taille; la lumière, tombant en plein sur lui, faisait briller sa barbe soyeuse, et Jess ne put s'empêcher de penser que jamais elle n'avait vu plus splendide forme humaine. Un instant après, elle apercevait sa chère Bessie, sur qui Muller projetait les rayons du foyer lumineux. Assise sur l'un des sacs de blé à moitié plein, Bessie ouvrit ses grands yeux bleus, avec le tressaillement d'une personne éveillée en sursaut. Ses boucles d'or tombaient en désordre sur son front blanc; son visage très pâle exprimait la souffrance et la terreur; de larges sillons bleuâtres cernaient ses paupières. En apercevant son visiteur, elle se leva vivement et recula aussi loin que le lui permirent les sacs amoncelés.

« Que voulez-vous? dit-elle; je vous ai donné ma réponse; pourquoi venez-vous me tourmenter encore? »

Il plaça la lanterne avec le plus grand soin et Jess comprit qu'il se donnait le temps de réfléchir.

« Récapitulons », dit-il enfin, de sa belle voix pleine et sonore. » Je vous ai, ce matin, laissé le choix entre un mariage immédiat avec moi et la mort de votre oncle et bienfaiteur. Je vous ai déclaré que si vous refusiez de m'épouser, votre oncle serait fusillé et qu'ensuite vous seriez à moi, sans la cérémonie du mariage. N'est-il pas vrai? »

Bessie ne répondit rien.

Il poursuivit, les yeux fixés sur elle et caressant sa barbe d'une main :

« Qui ne dit mot, consent. Je continue : Avant qu'un homme puisse être fusillé, il faut qu'il soit jugé et condamné de par la loi. Votre oncle a été jugé et condamné.

— J'ai tout entendu, cruel assassin que vous êtes, répondit Bessie, relevant la tête pour la première fois.

— Je pensais bien que vous verriez tout par cette

fente; c'est pourquoi je vous ai fait enfermer ici; il n'eût pas été convenable de vous amener devant la cour. » Il prit la lanterne pour examiner le mur. Ces communs sont mal bâtis; tenez, il y a une ouverture dans le mur du fond. » Il s'en approcha et souleva si promptement la lumière, que Jess n'eut que le temps de fermer les yeux, pour n'être pas trahie par la réflexion des rayons lumineux. Elle retint sa respiration et resta immobile comme une morte. Une seconde après, la lanterne était replacée sur un sac.

« Vous dites donc que vous avez tout vu? Cela a dû vous prouver que j'avais parlé sérieusement. Votre vieil oncle s'est bien conduit, n'est-ce pas? C'est un brave et je le respecte. Je suis sûr que pas un de ses muscles ne tressaillira au dernier moment. Voilà le sang anglais; c'est le premier sang du monde et je suis fier de l'avoir dans mes veines.

— Ne pouvez-vous cesser de me torturer et me dire tout de suite ce que vous voulez! demanda Bessie.

— Je n'ai pas l'intention de vous torturer, mais, puisque vous le désirez, je viens au fait. Consentez-vous à m'épouser demain, au lever du soleil, ou me forcerez-vous à faire exécuter la sentence?

— Non! Je refuse. Je vous hais et je vous défie. »

Muller la regarda froidement, puis tira de sa poche l'arrêt de mort et un crayon.

« Regardez, Bessie; voici l'arrêt de mort de votre oncle. Jusqu'à présent, il est sans valeur, car je ne l'ai pas signé, mais j'ai eu soin de le faire signer par tous les autres. Si une fois j'appose ma signature, je ne peux plus me rétracter; il faut que la sentence soit exécutée. Si vous persistez dans votre refus, je signerai devant vous. »

Il plaça le papier sur son carnet et prit le crayon dans sa main.

« Oh! » s'écria la malheureuse jeune fille, en se tordant les mains, « ce serait monstrueux. Vous ne ferez pas cela! Vous ne le ferez pas!

— Je vous assure que vous vous trompez. Je le peux et je le veux. Je suis allé trop loin pour retourner en arrière, afin d'épargner un vieillard anglais. Écoutez-moi, Bessie; votre fiancé Niel est mort, vous le savez? » Jess fut au moment de lui crier : Vous mentez! Mais elle se contint.

« Et de plus, ajouta Muller, votre sœur Jess est morte aussi, depuis deux jours.

— Jess est morte! Jess est morte! Ce n'est pas vrai. Comment le savez-vous?

— Peu importe! Je vous le dirai quand nous serons mariés. Donc, sans votre oncle, vous êtes seule au monde. Si vous persistez, lui aussi sera mort bientôt et son sang retombera sur votre tête, car vous l'aurez tué.

— Et si je consentais, en quoi cela le sauverait-il? s'écria-t-elle, avec égarement. Il est condamné par votre cour martiale; vous me tromperiez et vous le tueriez tout de même.

— Non! sur mon honneur. Avant notre mariage je remettrai ce papier au pasteur et il le brûlera aussitôt la cérémonie terminée. Mais, Bessie, vous ne voyez donc pas que ces imbéciles sont comme de la cire molle dans mes mains? Ce que je ferai, ce que je dirai, ils le feront et le diront. Ils ne désirent nullement fusiller votre oncle et seraient enchantés de ne pas y être contraints. Votre oncle partira pour Natal, ou restera ici, à son choix. Son bien lui sera rendu; on lui donnera des dommages et intérêts pour sa maison; je vous le jure devant Dieu. »

Elle leva les yeux et il vit qu'elle était disposée à le croire.

« C'est vrai, Bessie, c'est vrai. Je rebâtirai la maison moi-même et, si je trouve l'incendiaire, je le ferai fusiller. Voyons, écoutez-moi, soyez raisonnable. Rien ne peut rappeler à la vie l'homme que vous aimez. Il est mort, moi seul je reste. Regardez-moi ; ne suis-je pas digne d'être l'époux d'une jeune fille, quoique je sois Boer en partie? Et j'ai mon intelligence, Bessie, mon intelligence qui nous fera grands tous deux. Nous sommes faits l'un pour l'autre; je le sais depuis des années et lentement, lentement, je me suis frayé la route jusqu'à vous, et maintenant vous êtes à ma portée. »

Les bras tendus vers elle, il poursuivit, d'une voix douce et comme en un rêve : « Ma bien-aimée, ma bien-aimée, mon amour, mon désir, cédez, cédez maintenant. Ne me forcez pas à commettre ce nouveau crime.

« Je voudrais devenir bon, pour l'amour de vous. Je voudrais cesser de répandre le sang. Quand vous serez ma femme, je crois vraiment que le mauvais esprit sortira de moi. Cédez et jamais femme n'aura eu un époux tel que moi; je vous ferai une vie belle et douce. Vous aurez tout ce que la richesse et la puissance peuvent donner. Cédez pour votre oncle, cédez au nom de l'amour immense que je vous offre. »

Tout en parlant, il se rapprochait de Bessie qui, peu à peu, semblait subir une sorte de fascination. Quand elle le vit près d'elle, l'infortunée se redressa et jeta ses mains en avant.

« Non, non! cria-t-elle; je vous hais, je ne peux pas *le* trahir, vivant ou mort. Je me tuerai, je me tuerai! »

Sans répondre, il continua d'avancer, jusqu'à ce qu'enfin ses bras robustes se refermassent sur elle et l'attirassent vers lui, comme un enfant. Alors elle parut céder tout à coup. Dans cet embrassement, elle se sentit vaincue; elle ne lutta plus, ni physiquement, ni moralement.

. . . . .

« Voulez-vous m'épouser, ma bien-aimée? Voulez-vous m'épouser? » murmura-t-il, ses lèvres si près des boucles d'or, que Jess entendit à peine ces mots :

« Hélas! il le faut bien, mais j'en mourrai; je sens que j'en mourrai! »

Il la pressa sur son cœur et couvrit son beau front de baisers. Puis un instant après, il ouvrit les bras. On entendait les pas de la sentinelle qui revenait. Jantjé saisit Jess par la manche et en deux secondes elle se retrouva sur le flanc de la colline, courant vers le réduit du Hottentot.

Elle avait voulu savoir; elle savait maintenant! Donner une idée de son indignation, de sa fureur, de sa soif de vengeance contre le monstre qui avait essayé de les tuer, elle et John, qui menaçait la vie de son vieil oncle innocent et l'honneur de sa sœur chérie, ce serait impossible. Elle ne sentait plus la fatigue; ce qu'elle avait vu et entendu la rendait folle. Elle oubliait jusqu'à sa passion et se jurait que Muller n'épouserait jamais Bessie, tant qu'il lui resterait, à elle, un souffle de vie pour s'y opposer. Si Jess eût été mauvaise, elle se serait dit que le mariage de Bessie avec Muller rendrait possible le sien avec Niel, mais la pensée ne lui en vint même pas. Avant tout elle était droite, généreuse, prête au sacrifice et serait morte, plutôt que de profiter d'une situation semblable.

Ils étaient arrivés au réduit de Jantjé.

« Allumez une bougie », dit-elle.

Jantjé tira d'un amas de débris une boîte pleine de bouts de bougies et, par un de ces jeux étranges de l'esprit qui parfois mêlent les idées les plus futiles aux plus terribles, Jess se rappela que depuis des années elle se demandait, sans pouvoir y répondre, où passaient les bouts de bougies de la maison; le mystère était expliqué.

« Restez un peu dehors, Jantjé, dit-elle ; j'ai besoin de réfléchir. »

Le Hottentot obéit et Jess, assise sur le tas de peaux de bêtes, le front appuyé sur une main dont les doigts se crispaient dans sa chevelure soyeuse, Jess, disons-nous, se mit à examiner la situation. Elle ne doutait pas que Muller ne tînt parole. Elle le connaissait trop bien, pour en douter un seul instant. Bessie serait le seul prix qu'il accepterait en échange de la vie de son oncle. Il était impossible de laisser consommer ce sacrifice ; l'idée était trop horrible.

Comment l'empêcher? Elle pensa à se présenter devant Muller pour l'accuser hardiment, en présence de tous, d'avoir attenté à sa vie et à celle de John.

Mais qui la croirait? Et, si on la croyait, à quoi cela servirait-il? On la jetterait en prison ; on la tuerait peut-être et tout serait dit. Elle y renonça donc.

Communiquer avec son oncle, ou avec Bessie, c'était aussi impossible. Où trouver de l'aide? Nulle part. Les indigènes y seraient disposés, mais maintenant que les Boers avaient vaincu les Anglais, les indigènes auraient peur. En outre, il fallait du temps, vingt-quatre heures au moins, pour chercher et réunir des défenseurs, et alors il serait trop tard. Elle ne voyait pas luire le moindre rayon d'espoir. Elle se dit tout haut :

« Qu'est-ce qui peut, en ce monde, arrêter un homme tel que Frank Muller? »

Et tout à coup la réponse surgit dans son cerveau, comme une inspiration :

« *La mort !* »

Oui, la mort seule le vaincrait.

Pendant une minute ou deux, Jess se familiarisa avec cette idée, puis une autre la suivit rapidement. Il fallait que Muller mourût avant l'aube. C'était le seul moyen de sauver Bessie et son oncle; c'était l'unique solution du terrible problème.

Après tout, il était juste qu'il mourût, puisqu'il avait tué et méditait de tuer encore. Jamais homme n'avait mieux mérité une mort prompte et sans pitié.

Ainsi, cette jeune fille en apparence sans ressources, cette fugitive aux vêtements souillés et déchirés, réfugiée dans le chenil d'un sauvage, était le puissant chef de parti devant le tribunal de sa conscience, et sans merci, sans colère, le condamnait à mort!

Mais qui serait le bourreau? Une pensée horrible traversa son cerveau et arrêta les battements de son cœur; elle la repoussa aussitôt. Elle n'en était pas encore réduite *à cela*. Ses regards tombèrent sur les bâtons et les zagaies de Jantjé et une nouvelle inspiration lui vint. Jantjé exécuterait la sentence. John lui avait conté un jour, au *Palais*, la lugubre histoire de Jantjé et de sa famille massacrée vingt ans auparavant par Frank Muller. Ne serait-il pas juste que ce monstre fût puni par le fils de ces infortunés? Mais le voudrait-il? Elle savait que le petit homme était fort lâche, redoutait beaucoup les Boers et surtout Frank Muller.

« Jantjé », dit-elle tout bas, en mettant la tête hors du réduit.

« Oui », Missie, répondit une voix enrouée; et le corps de singe se glissa à l'intérieur.

« Asseyez-vous, Jantjé; je suis trop seule; je voudrais causer. »

Il obéit en grimaçant un sourire.

« De quoi parlerons-nous, Missie? Voulez-vous que je vous conte une histoire du temps que les bêtes parlaient, comme je faisais quand vous étiez petite?

— Non, Jantjé; parlez-moi du bâton, de ce long

bâton qui a un gros bout et des entailles au-dessous. Est-ce que baas Frank Muller n'est pas pour quelque chose dans cette histoire? »

Instantanément le visage du Hottentot devint mauvais.

« Oui, oui, Missie », dit-il, en saisissant le bâton de ses doigts maigres et crochus. « Voyez-vous cette large entaille? C'est pour mon père : baas Frank l'a tué avec son fusil; et celle-ci c'est pour ma mère : baas Frank l'a tuée de même; et cette troisième, c'est pour mon oncle, un homme bien vieux, bien vieux : baas Frank a tiré sur lui aussi. Et ces marques plus petites, c'est pour les coups que j'ai reçus de lui,... oui; et pour d'autres choses aussi. Et maintenant je vais en faire d'autres : une pour la maison qu'il a brûlée; une pour le vieux baas Croft, mon baas à moi, qu'il va fusiller, et une pour missie Bessie. »

En effet, il tira de son côté un très grand couteau de chasse à manche blanc et se mit à creuser ses entailles.

Jess connaissait ce couteau depuis longtemps. C'était le trésor préféré de Jantjé, la grande joie de son pauvre cœur étroit. Il l'avait acheté d'un Zulu, au prix d'une génisse que Silas lui avait donnée pour six mois de gages. Le Zulu le tenait d'un homme qui venait de la baie Delagoa. Par le fait, c'était un couteau samali, fait d'acier du pays, qui coupe comme un rasoir, et dont le manche avait été taillé dans une défense d'hippopotame. Il était long d'un pied, traversé, dans la longueur de la lame, de trois rainures, et très lourd.

« Laissez-moi regarder ce couteau, Jantjé. »

Il le mit dans la main de Jess.

« Il tuerait bien un homme, dit-elle.

— Oh, oui! Bien sûr, il en a tué plus d'un.

— Il tuerait bien Frank Muller, n'est-ce pas? »

ajouta-t-elle, se penchant tout à coup vers lui et fixant ses grands yeux sombres sur ceux du Hottentot.

« Oui, oui », fit-il, en se reculant avec un tressaillement. « Il le tuerait net! Ah! que ce serait bon de le tuer! poursuivit-il, avec un rire sauvage.

— Il a tué votre père, Jantjé?

— Oui, oui, il a tué mon père », répéta Jantjé, dont les yeux commençaient à rouler avec fureur dans leur orbite.

« Il a tué votre mère?

— Oui, oui, il a tué ma mère, dit-il d'un air féroce.

— Et votre oncle? Baas Frank a tué votre oncle?

— Et mon oncle aussi; oui, oui. » Il montra le poing et ses longs doigts de pied se tordirent, tandis qu'avec une sorte de cri étouffé, il faisait écho aux paroles de Jess. « Mais, ajouta-t-il, il mourra dans le sang; la vieille femme anglaise, sa mère, l'a dit quand elle était possédée du démon, et les démons ne mentent jamais. Regardez : je dessine le cercle de Frank Muller dans la poussière, avec mon pied; écoutez : je dis les paroles, je dis les paroles (il marmottait rapidement quelque chose); un vieux sorcier m'a appris à faire le cercle et à dire les paroles. Une fois j'ai voulu le faire, mais il y avait une pierre qui m'en a empêché. Cette fois il n'y a pas de pierre, tenez; les extrémités se touchent. Il mourra bientôt, il mourra bientôt; je sais lire dans le cercle. » Et Jantjé brandissait ses poings et grinçait des dents.

« Oui, vous avez raison, Jantjé », reprit Jess, le tenant toujours sous l'influence magnétique de ses yeux noirs, « il mourra dans le sang; il mourra cette nuit, et c'est *vous* qui le tuerez, Jantjé. »

Le Hottentot tressaillit et pâlit sous son teint jaune.

« Comment? demanda-t-il. Comment?

— Baissez-vous, Jantjé, je vais vous le dire. »

Pendant quelques instants, elle murmura à son oreille!

« Oui, oui, oui, dit-il, quand elle eut fini. Oh! que c'est beau d'être habile comme les blancs! Je le tuerai cette nuit, et après je pourrai effacer les entailles du bâton, et les ombres de mon père, de ma mère et de mon oncle ne gémiront plus dans la nuit, comme elles font depuis si longtemps, quand je dors! »

CHAPITRE XXXIII

VENGEANCE!

Ils se parlèrent à voix basse pendant quelques minutes, après quoi Jantjé alla voir ce qui se passait parmi les Boers et si Frank Muller s'était retiré sous sa tente. Aussitôt qu'il s'en serait assuré, Jantjé devait remonter et s'entendre avec Jess, sur les dernières mesures à prendre.

Quand il fut parti, la jeune fille respira. Il lui avait fallu faire un effort terrible, pour exciter la rage et la soif de vengeance du Hottentot; c'était fini et la résolution prise. Qu'en résulterait-il? Elle aurait tué d'intention, sinon de fait, et elle ne s'illusionnait pas sur les tourments qu'elle éprouverait plus tard. Pourtant elle n'avait pas de scrupules, car Muller aurait mérité son sort. Malgré cela, néanmoins, c'était dur d'avoir à tremper ses mains dans le sang, même pour Bessie. Si Muller mourait, si John échappait aux Boers, ils se marieraient, ils seraient heureux;

mais *elle*, que deviendrait-elle? Privée de son amour et poursuivie par le souvenir de ce crime nécessaire, quelle ressource lui resterait-il, autre que la mort? Mieux vaudrait ne jamais revoir John, car la douleur et la honte, ce serait plus qu'elle ne pourrait supporter. Alors tout son pauvre cœur torturé s'absorba dans la pensée de l'absent. Bessie ne l'aimerait jamais comme elle l'aimait; elle en était bien certaine et cependant Bessie serait sa femme, tandis qu'elle s'enfuirait. Elle n'avait pas d'autre parti à prendre. Elle sauverait sa sœur, et ensuite, si elle échappait, elle s'en irait loin, bien loin, où personne n'entendrait plus parler d'elle. Elle aurait du moins agi en honnête femme. Elle se couvrit le visage de ses mains; il était brûlant, bien qu'elle fût mouillée et glacée jusqu'aux os, par l'humidité froide de la nuit. Une fièvre violente s'était emparée de son corps exténué par les émotions, la faim et les intempéries, mais jamais son esprit n'avait été plus lucide. Chaque pensée, au lieu de se fondre comme à l'ordinaire, parmi les autres, se détachait avec une netteté saisissante, sur un fond noir et vide. Elle se voyait errante, seule, toute seule, à jamais, tandis qu'au loin, John debout et tenant Bessie par la main, la suivait tristement des yeux. Eh bien! puisqu'il fallait qu'il en fût ainsi, elle lui écrirait quelques mots d'adieu; elle ne pourrait partir sans cela.

Dans sa poche était un crayon et dans son corsage le sauf-conduit du général boer, dont le verso lui suffirait pour écrire; elle le tira de sa poitrine, le posa sur ses genoux et se pencha vers la lumière pour tracer les lignes suivantes :

« Adieu! adieu! Nous ne pouvons plus, nous ne devons plus nous revoir en ce monde. En est-il un autre? Je l'ignore. S'il existe, je vous y attendrai, sinon, adieu pour toujours. Pensez à moi quelquefois, car je vous ai bien aimé, plus que jamais personne ne vous aimera, et tant que je vivrai, en ce monde ou en tout autre, je n'aimerai que vous. Ne m'oubliez pas. Je ne serai vraiment morte pour vous, que si vous m'oubliez. »

J.

Elle allait replier le papier, mais, se ravisant, elle le replaça sur ses genoux et se mit à écrire très vite, en vers et presque sans correction.

C'était une habitude, quoiqu'elle ne montrât jamais ce qu'elle écrivait, et en ce moment l'inspiration s'imposa irrésistiblement et presque inconsciemment :

Si je mourais ce soir,
Tu regarderais mon calme visage
Avant qu'on m'étendît au lieu de mon repos,
Et tu penserais que la mort l'a fait presque beau; [veux,
Et plaçant des fleurs blanches comme la neige, sur mes che-
Tu couvrirais mes joues froides de tendres baisers,
Tu envelopperais mes mains d'une longue caresse.
Pauvres mains si vides et si froides ce soir!

Si je mourais ce soir,
Tu évoquerais le souvenir aimant
De quelque bonne action faite par ces mains glacées;
De quelques tendres paroles prononcées par ces lèvres
De quelque tâche utile où ces pieds ont couru. [muettes
Le souvenir de ma colère et de mon orgueil
Et de toutes mes fautes serait effacé;
Et tout me serait pardonné ce soir.

La mort veille sur moi ce soir.
J'entends la voix qui de loin m'appelle.
Le brouillard de la tombe obscurcit mon étoile.
Pense à moi avec douceur. Le voyage m'a épuisée;
Les épines ont percé mes pieds chancelants;
Le monde amer a fait saigner mon cœur affaibli.
Quand le sommeil sans rêves sera mon partage,
Plus n'aurai besoin de la tendresse à laquelle j'aspire ce soir.

Elle s'arrêta, plutôt parce qu'elle avait rempli le papier, que pour toute autre raison, replaça le sauf-conduit dans sa poitrine et se perdit bientôt dans une profonde rêverie.

Dix minutes plus tard, Jantjé rampait à ses pieds comme un grand serpent à tête humaine, son visage jaune tout luisant de pluie.

« Eh bien! dit-elle en tressaillant, est-ce fait?

— Non, Missie; non. Baas Frank vient seulement de rentrer sous sa tente. Il a causé avec le pasteur; j'ai entendu le nom de missie Bessie, mais il parlait si bas, que je n'ai pas compris ce qu'il disait.

— Les Boers dorment-ils?

— Tous, Missie, excepté les sentinelles.

— Y en a-t-il une devant la tente de baas Frank?

— Non, Missie; il n'y a personne près de là.

— Quelle heure est-il?

— Environ trois heures et demie après le coucher du soleil (dix heures et demie).

— Attendons encore une demi-heure et puis vous retournerez là-bas. »

Ils restèrent assis en face l'un de l'autre, plongés dans le silence et dans leurs pensées.

Bientôt Jantjé tira son grand couteau et se mit à le repasser sur une lanière de cuir.

A cette vue, Jess se sentit défaillir.

« Laissez ce couteau, dit-elle; il coupe assez. »

Jantjé obéit, avec son sourire grimaçant, et les minutes passèrent lentement.

Enfin Jess reprit d'une voix étranglée, luttant contre son émotion poignante :

« Il est temps, Jantjé. »

Le Hottentot s'agita avant de répondre.

« Il faut que Missie vienne avec moi.

— Avec vous? Pourquoi? répliqua-t-elle en tressaillant.

— Parce que l'ombre de la femme anglaise me suivra, si j'y vais seul.

— Imbécile! » allait dire Jess, mais elle se contint et répondit :

« Allons! soyez homme, Jantjé; pensez à votre père et à votre mère; soyez homme!

— Je suis homme, dit-il, d'un ton rogue, et je le tuerai comme un homme, mais que peut un homme contre l'esprit d'une Anglaise morte? Si je la frappais du couteau, elle se moquerait de moi et jetterait du feu par les blessures.

— Vous irez, vous irez! répéta Jess avec colère.

— Non, Missie, je n'irai pas seul. »

Jess le regarda et vit qu'il était décidé. La mauvaise humeur s'emparait de lui; or il n'est pas de mule obstinée plus intraitable qu'un Hottentot de mauvaise humeur. Il fallait céder. D'ailleurs n'était-elle pas également coupable, soit qu'elle restât, soit qu'elle le suivît? Quant à être découverte, peu lui importait. Elle ne se sentait plus la force de penser à autre chose. Son cerveau semblait épuisé. La seule chose qu'elle se promit, ce fut de ne pas assister au dernier moment : cela, c'était au-dessus de ses forces.

« Eh bien! dit-elle, je vais avec vous, Jantjé.

— A la bonne heure, Missie; tout va bien alors; vous tiendrez l'ombre à distance, pendant que je tuerai baas Frank. Mais il faut qu'il soit endormi, bien, bien endormi. »

Une fois encore, lentement et avec les plus grandes précautions, ils descendirent la colline. Il n'y avait plus de lumière nulle part et l'on n'entendait que le pas des sentinelles près de la remise. Mais ce n'était pas de ce côté que Jess et Jantjé se dirigeaient; ils laissèrent les communs sur leur droite et firent un détour vers l'avenue des Gommiers. Quand ils arrivèrent au premier arbre, ils s'arrêtèrent près d'un tas de grosses pierres et Jantjé s'avança pour reconnaître les lieux. Bientôt il revint dire que tous les Boers, restés près du chariot, dormaient, mais que Muller était encore assis sous sa tente, plongé dans ses réflexions. Très doucement ils se glissèrent jusqu'au tronc du premier grand gommier, certains de n'être pas vus dans l'épais brouillard.

A cinq pas de cet arbre, on avait planté la tente de Muller. Une lumière brûlait à l'intérieur et sur la toile rendue luisante par la brume et la pluie, se reflétait la silhouette gigantesque de Muller. Il était placé de telle sorte que la lumière jetait un reflet agrandi, non seulement de tous ses traits, mais aussi de leur expression. Il gardait son attitude habituelle lorsqu'il songeait, les mains posées sur ses genoux, les yeux fixés dans le vide. Il pensait à son triomphe, à tout ce qu'il avait fait pour le remporter, à tout ce qu'il y gagnerait. Il avait maintenant tous les atouts dans les mains. Et cependant, au milieu de son triomphe, il éprouvait une crainte vague. De nouveau les paroles du vieux général boer revenaient à sa mémoire : « Je crois qu'il y a un Dieu. Je crois que Dieu met une limite aux actions de l'homme. S'il va trop loin, Dieu le tue! »

Si ce vieux fou avait dit vrai! Ne serait-ce pas terrible s'il y avait un Dieu, et que ce Dieu plongeât son âme, cette nuit même, dans un lieu de terreur éternelle? Toutes ses superstitions se réveillèrent et il frissonna si violemment, que la grande silhouette trembla sur la toile.

Alors, se levant avec une malédiction, il ôta vivement son premier vêtement, baissa sans l'éteindre la mèche de la lampe et se jeta sur le lit de camp, qui gémit sous son poids.

Bientôt le silence ne fut plus troublé que par la chute des gouttes de pluie sur les feuilles, et le passage de la brise dans les branches. C'était une nuit sombre et sinistre, une nuit bien faite pour énerver un homme robuste, éprouvé déjà par la fatigue, la douleur et les privations. Que devait-ce être pour la malheureuse jeune fille dont le cœur se brisait, dont le corps épuisé était brûlé par la fièvre, dont la raison s'égarait dans l'attente d'un meurtre? Les minutes se traînaient et, à chaque bruissement de feuilles, sa terreur augmentait. Mais sa volonté la domptait. Elle irait jusqu'au bout! Oui, jusqu'au bout!

Il devait être endormi maintenant! Ils rampèrent jusqu'à la tente et approchèrent, prêtant l'oreille, jusqu'à deux pouces de sa tête. Oui, il dormait; sa respiration était douce et régulière.

Jess toucha le bras de son compagnon et sentit qu'il tremblait.

« Maintenant », murmura-t-elle.

Il recula. Évidemment cette longue attente avait affaibli son courage.

« Soyez homme », reprit Jess, si bas qu'il l'entendit à peine, quoiqu'il sentit son souffle sur ses cheveux. « Allez, et frappez ferme. »

Enfin elle l'entendit tirer doucement le grand couteau de sa gaine et une seconde après, il n'était plus à son côté; puis elle vit la ligne lumineuse, qui tranchait sur l'obscurité par l'ouverture de la tente, s'élargir un peu et elle comprit que Jantjé entrait. Alors elle se détourna et posa ses mains sur ses oreilles; et comme elle voyait encore une longue ligne d'ombre se mouvoir sous le bord de la tente, elle ferma les yeux et attendit immobile et le cœur défaillant.

Peu après... elle n'aurait pu se rendre compte du temps, quelqu'un lui toucha le bras. C'était Jantjé.

Est-ce fait? murmura-t-elle.

Il secoua la tête et l'attira loin de la tente.

« Je n'ai pas pu, Missie, dit-il. Il dort comme un

enfant. Quand j'ai levé le couteau, il a souri dans son sommeil, et mon bras a perdu toute sa force. Je n'ai pas pu frapper, et avant qu'elle revînt, l'ombre de l'Anglaise est venue derrière moi et m'a donné un coup sur l'épaule, et je me suis sauvé. »

Si un regard pouvait tuer, Jantjé eût été foudroyé sur l'heure. La lâcheté de cet homme affolait Jess; elle étouffait de fureur. A ce moment, un chevreuil, descendu de la montagne pour brouter les buissons de rosiers, bondit presque à leurs pieds et passa comme une lueur grise, dans l'obscurité. Jess tressaillit, mais comprit aussitôt de quoi il s'agissait, tandis que le misérable Hottentot, écrasé de terreur, tomba sur le sol en gémissant : « C'est l'esprit de la vieille femme anglaise ». Le couteau lui avait échappé; Jess, voyant le péril qui les menaçait, s'agenouilla, ramassa l'arme et lui dit tout bas, avec rage :

« Si vous ne vous taisez pas, je vous tue! »

Ceci le calma un peu, mais rien ne put le décider à rentrer sous la tente.

Que faire? Que résoudre? A moitié folle de désespoir, elle enfouit son visage dans ses mains moites et essaya de penser.

Peu à peu une résolution terrible pénétra son âme. Muller n'échapperait pas. Bessie ne lui serait pas sacrifiée. Elle commettrait plutôt l'acte *elle-même!*

Sans prononcer un mot, elle se releva, soutenue par l'excès même de sa souffrance et par l'énergie de son désespoir, et se glissa vers la tente, le grand couteau dans la main. Bientôt elle fut à l'intérieur. Elle s'arrêta une seconde pour permettre à ses yeux de s'habituer à la lumière. Elle vit d'abord le lit, puis l'homme étendu sur ce lit. Jantjé avait dit qu'il dormait comme un enfant. C'était vrai peut-être, au moment où Jantjé l'avait vu, mais il n'en était plus de même. Au contraire, son visage convulsé exprimait une terreur extrême et de grosses gouttes de sueur perlaient sur son front. On eût dit qu'il se rendait compte du danger, sans pouvoir s'y soustraire. Il était couché sur le dos. Le bras gauche pendait du lit et la main touchait le sol; l'autre bras, rejeté en arrière, soutenait la tête. Les couvertures, en glissant, avaient découvert le cou et la large poitrine.

Jess s'arrêta et le regarda.

« Pour l'amour de Bessie, pour l'amour de Bessie », murmura-t-elle, et, poussée par une force qui semblait agir en dehors de sa volonté, elle avança lentement, lentement vers le lit.

A ce moment Muller s'éveilla et ses yeux ouverts se fixèrent en plein sur ceux de la jeune fille. Quel qu'eût été son rêve, ce qu'il vit alors fut bien plus terrible, car vers lui se penchait *le fantôme de la femme qu'il avait assassinée dans le Vaal!* Elle était là, sortie de sa tombe liquide, échevelée, déchirée, l'eau coulant encore de ses mains et de ses cheveux! Ces joues creuses et livides, ces yeux de flamme ne pouvaient appartenir à un être vivant. C'était l'*esprit* de Jess Croft, de la femme qu'il avait tuée, revenu pour lui dire qu'il y avait une vengeance divine et un *enfer*. Leurs yeux se rencontrèrent! Personne ne saura jamais la terreur mortelle qu'il ressentit avant *la fin*. Elle vit son visage se décomposer, devenir d'une pâleur grise comme la cendre, tandis qu'une sueur d'agonie coulait par tous les pores. Il était éveillé; mais, paralysé par l'épouvante, il ne pouvait ni remuer, ni parler....

Il dut voir l'éclair de l'acier qui tombait et . .

. . . .

Elle était hors de la tente, son couteau rougi à la main. Elle jeta au loin l'objet maudit. *Ce cri* devait avoir éveillé tout le voisinage à un mille à la ronde.

Déjà elle entendait vaguement les mouvements des hommes qui gardaient le chariot et la course folle de Jantjé, qui fuyait pour sauver sa vie.

Elle aussi se mit à courir vers la colline. Personne ne l'aperçut, ni ne la poursuivit. On courait sur la gauche, après Jantjé. Elle sentait son cœur lourd comme du plomb et son cerveau en feu, tandis que devant, derrière, alentour, hurlaient toutes les furies engendrées par la conscience de celui qui vient de tuer.

Elle fuyait, fuyait toujours, sous la pluie, dans la nuit noire, ne voyant qu'une chose, n'entendant qu'un cri !

CHAPITRE XXXIV

TANTE COETZEE A LA RESCOUSSE

Lorsque Jess eut été mise en liberté par les Boers, près de la maison de Hans Coetzee, John reçut l'ordre de mettre pied à terre et d'enlever la selle de son cheval. Il obéit de la meilleure grâce qu'il put, et son cheval entravé fut laissé dans la prairie, au pacage. On fit ensuite entrer le capitaine suivi de deux Boers, dans la pièce même où il avait été introduit le jour de la fameuse chasse, qui avait failli lui coûter la vie. Il retrouva toutes choses dans un état si semblable, y compris tante Coetzee assise dans le plus grand fauteuil, au fond de la chambre, près de la table sur laquelle était posé un bol de café, plus que jamais occupée à ne rien faire, ses filles aussi parées, leurs jeunes admirateurs armés des mêmes carabines, qu'il eut envie de se frotter les yeux et de se demander si les événements des derniers mois n'étaient pas un mauvais rêve. L'accueil qu'il reçut ne lui laissa pas longtemps cette illusion. Lui tendre la main! Fi donc! Comment un Boer aurait-il pu condescendre à serrer la main d'un misérable « rooibaatje » anglais, ramassé sur la prairie comme un chevreuil blessé! Un silence glacial régna dans la salle, à l'entrée du capitaine. La vieille dame ne daigna pas lever les yeux; les autres se détournèrent avec un dégoût évident. Seul Carolus, l'amoureux sardonique, eut un sourire moqueur.

John alla droit au fond de la pièce, où se trouvait une chaise vacante, et resta debout à côté.

« Me permettez-vous de m'asseoir, madame? demanda-t-il à voix haute.

— Seigneur! quelle voix a ce malheureux! » dit la dame, au Boer placé près d'elle. « C'est une voix de taureau! Que dit-il? »

Le Boer le lui expliqua.

« Le plancher est la place des Anglais et des Cafres, répliqua-t-elle; mais, après tout, c'est un homme et il est peut-être endolori, après sa longue course à cheval; les Anglais le sont toujours quand ils essayent de monter. »

Puis, avec une énergie assourdissante, elle cria :

« Asseyez-vous! Je veux montrer au Rooibaatje qu'il n'est pas seul à posséder une voix », ajouta-t-elle en guise d'explication.

Un ricanement étouffé accueillit cette remarque humoristique et John profita aussitôt de la permission, avec toute la bonne grâce qu'il put y mettre, ce qui, pour le moment, n'était pas beaucoup dire.

« Seigneur! qu'il est sale et pâle! Il se sera caché dans des trous de fourmilier, sans rien avoir à manger. On me dit que là-bas, au Drakensberg, ces trous sont remplis d'Anglais qui préfèrent y mourir de faim plutôt que d'en sortir, tant ils ont peur de rencontrer un Boer. »

Nouveau ricanement approbatif. Une des jeunes filles intervint.

« Avez-vous faim, Rooibaatje? » demanda-t-elle à John, en anglais.

John écumait de rage, mais en même temps il tombait d'inanition; il répondit : « Oui ».

« Attachez-lui les mains derrière le dos; nous verrons s'il peut attraper dans la bouche comme un chien, suggéra l'un des deux jeunes gens.

— Non, non! Faites-lui manger de la bouillie avec une cuiller de bois, comme un Cafre. Je le ferai manger, si vous avez une cuiller très longue. »

Après discussion, il y eut un compromis. On lui jeta du pain et du jambon, de l'autre bout de la pièce; il fut assez adroit pour les saisir au vol et commença son repas, en s'efforçant de dissimuler sa faim dévorante, aux spectateurs assemblés autour de lui.

« Carolus », dit tout à coup la vieille dame, au sardonique fiancé de sa fille, « il y a trois mille Rooibaatjes dans l'armée anglaise, n'est-ce pas?

— Oui, ma tante.

— Il y a trois mille hommes dans l'armée anglaise », répéta-t-elle avec irritation, comme si quelqu'un l'avait contredite.

« Parfaitement, ma tante, dit encore Carolus.

— Alors pourquoi m'avez-vous contredite, Carolus?

— Je n'en ai pas eu l'intention, ma tante.

— Je l'espère bien! Il y aurait de quoi exciter la colère du Cher Seigneur, d'entendre un garçon qui louche (Carolus était légèrement affligé de cette infirmité) contredire sa future belle-mère. Dites-moi, combien d'Anglais ont été tués à Laing's Nek.

— Neuf cents, répliqua le jeune Carolus, avec promptitude.

— Et à Ingogo?

— Six cent vingt.

— Et à Majuba?

— Mille.

— Cela fait deux mille cinq cents hommes, et on a achevé le reste à Bronker's Spruit, mes neveux; ce Rooibaatje que voici est l'un des derniers de l'armée anglaise. »

La plupart des auditeurs acceptèrent cet argument comme définitif; mais un mauvais esprit inspira au malheureux Carolus la fâcheuse idée de contredire.

« Vous vous trompez, ma tante; il y a encore beaucoup de damnés Anglais qui se cachent dans le défilé, à Prétoria et à Wakkerstroom.

— C'est un mensonge, répliqua-t-elle, en élevant la voix. Ce ne sont que des Cafres et autre populace. Comment osez-vous contredire votre future belle-mère, sale petit singe louche et jaune? Tenez! voilà pour vous. »

Et avant que l'infortuné Carolus eût le temps de s'esquiver, elle lui jeta au visage tout le contenu du bol de café. Le bol se brisa sur son nez et le café se répandit dans ses cheveux, dans ses yeux, le long de son cou et sur ses vêtements.

C'était un spectacle indescriptible.

« Ah! » reprit la dame, très fière de son exploit et radoucie par le succès de son coup, « vous ne direz pas que je ne sais pas lancer un bol de café! Je ne me suis pas exercée pour rien, sur Hans, pendant trente ans. Maintenant que je vous ai donné une leçon, Carolus, allez vous laver et nous souperons ensuite. »

A moitié aveuglé et complètement dompté, Carolus se laissa emmener par sa fiancée, dont la sœur s'occupa de préparer le couvert. Quand le souper fut prêt, les hommes s'assirent et les femmes les servirent. Bien entendu, John ne fut pas invité, mais l'une des jeunes filles lui apporta de quoi apaiser sa faim dévorante, et tout alla bien jusqu'au moment où l'on servit l'eau-de-vie de pêche. Comme les hommes buvaient sec, la situation se gâta bientôt pour John. L'un des convives se souvint subitement du jeune Boer que le capitaine avait châtié, lorsqu'il avait insulté Jess et qui restait étendu, très souffrant, dans la chambre voisine. N'allait-on pas le venger? Cette idée fut accueillie avec faveur. Heureusement l'ex-protecteur de John était encore là, aussi gris que les autres, il faut en convenir, mais il avait l'ivresse aimable.

« Laissez-le tranquille, dit-il; nous l'enverrons demain au commandant qui saura disposer de lui. »

John n'en douta pas, car le commandant, c'était Frank Muller.

Il y eut une accalmie jusqu'au départ de cet homme; alors les autres voulurent s'amuser un peu. Armés de leurs carabines, ils visèrent John, en pariant qu'ils le toucheraient à tel ou tel endroit. Sur ce, le capitaine recula sa chaise dans le coin, jusqu'au mur, puis tira son revolver, qu'heureusement il possédait encore.

« Si l'un de vous me touche », dit-il en bon anglais, que l'on comprit à merveille, « je jure, de par Dieu! que je le tue. » Sa résolution bien évidente de faire ce qu'il disait, lui sauva certainement la vie. Ce ne fut pas sans peine néanmoins; il en vint à ne plus pouvoir perdre ses adversaires de vue un seul instant, de peur de traîtrise. Deux fois il en appela à la maîtresse de la maison, mais elle resta immobile dans son grand fauteuil, un sourire béat sur son large visage.

On n'a pas tous les jours la bonne fortune de voir un « rooibaatje » anglais harcelé comme une bête fauve.

Au moment où John, exaspéré, prenait la résolution de se frayer un passage au milieu de ses ennemis, en tirant au hasard de tous côtés, le sombre Carolus, dont l'humeur ne s'était pas encore remise de l'aspersion au café et qui, de plus, était parfaitement ivre, se précipita en jurant sur John, pour lui asséner un formidable coup de crosse. Le capitaine esquiva le coup, qui tomba sur le dossier de sa chaise et le mit en miettes, et la douce âme de Carolus serait assurément partie pour un monde meilleur, si la vieille dame, voyant que les choses se gâtaient sérieusement, ne se fût jetée dans la mêlée, avec une promptitude merveilleuse.

« Tenez, tenez! Voilà pour vous, et pour vous », cria-t-elle, en jouant à droite et à gauche, de ses poings potelés. « Allez-vous-en tous. J'en ai assez de votre tapage. Allez vous occuper des chevaux; ils seront tous partis demain matin, si vous vous fiez aux Cafres. Allez donc voir un peu, s'ils sont à l'écurie. »

Carolus fut annihilé; les autres hommes reculèrent, et la bonne dame, poursuivant ses avantages, les poussa tous dehors, à la grande surprise et satisfaction de John.

Alors, s'approchant vivement de lui, elle lui dit :

« Rooibaatje, vous me plaisez, parce que vous êtes un brave et que vous n'avez pas eu peur de cette foule. En outre, je ne veux ni bruit, ni désordre dans ma maison; si ces gens reviennent et vous retrouvent ici, ils commenceront par se griser davantage et puis ils vous tueront; donc allez-vous-en, pendant que vous le pouvez. » Elle lui montra la porte.

« Je vous suis vraiment très reconnaissant, tante Coetzee », répondit John, abasourdi de découvrir que cette femme possédait un cœur, et avait, plus ou moins, joué un rôle, toute la soirée.

« Oh! quant à cela », reprit-elle, avec une malice flegmatique, « ce serait vraiment bien dommage de tuer le dernier *rooibaatje* de l'armée anglaise; il faut vous conserver à titre de curiosité. Tenez, buvez un bon coup d'eau-de-vie avant de partir; la nuit est humide. Et parfois, quand vous serez hors du Transvaal et que vous vous rappellerez tout ceci, souvenez-vous aussi que vous devez la vie à tante Coetzee. Mais je ne vous aurais pas sauvé, si vous n'aviez pas été si courageux; non certes! J'aime qu'un homme soit un homme et non un singe, comme ce misérable Carolus. Allons, partez! »

John se versa un demi-verre d'eau-de-vie, le but, sortit et, un instant après, disparut dans la nuit. L'obscurité était profonde, la pluie abondante; il comprit que s'il cherchait son cheval, il courait le risque de se faire reprendre et qu'il n'avait qu'une chose à faire : se diriger à pied, vers Belle Fontaine, aussi vite que le lui permettrait sa fatigue. Il prit donc le sentier qui traversait la prairie. Bien que dix milles le séparassent encore de son but, il se résigna, grâce à son heureuse aptitude à souffrir ce qu'il ne pouvait empêcher. Pendant une heure tout alla bien, mais, peu après, il s'aperçut, avec une vive contrariété, qu'il s'était écarté du sentier. Après avoir perdu un grand quart d'heure à le chercher sans le retrouver, il prit le parti de se diriger sans plus hésiter, vers une masse sombre, qui lui semblait devoir être la colline de Belle-Fontaine. C'était bien elle en effet; seulement, au lieu de continuer sur la gauche, ce qui l'aurait mené droit à la maison, il prit sur la droite et fit à moitié le tour de la colline, avant de reconnaître son erreur. Il ne s'en serait même pas aperçu, si le hasard ne l'eût conduit à l'entrée de la Gorge aux Lions, là même où, quelques mois avant, il avait échangé avec Jess une conversation si intéressante. Tandis qu'il avançait avec peine, au milieu des roches, la pluie cessa et la lune sortit des nuages; il était près de minuit. Les premiers rayons permirent à John de reconnaître la localité.

Si fort qu'il fût, il se sentait épuisé. Depuis une semaine, il avait voyagé continuellement et, pendant les deux dernières nuits, le sommeil avait été remplacé par des dangers terribles et des émotions sans cesse renouvelées. Sans l'eau-de-vie de tante Coetzee, il n'aurait jamais pu faire cette marche de quinze milles environ; mais maintenant il n'en pouvait plus; il oubliait même qu'il était mouillé jusqu'aux os et n'aspirait qu'à une chose : s'étendre n'importe où et dormir, ou... mourir! A cet instant il se rappela la petite grotte dans laquelle Jess s'était réfugiée un jour, pendant l'orage. Bessie l'y avait amené une fois, après leurs fiançailles, et lui avait dit que c'était une des retraites favorites de sa sœur.

S'il pouvait aller jusque-là, il trouverait du moins un sol sec et un abri contre la pluie. Il ne devait pas en être à plus de trois cents mètres. Appelant donc tout son courage à son aide, pour un suprême effort, il avança dans l'herbe humide et parmi les roches éparpillées, jusqu'à ce qu'enfin il arrivât au pied de l'immense pilier que la foudre avait frappé un jour, devant les yeux de Jess.

Trente pas encore et il entra dans la grotte.

Avec un soupir de mortelle lassitude, il se jeta sur le sol rocheux et, presque instantanément, tomba dans un sommeil de plomb.

CHAPITRE XXXV

CONCLUSION

Lorsque la lune émergea des nuages, Jess fuyait toujours éperdument, sur le plateau de la colline.

Elle ne sentait pas la fatigue; une seule idée absorbait son cerveau : se sauver loin, bien loin, disparaître à jamais! Tout à coup elle se trouva au sommet de la Gorge aux Lions, qu'elle reconnut malgré le désordre de son esprit. Elle n'hésita pas à descendre. Là, elle pourrait s'étendre pour mourir, sans crainte d'être troublée, car personne n'y venait jamais, si ce n'est parfois quelque Cafre errant.

Sautant de roche en roche, disparaissant dans l'ombre, pour reparaître à la lumière blafarde de la lune, elle semblait être une apparition fantastique, tout à fait en harmonie avec ce lieu sauvage et grandiose.

Deux fois elle tomba, la seconde fois en plein ruisseau, mais sans y prendre garde, malgré une blessure assez profonde au poignet. Enfin elle arriva au bout: devant elle s'ouvrait sa petite grotte; il était temps! Ses forces l'abandonnaient; elle s'y traîna le corps brisé, l'esprit égaré,... *mourante*.

« Oh! mon Dieu, pardonnez-moi! mon Dieu, pardonnez-moi », gémissait la malheureuse, en tombant sur le sol. « Bessie, j'ai failli envers toi, mais j'ai effacé ma faute. C'est pour toi, ma Bessie chérie, que j'ai fait *cela*. Je serais morte plutôt que de *le* tuer pour moi. Tu épouseras John et tu ne sauras jamais, jamais, ce que j'ai fait pour toi. Je vais mourir. Je sais que je vais mourir. Oh! si je pouvais revoir *son* visage une seule fois, une seule, avant de mourir! »

Lentement, la lune, dans sa marche vers l'ouest, projetait ses rayons dans les profondeurs sombres de la gorge; ils atteignirent l'ouverture de la grotte et vinrent se jouer sur le visage de John endormi.

Elle l'aperçut à deux pieds d'elle, tressaillit et poussa un profond soupir; son dernier vœu était-il donc exaucé? Son bien-aimé était-il mort? Était-ce une vision? Elle se traîna sur les mains et les genoux, pour venir écouter s'il respirait encore. Oui;

elle entendit son souffle lent et régulier; celui d'un homme plongé dans le sommeil.

L'éveillerait-elle? Pourquoi? Pour lui dire qu'elle avait tué? Pour qu'il la vît mourir, car elle sentait sa fin venir vite, très vite. Non! cent fois non!

Elle tira de son corsage le sauf-conduit sur lequel elle avait écrit à John et le glissa entre ses doigts engourdis. Il parlerait pour elle. Puis elle se pencha vers lui, image vivante de la tendresse infinie et désespérée, de l'amour plus profond que la tombe.

Et tandis qu'elle le contemplait dans son sommeil, ses pieds, ses jambes devenaient froids et bientôt elle ne sentit plus rien au-dessous de la poitrine. Le cœur seul vivait encore.

Les rayons de la lune quittèrent peu à peu le niveau de la petite grotte et cessèrent d'éclairer le visage du dormeur. Jess se pencha, lui mit au front un baiser, puis deux, puis trois. Et soudainement ce fut la fin! Une lueur aveuglante passa devant ses yeux; un grondement, pareil à celui de la mer en furie, remplit ses oreilles. Sa tête s'inclina doucement sur la poitrine de son bien-aimé, et là elle s'endormit!... De quel sommeil? Pour quel réveil? C'est le grand *Peut-être!*

Pauvre Jess aux yeux et au cœur profonds! Telle fut la dernière joie de son amour! Telle fut sa couche nuptiale!

Elle emportait avec elle le secret de son sacrifice et de son crime, et le vent de la nuit chantait son *requiem*, au-dessus de cette retraite où elle avait ouvert et fermé le livre de sa vie.

Elle aurait pu être bonne et grande; elle aurait pu même être heureuse, quoique les femmes comme elle le soient rarement. Il n'est pas sage de risquer toute sa fortune sur un seul coup de dé! Soyons-lui indulgents et qu'elle dorme en paix!

. . . .

Les heures s'écoulaient et John dormait toujours, d'un sommeil lourd et sans rêves, la tête de la femme qu'il aimait reposant sur sa poitrine! Étrange et terrible ironie du sort! Enfin l'aube parut; le monde s'éveilla; les rayons du soleil pénétrèrent dans la grotte et se jouèrent indifféremment sur le visage blême, sur les boucles en désordre de la morte et sur la large poitrine du vivant. Un vieux babouin jeta un regard à l'intérieur, par l'ouverture de la grotte, et manifesta une vive indignation à la vue de cette intrusion dans ses domaines. Oui, le monde s'éveilla comme à l'ordinaire, sans se préoccuper de la mort de Jess; il est si habitué à ces sortes de choses!

Bientôt ce fut le tour de John. Ouvrant les yeux et s'étirant les bras, il eut tout à coup conscience du poids qu'il portait, abaissa son regard, vit d'abord très confusément, puis enfin clairement et sans doute possible!

. . . .

Il est des choses que l'œil humain doit respecter. Au nombre de ces choses, est la première explosion du désespoir d'un homme fort! John Niel dut remercier Dieu de ce que sa raison n'eût pas sombré dans cet abîme de douleur insondable. Il en sortit sain et sauf en apparence, mais meurtri pour le reste de ses jours.

Quelques heures plus tard, un homme hâve et hagard descendait, en trébuchant, la colline de Belle-Fontaine, les bras chargés d'un fardeau. L'agitation régnait partout. De petits groupes de Boers, qui parlaient haut et gesticulaient, se précipitèrent vers le nouvel arrivant, pour voir ce qu'il portait. Ils reculèrent muets et terrifiés, pour le laisser passer. Un instant il hésita, à la vue de la maison incendiée, puis se dirigea vers les remises et déposa son fardeau sur le banc où Frank Muller s'était assis la veille, pendant le soi-disant conseil de guerre.

Enfin il demanda d'une voix étouffée :

« Où est M. Croft? »

L'un des Boers montra du doigt la porte de la petite pièce où était enfermé le vieillard.

« Ouvrez! » commanda le capitaine, d'un ton si menaçant, qu'on lui obéit sans mot dire.

« John! John! s'écria Silas Croft. Dieu soit béni! Vous nous revenez du monde des mourants!

Tremblant de joie, il allait serrer le jeune homme dans ses bras; mais celui-ci l'arrêta.

« Chut! dit-il. J'apporte la mort avec moi! »

Et il le conduisit près du banc où gisait la pauvre Jess!

. . . .

Pendant la journée, les Boers partirent sans plus s'occuper des habitants de Belle-Fontaine. Depuis la mort de Muller, personne ne songeait à exécuter la sentence; du reste on n'en avait pas le droit, puisque le commandant ne l'avait pas signée. Les Boers se contentèrent donc de dresser une sorte de procès-verbal et d'enterrer leur chef dans le petit cimetière planté de gommiers aux quatre coins; et pour n'avoir pas la peine de lui creuser une tombe, ils le déposèrent dans celle qu'on avait préparée pour le vieux Croft!

Qui avait tué Frank Muller? Le mystère ne fut jamais éclairci. Les indigènes employés à la ferme reconnurent le couteau comme ayant appartenu à Jantjé; or la fuite de celui-ci semblait prouver qu'il était l'assassin. D'autres accusèrent le sorcier Hendrik, mystérieusement disparu. Du reste, on ne prit pas grand'peine pour les découvrir. Muller était un personnage important, mais non populaire, et dans des temps si troublés, dans un pays à demi sauvage, la mort d'un homme n'est pas un événement dont on se préoccupe longtemps.

Le lendemain, Silas Croft, Bessie et John Niel allèrent, à leur tour, au cimetière sur la colline. Ils y déposèrent leur chère morte, à dix pas de celui pour qui son bras avait été l'instrument de vengeance. Ils ne le surent, ni ne le devinèrent jamais. Ils ignorèrent même toujours qu'elle eût approché de Belle-Fontaine, pendant cette nuit terrible. Personne ne le sut que Jantjé, et Jantjé, hanté par le bruit des pas de ses ennemis les Boers, avait fui les lieux habités par les blancs, loin, bien loin dans les déserts de l'Afrique centrale.

« John, dit le vieux Silas, quand la tombe fut refermée, ce pays n'est pas fait pour des Anglais; retournons dans le nôtre. » John courba la tête en signe d'acquiescement.

Ils étaient ruinés, mais non sans ressources. Les 25 000 francs payés à Silas Croft par le capitaine, pour sa part d'intérêt dans l'exploitation de Belle-Fontaine, étaient restés, avec une autre somme de 6 000 francs, à la banque de Natal.

Le jour vint donc où ils s'embarquèrent pour l'Europe. Trois mois après leur arrivée en Angleterre, John Niel trouva un emploi de régisseur, sur un important domaine du comté de Rutland. Au bout d'un certain temps il devint l'époux bien-aimé de la charmante Bessie Croft et, à tout prendre, il peut passer pour un homme heureux. Parfois pourtant, un chagrin que sa femme ignore, s'empare de lui et le maîtrise pendant quelque temps.

Certes il ne saurait être accusé de sentimentalité, mais il lui arrive de loin en loin, lorsque, sa tâche du jour terminée, il s'arrête à l'entrée de son jardin et contemple le paisible paysage anglais, ou le ciel parsemé d'étoiles, de se demander si l'heure viendra jamais où il reverra ces grands yeux sombres et passionnés, où il entendra de nouveau cette douce voix inoubliée !

Car il se sent toujours aussi près de son amour perdu et parfois semble savoir positivement que s'il y a, comme nous l'espérons tous, un avenir pour chacun de nous, pauvres mortels condamnés à la lutte, il trouvera Jess l'attendant sur le seuil !

FIN

TABLE DES MATIÈRES

1100-13. — Coulommiers. Imp. PAUL BRODARD. — 10-13.

www.ingramcontent.com/pod-product-compliance
Ingram Content Group UK Ltd.
Pitfield, Milton Keynes, MK11 3LW, UK
UKHW031833260826
14628UKWH00001B/355

9 782011 951311